# LA MISE EN FORME PSYCHOLOGIQUE

**Couverture**
- Maquette:
  GAÉTAN FORCILLO
**Maquette intérieure**
- Conception:
  GAÉTAN FORCILLO

DISTRIBUTEURS EXCLUSIFS:

- Pour le Canada:
  AGENCE DE DISTRIBUTION POPULAIRE INC.*
  955, rue Amherst, Montréal H2L 3K4 (tél.: 514-523-1182)
  *Filiale de Sogides Ltée

- Pour la France et l'Afrique:
  INTER-FORUM
  13, rue de la Glacière, 75013 Paris (tél.: 570-1180)

- Pour la Belgique, la Suisse, le Portugal, les pays de l'Est:
  S.A. VANDER
  Avenue des Volontaires 321, 1150 Bruxelles (tél.: 02-762-0662)

RICHARD CORRIERE
JOSEPH HART

# LA MISE EN
# FORME
# PSYCHOLOGIQUE

Traduit de l'anglais
par Claire Dupond

## LES ÉDITIONS DE L'HOMME*

CANADA: 955, rue Amherst, Montréal H2L 3K4

*Division de Sogides Ltée

*Bibliothèque nationale du Québec*
*Dépôt légal — 1er trimestre 1980*

ISBN 2-7619-0063-4

**Richard Corriere**

*Je désire dédier ce livre à quelques-unes des personnes qui ont traversé ma vie. Tout d'abord, à Sam Mitnick qui a été pour nous un guide et a cru en notre travail dès le premier jour. Ensuite, à tous mes amis qui ont rendu possible ma propre mise en forme. Enfin, à tous ceux qui, à notre instar, ont essayé de donner une autre orientation à leur vie pour qu'elle soit davantage en harmonie avec leurs sentiments.*

*À Peggy Brooks, notre éditeur qui a réussi à dompter un monstre polycéphale. À Linda Cirincione qui a entrepris de diffuser nos recherches. À Nina Lasagna qui m'aide à mener ma barque. Et, enfin, à ma femme, ma fille et mon chien — dont l'amour donne vie à ma vie.*

**Joseph Hart**

*Je dédie ce livre à ma mère et à mon père.*

# Préface

Voici une nouvelle psychologie révolutionnaire: la Mise en forme psychologique.

La Mise en forme psychologique est la contrepartie du modèle médical traditionnel: elle met l'accent sur ce qui va bien, sur l'épanouissement de la santé plutôt que sur la guérison de la maladie.

Au cours des dernières années, le concept de santé physique a pris une nouvelle dimension. De plus en plus de gens font du jogging et jouent pour maintenir ou améliorer leur condition physique. Dans dix ou quinze ans, encore plus de gens porteront attention à leur forme psychologique. Le jogging mental deviendra aussi populaire que l'est actuellement le jogging physique.

La Mise en forme psychologique est l'outil des années 80 pour ceux qui veulent réussir, avoir du plaisir et jouir de tous les aspects de leur vie.

Micheline Piotte
André Duchesne
Centre de Consultation et de
Recherche en Psychothérapie

# Avant-propos

Ce livre ne ressemble en rien à ceux qui ont habituellement pour objectif de promouvoir l'effort personnel. Il ne parle pas de détente, de combat loyal ou de pensée constructive, il n'explique pas comment devenir soi-même son meilleur ami, pas plus qu'il ne dévoile les règles des jeux auxquels se livrent souvent les gens. Loin de nous l'idée de nier la valeur et l'utilité de pareilles méthodes; néanmoins, celles-ci ne sont pas à la mesure de ce dont les gens ont besoin pour se développer pleinement.

La plupart des ouvrages qui se proposent d'aider le lecteur d'un point de vue psychologique se contentent d'expliquer comment améliorer une seule faiblesse ou encore comment développer une seule force (timidité/confiance en soi, anxiété/pensée constructive). Aucun ne suggère un programme ou une philosophie couvrant tous les aspects de l'évolution personnelle. Bien plus, ils mettent beaucoup trop l'accent sur la façon de corriger ses faiblesses au lieu de s'attacher à bien faire comprendre à quoi ressemble une vie vécue en privilégiant ses forces psychologiques.

La mise en forme psychologique permet de développer les forces que l'on possède déjà, mais qui, jusqu'ici, ont été négligées. Ceci étant fait, on est alors davantage en mesure de transformer en de nouvelles forces les faiblesses de sa personnalité.

La mise en forme psychologique a, comme but premier, de mettre en forme, de renforcer et d'atteindre un rendement maximal dans votre vie. On se demandera, bien sûr, comment y parvenir. C'est ce que nous expliquons dans le cadre de nos programmes de mises en forme psychologique, selon une méthode progressive et personnalisée. Mais, tout le monde ne pouvant évidemment pas y participer, ce livre (par les conseils qu'il contient) nous est apparu comme la meilleure façon de vous rejoindre.

Plus de quinze ans se sont écoulés depuis le jour où le président Kennedy attirait d'une façon dramatique l'attention du peuple américain sur l'importance du conditionnement physique. Aujourd'hui, de plus en plus de gens font de l'exercice, courent ou pratiquent des sports pour se maintenir en forme.

Il nous reste, maintenant, à prendre conscience de la nécessité d'être en forme psychologiquement, de nous rendre compte que c'est parfaitement possible et de nous renseigner sur les méthodes qui permettent d'y parvenir. Convaincus qu'on ne doit s'occuper de son bien-être psychique que lorsqu'on a des problèmes, nombreux sont ceux qui continuent de s'en désintéresser. Pourtant, ici aussi, il vaut mieux prévenir que guérir. La mise en forme psychologique s'avère bénéfique pour tout le monde.

La mise en forme psychologique permet de tirer le maximum de sa personnalité. Grâce à elle, on peut résister davantage au stress, et, par conséquent, se sentir beaucoup mieux. Quant on souffre d'un déséquilibre psychologique, il devient nécessaire d'exercer ses aspects les plus faibles. Tout comme le corps, la personnalité a besoin de renforcer tous ses éléments pour parvenir à être en forme.

Voici le premier principe de la mise en forme psychologique:

PREMIER PRINCIPE: La personnalité a besoin d'exercice. Sinon, privée de son élasticité et de sa vitalité naturelles, elle se sclérose et se détériore.

À cause de leur facilité, nous avons appelé "jogging mental" les premiers (des) exercices conçus afin de se mettre psychologiquement en forme. Le jogging mental ressemble au jogging physique. Chacun adopte le rythme qui lui convient le mieux. Plus on en fait et mieux on se sent. Les premières étapes du jogging mental correspondent à la période de réchauffement. Mais en en faisant régulièrement pendant trois semaines, on devient capable d'affronter une large gamme de tensions et de problèmes. Si nous avons écrit ce livre, c'est pour expliquer comment il faut s'y prendre pour devenir psychologiquement en forme et décrire tous les exercices nécessaires pour commencer son entraînement psychologique.

# Première partie

# La mise en forme psychologique: les concepts-clés

# Chapitre I

# Forces, faiblesses et philosophie de la mise en forme psychologique

Traditionnellement, la psychologie et la psychiatrie ont toujours mis l'accent, avec une certaine exagération, sur les dysfonctionnements et la maladie. Or comment pourrait-on se sentir bien si on ne s'intéresse qu'à ce qui ne va pas? Selon le point de vue de la mise en forme psychologique, par contre, la question par excellence est la suivante: "Qu'est-ce qui va bien chez moi?" Et, comme nous allons le voir, c'est en y répondant qu'on découvre ses forces.

## Qu'est-ce qu'une force?

Le deuxième principe de la mise en forme psychologique est le suivant:

DEUXIÈME PRINCIPE: Tout individu, même celui qui est gravement atteint ou profondément perturbé sur le plan psychologique, possède des forces psychologiques déterminées. Toutefois, la plupart des gens sont dépourvus des capacités qui leur permettraient d'utiliser celles-ci au maximum.

Joan souffrait d'inquiétude chronique. Quand nous l'interrogeâmes sur ses forces, elle nous répondit: "Je suis une bonne ménagère et une bonne cuisinière; je suis aussi une bonne amante, une bonne mère et une bonne épouse — mais comme je m'inquiète de ces qualités, aucune, finalement, n'est une force."

Ce que Joan ignorait, c'est que sa plus grande force se dissimulait justement dans ses inquiétudes. Si elle avait pu mesurer toute l'énergie dépensée à s'inquiéter, elle aurait découvert qu'elle était une véritable centrale électrique. Mais elle était persuadée qu'il est mauvais de s'inquiéter. De plus, l'énergie ainsi perdue lui faisait défaut dans d'autres secteurs. Grâce à la mise en forme psychologique, Joan a acquis les habiletés pour transformer ses inquiétudes négatives en préoccupations positives. Elle a appris à cesser d'utiliser son potentiel psychique contre elle-même.

Il vous faudra un certain temps, ainsi que plusieurs chapitres de cet ouvrage, avant de pouvoir découvrir vos forces *cachées*. Mais, pour l'instant, livrez-vous à ce petit exercice.

**Pensez à quelques-unes de vos forces.** Faites une pause. Ne vous livrez à absolument aucune autre activité. C'est un peu comme le fait de se dégourdir les jambes avant une course. Prenez plaisir à vous concentrer sur ce que vous réussissez.

Ce qui compte par-dessus tout, quand on *commence* à découvrir et à exploiter ses forces psychologiques, c'est la façon dont on envisage la situation. Au lieu de vous voir vous arrêter à vos faiblesses, nous voulons que vous réfléchissiez à ce qui fait votre force et que vous commenciez à développer les atouts que vous possédez déjà.

# La perspective de la mise en forme psychologique: se concentrer sur ses forces

Le troisième principe de la mise en forme psychologique est le suivant:

TROISIÈME PRINCIPE: Nous avons été conditionnés à ne voir que nos faiblesses. Mais pareille attitude engendre une image de soi dévalorisante, des pensées négatives et des problèmes psychologiques.

Parce qu'elles s'imaginent que leur personnalité est aussi immuable que leur taille ou la pointure de leurs souliers, bon nombre de personnes se perçoivent d'une façon rigide: "Je suis facilement déprimée", "j'ai tendance à être de mauvaise humeur", "je passe toujours par des hauts et des bas", "j'ai une nature timide" ou encore "je viens d'une famille marquée par le malheur."

Nous voulons que vous renonciez à ce genre d'attitude. Si vous êtes porté à privilégier vos faiblesses au détriment de vos forces, il vous faut alors développer de nouvelles habiletés; l'anecdote qui suit illustre parfaitement notre propos.

### Par un beau dimanche après-midi

Il n'y a pas si longtemps de cela, un dimanche après-midi, nous nous étions retrouvés avec quelques amis au gymnase de l'école secondaire du quartier pour une partie de basketball. L'un de nos camarades, un psychiatre aux cheveux bruns et débordant d'énergie, agit habituellement comme capitaine d'une des deux équipes. Il a le don de trouver la position qui convient le mieux à chacun et sait mettre à profit nos forces respectives pour opposer aux adversaires une équipe homogène et avec laquelle il leur faut compter.

Ce jour-là, il était notre capitaine. Mais on sentait bien que quelque chose n'allait pas. On aurait dit qu'il n'avait plus le feu sacré. Comme d'habitude, il nous indiqua nos positions et nous donna ses directives. Toutefois, dès le début de la partie, il devint évident que la victoire était loin de nous être acquise. À la mi-temps, nous étions en train de perdre lamentablement. Il lançait mal, ses passes étaient mauvaises et, surtout, il avait perdu son enthousiasme et son entrain.

Durant la pause, nous l'entraînâmes à l'écart et lui demandâmes ce qui se passait. Il nous répondit qu'il s'était, de nouveau, sérieusement querellé avec sa femme; il avait mal dormi, il se sentait déprimé et ne savait plus à quel saint se vouer. En outre, ajouta-t-il, il en avait plus qu'assez d'essayer de résoudre, tant bien que mal, leurs problèmes.

Bien entendu, du fait de sa profession, il savait ce qui allait de travers dans son mariage, avec sa femme et avec lui-même. Après tout, c'était en mettant en lumière les failles aussi bien des situations que des individus qu'il gagnait sa vie.

Pressés par le temps puisque la partie était sur le point de recommencer, nous nous contentâmes de lui dire: "Nous allons conclure un marché avec toi: nous te poserons trois questions et si tu ne te sens pas réconforté après y avoir répondu, nous payerons la bière après le match. Dans le cas contraire, tu nous conduis d'abord à la victoire et, ensuite, tu offres une tournée générale." Notre ami accepta le marché.

Voici nos trois questions:
1. Qu'est-ce qui va bien dans ton mariage?
2. Aimes-tu ta femme?

3. Veux-tu que ton mariage soit heureux?

La réponse à ces trois points amena un large sourire sur son visage. Pourtant, nous n'avions abordé aucun des problèmes fondamentaux qu'il appartenait à lui et à sa femme de résoudre; mais nous l'avions incité à considérer la situation sous un angle différent. Aussitôt qu'il adopta la perspective de la mise en forme psychologique, il cessa de ne voir que les côtés négatifs de son mariage. Bien au contraire, tandis que tout ce que son union comportait de satisfaisant et de significatif sur le plan émotionnel lui revenait en mémoire, il se rendait compte à quel point il était inutile de se mettre dans un tel état à cause d'une simple dispute avec sa femme.

Quand survient une situation d'urgence ou de crise, les gens sont souvent portés à retomber dans leurs faiblesses. Ils se raidissent au moment même où ils devraient faire preuve de souplesse. L'une des forces les plus remarquables de notre ami est sa capacité d'aimer. Il aime sa femme. Celle-ci s'était révélée une amie loyale et fidèle pendant toute la durée de ses études en médecine; elle l'avait aimé dès leur première rencontre. Malgré ça, lorsqu'ils se disputaient, il oubliait à quel point il était épris d'elle. Cet oubli passager faisait de lui un homme à la fois faible et désespéré. Juste avant de retourner au jeu, il reconnut: "Je sais que je me sens mieux — mais pourquoi?"

Nous nous mîmes à rire: "Il est incontestable que tu possèdes un don extraordinaire pour organiser notre équipe de basketball. Tu sais utiliser les habiletés particulières de chacun au profit de toute l'équipe. Mais quand il s'agit de ta vie, tu ne sais pas tirer parti de tes propres forces pour arriver à tes fins. Lorsque vous vous disputez, ta femme et toi, ce sont vos faiblesses qui prennent le dessus. Il n'y a donc rien d'étonnant au fait que vous vous trouviez moches, après coup. Vous vous lancez des reproches à la figure, vous vous harcelez, c'est toujours l'autre qui a tort. Vous n'accordez de poids qu'à *ce qui ne va pas*. Nous aimerions t'apprendre à améliorer *ce qui va bien*.

Déjà, nous t'avons amené à te concentrer sur tes forces et à les admettre. C'est pourquoi, maintenant, tu te sens fort."

Au rappel de ce qu'il y a de positif en lui — sa capacité d'aimer —, la futilité de leur mésentente lui apparut clairement. En mettant l'accent sur ses forces, nous venions de lui enseigner, indirectement, les premiers principes de la mise en forme psychologique.

### Découvrir vos forces

Après avoir fait l'exercice suivant, vous vous apercevrez que vous possédez certaines forces dont vous ignoriez l'existence et que vous ne pouviez donc pas utiliser.

1. Quels sont vos points forts? Nommez-en deux ou trois.
2. Voulez-vous vous aimer?
3. Voulez-vous vous sentir bien?

Vos réponses peuvent libérer des forces que vous portez déjà en vous et qui tendront naturellement à se développer, à moins que vous ne mettiez un frein à leur progression.

# Le jogging mental

La première chose à faire, pour se préparer au jogging mental, c'est de se concentrer sur ses forces. Le jogging mental équivaut, ni plus ni moins, à "passer à l'action" sur le plan psychologique. Nous allons vous enseigner divers types d'exercices dont certains ont un caractère général, tandis que d'autres ont été conçus en fonction de problèmes précis et que d'autres encore correspondent à différentes catégories de personnes.

Plus vous vous sentirez à l'aise en faisant du jogging mental, plus vous éprouverez une impression de puissance. Avec la mise en forme psychologique, la plupart des problèmes se transforment en des occasions d'agir, de devenir plus fort et de vérifier jusqu'à quel point on est capable d'une réaction efficace. Désormais, vous n'aurez plus à vous demander comment faire pour tenir le coup encore une journée; au contraire, vous progresserez avec naturel et aisance, jour après jour.

Le jogging mental développe la conscience du moi intime. Rares sont ceux qui reconnaissent l'importance de cet aspect de la personnalité, qui est pourtant une source de profonde satisfaction. En fait, notre interaction avec l'univers s'effectue, la plupart du temps, à partir du moi extérieur.

Après la découverte de votre moi intime, première conséquence du jogging mental, vous constaterez rapidement un certain décalage entre celui-ci et votre moi extérieur; cela veut dire que vos pensées et vos sentiments ne correspondent pas à vos actions. C'est à ce niveau que la mise en forme psychologique intervient en rétablissant l'harmonie entre ces trois éléments. Le jogging mental est donc un processus qui permet l'unification du moi intime et du moi extérieur.

Les problèmes apparaissent lorsqu'il y a un déséquilibre entre votre moi intime et votre moi extérieur; à ce moment-là, vous vous trouvez dans une situation conflictuelle vis-à-vis de vous-même et de votre entourage. Et, justement parce que vous ne vous sentez pas en possession de tous vos moyens, vous êtes incapable d'utiliser vos forces à bon escient. Au contraire, vous consacrez toutes vos énergies à essayer de tenir le coup.

Une fois que l'harmonie s'est installée entre votre moi intime et votre moi extérieur, cette guerre intérieure prend fin automatiquement. La sérénité qui lui succède est l'expérience la plus satisfaisante que l'on puisse connaître, du point de vue psychologique. C'est pourquoi vous voudrez constamment la revivre. En outre, elle incite à aborder les difficultés dans une tout autre perspective. C'est là la raison du jogging mental.

### Le moi intime et le moi extérieur

Votre moi intime, c'est l'ensemble de vos potentialités. C'est ce qui vous donne l'impression d'être différent des autres. Ce moi intime est bon. Il vous garde en vie et vous fait progresser, même lorsque vous semblez écrasé par les événements. Quoi qu'il puisse vous arriver, rien ne vient arrêter son évolution. C'est la conscience que vous avez de vous même.

Votre moi extérieur, c'est ce que vous êtes dans la vie de tous les jours. C'est celui qui agit, qui parle, qui travaille, qui joue, qui a des rapports sexuels, qui pense. Votre moi extérieur, c'est vous-même face aux autres.

À première vue, Jeff a l'air en grande forme. Trente-huit ans, à peine cinq livres de trop, c'est un travailleur acharné. Il veut réussir et c'est là sa force. Il semble impitoyable envers lui-même. Il ne connaît que le travail, mais plus il se tue à la tâche et plus les tensions s'accumulent. Il est sur la voie du succès. Néanmoins, la pression continue d'augmenter jusqu'au soir où, après un cauchemar, il est victime de sa première crise cardiaque grave. Personne n'aurait pu soupçonner la guerre que se livraient son moi intime et son moi extérieur. Le premier n'ignorait pas à quel point il était tendu et épuisé. Il savait que Jeff devrait changer son style de vie. Mais le second exigeait d'aller toujours plus loin. Avant cette nuit où Jeff a frôlé la mort, ses deux moi ne s'étaient encore jamais rencontrés.

Judy avait tout ce qu'elle avait souhaité: un mari, une famille, une carrière. Elle travaillait de six à vingt-deux heures par jour en essayant de tout concilier. Personne ne semblait avoir remarqué qu'elle était sur le point de s'effondrer. Sa triple dose quotidienne de cinq milligrammes de Valium ainsi que ses trois ou quatre verres d'alcool, également quotidiens, lui permettaient de sauver les apparences. Toutefois, son univers commença à s'écrouler au moment où elle se vit accorder une promotion. Pour faire face aux pressions supplémentaires inhérentes à ses nouvelles responsabilités, elle prit davantage de Valium, se mit à boire plus et les désordres psychologiques firent leur apparition. Ce fut alors qu'elle commença à se montrer irritable avec son mari et ses enfants. Son anxiété grandissait et elle se sentait gagner par la peur. Un soir, alors qu'elle faisait l'amour avec son mari, elle se mit à pleurer sans pouvoir s'arrêter. Deux jours plus tard, elle se retrouvait dans une clinique, en plein délire. Personne ne pouvait savoir que son moi intime et son moi extérieur étaient engagés dans une lutte à finir. Son moi extérieur ignorait tout de ses besoins profonds.

Chez Jeff tout comme chez Judy, il y avait conflit entre leurs moi intimes et extérieurs, conflit que ni l'un ni l'autre ne pouvaient résoudre, faute de posséder les habiletés nécessaires.

Les conflits éclatent quand il y a contradiction entre votre moi intime et votre moi extérieur: quand vos pensées, vos sentiments et vos convictions profondes ne correspondent pas à vos actes. Lorsqu'une personne n'a pas les capacités requises pour résoudre ces conflits, elle se met à adopter des comportements inadéquats. Jeff, dans l'exemple que nous venons de voir, était dépourvu des habiletés qui lui auraient permis de combler le fossé entre le besoin de se reposer ressenti par son moi intime et cette impulsion, née de son moi extérieur, qui l'incitait à travailler toujours plus fort et à se vouloir en tête de file.

Quant à Judy, elle non plus ne possédait pas les habiletés indispensables pour mettre fin au conflit entre son comportement extérieur et ce qu'elle éprouvait au fond d'elle-même. L'un et l'autre subissaient de sérieuses crises dans leur vie. Mais, évidemment, ce n'est pas là le cas de tout le monde.

En général, les gens en savent suffisamment pour éviter de céder à une dépression nerveuse. Mais la très grande majorité ignore comment dépasser ce stade et devenir psychologiquement en forme.

## La mise en forme psychologique et le jogging mental

Nous avons défini la mise en forme psychologique comme

la capacité de jouir de la vie, jour après jour, et de réagir efficacement en cas d'urgence ou de crise. Le jogging mental, c'est l'activité ou l'exercice qui prédispose à un plus grand plaisir et aide à transformer les crises en des problèmes susceptibles d'être résolus.

La découverte de votre moi intime vous incitera à modifier votre philosophie — de la même façon que vous changez d'opinion à propos de vos possibilités physiques au fur et à mesure que vous vous sentez davantage en forme. Votre moi intime vous sert de guide intérieur et oriente votre comportement, de telle sorte que vous n'avez plus à vous fier à des règles extérieures et sans fondement réel pour distinguer entre ce qui est bien et ce qui est mal.

Quant vous êtes psychologiquement en forme, vous savez intrinsèquement ce qui est bon et ce qui ne l'est pas. Désormais capable de mener une vie harmonieuse, vous n'opposez plus de résistance à l'énergie qui émane de votre moi intérieur. Lorsque votre personnalité est unifiée, votre dynamisme augmente parce que vous ne cherchez plus à tenir le coup à tout prix. Vous en avez suffisamment pour vivre votre vie, pour vous garder en bonne forme. Vous disposez de toute l'énergie dont vous avez besoin pour rétablir l'harmonie entre votre être psychique et votre être physique. C'est ainsi qu'en exerçant votre personnalité vous finissez par vous sentir plus compétent et souhaitez améliorer également votre forme physique.

# Chapitre 2

# Les quatre éléments-clés de la mise en forme psychologique

Le jogging mental, ou exercice de la personnalité, engendre quatre réactions fondamentales: la faculté d'expression s'accroît, le niveau d'activité augmente, la lucidité — ou conscience — s'approfondit, le niveau de sentiment s'intensifie. Ainsi donc, plus vous êtes en forme sur le plan psychologique, plus vous pouvez faire un usage efficace de ces quatre dynamiques de la personnalité. L'inverse, par contre, signifie que votre personnalité est loin d'utiliser ses capacités autant qu'elle le pourrait; c'est pourquoi les problèmes se font plus nombreux que les solutions, les expériences négatives plus fréquentes que les positives. Il s'agit, tout bien considéré, du même phénomène que lorsqu'on s'épuise rapidement à cause d'une mauvaise condition physique.

# Comment unifier le moi intime et le moi extérieur en utilisant les quatre clés de la personnalité

Quand vous vous exprimez, vous faites du jogging mental. Quand vous êtes actif, vous faites du jogging mental. Quand vous vous montrez lucide, quand vous donnez libre cours à vos sentiments, vous faites du jogging mental. Pour pouvoir instaurer l'harmonie entre votre moi intime et votre moi extérieur, il vous faut utiliser pleinement et simultanément ces quatre dynamiques. D'ailleurs, lorsque celles-ci fonctionnent au ralenti, vous vous rendez bien compte que quelque chose ne va pas. Généralement, les gens s'appuient, pour définir leur moi extérieur, sur les éléments inexploités de leur personnalité. Ils déclareront, par exemple: "je suis d'un naturel paisible", "je n'ai vraiment rien à dire", "je suis assez imperméable aux émotions", "je ne peux exprimer ce que je ressens", "c'est beaucoup trop physique pour moi". Bien souvent, vous risquez de ne jamais connaître la véritable nature de votre moi extérieur, du moins tant que vous ne l'aurez pas unifié avec votre moi intime. Il vous est impossible d'être seulement l'un ou l'autre. Vous êtes la somme de vos deux moi.

Tout au long de ce livre, nous vous enseignerons comment utiliser toutes les dynamiques de votre personnalité. Parce que, si vous n'en mettez qu'une ou deux à contribution, vous ne pouvez échapper au déséquilibre. Dès lors, la fusion entre votre moi intime et votre moi extérieur devient irréalisable.

## Quatre nouvelles questions

Pour mieux comprendre ce que sont ces quatre dynamiques, posez-vous les quatre questions ci-dessous. Quand, dans les quatre cas, vous pourrez attribuer à vos réponses la cote la plus élevée, vous aurez alors atteint le rendement maximal. Une réponse négative à l'une ou l'autre des questions signifie qu'il vous faut développer davantage la dimension correspondante.

1. *Dans quelle mesure suis-je expressif?*

(Cela signifie: Est-ce que j'exprime ce que je ressens et ce que je pense? Si oui, est-ce avec une intensité correspondant à ce que j'éprouve? Et est-ce que les mots traduisent fidèlement ma pensée?)

2. *Quel est mon degré d'activité?*

(Cela signifie: Est-ce que je participe concrètement? Ai-je tendance à m'effacer ou à m'affirmer? Suis-je physiquement *actif* ou passif? Face à une situation précise, vais-je bouger ou rester paralysé?)

3. *Jusqu'à quel point sais-je faire preuve de lucidité?*

(Cela signifie: Est-ce que, dans tel ou tel contexte, je sais ce qui se passe et pourquoi?)

4. *Qu'en est-il de mes émotions ou sentiments?*

(Cela signifie: Est-ce que je donne libre cours à toutes mes émotions, à tous mes sentiments, ou est-ce que j'essaye de les étouffer?)

D'après vos réponses qui pourront refléter une réaction très positive dans deux ou trois cas et une certaine déficience dans les autres, vous saurez quelles sont les dynamiques qu'il vous faut modifier afin de pouvoir faire face aux situations avec plus d'efficacité. Un manque d'équilibre entre les dynamiques vous empêche d'utiliser votre potentiel de façon optimale.

Si vous manifestez une très nette faiblesse dans les quatre cas, cela veut dire que vous ne faites pas du tout de jogging mental. Psychologiquement, vous en êtes au point mort. Plus souvent qu'autrement, ce qui se passe en vous est submergé par les événements extérieurs. Votre moi intime est dans l'impossibilité absolue d'atteindre son potentiel. Vous sentez que vous ne prenez aucune part à ce qui se passe — vous n'êtes pas maître de la situation. Et plus vous essayez de prendre les choses en main, plus ce sentiment s'accentue. Le jogging mental a un effet paradoxal: c'est justement lorsque vous cessez de vouloir contrôler les circonstances extérieures pour concentrer tous vos efforts sur l'exercice de votre personnalité et l'utilisation des quatre dynamiques que la situation tourne à votre avantage. Vous apprenez comment réagir à ce qui *se passe* effectivement. Faire du jogging mental, c'est devenir capable d'une réaction maximale. Et plus vous développerez cette capacité, plus vous sentirez que votre moi intime et votre moi extérieur sont en conformité.

Les grilles d'évaluation ci-dessous vous permettront d'évaluer votre personnalité extérieure et votre personnalité intérieure ou idéale, selon la perception que vous avez de vous-même. Pour ce faire, vous utiliserez les cotes suivantes:

**Élevé:** Vous utilisez constamment cette dynamique. Vous la reconnaissez pour l'une de vos forces.

**Moyen:** Vous utilisez cette dynamique de temps en temps, mais il vous arrive tout de même assez souvent de l'oublier.

**Faible:** Cette dynamique vous apporte davantage de problèmes que de satisfactions. Vous savez que c'est là l'un de vos points faibles.

Cette façon d'évaluer les dimensions de votre personnalité vous aidera à mieux comprendre les concepts du moi intime et du moi extérieur. Ainsi, si vous considérez avoir un haut niveau d'expression pour ce qui est de votre personnalité intime, mais que celui-ci est faible dans le cas de votre personnalité extérieure, on n'aura guère de mal à s'imaginer l'ampleur des conflits dont vous êtes intérieurement la proie, ainsi que des problèmes qui vous assaillent extérieurement.

À propos de la faculté d'expression, Mike avait coté "faible" pour son moi extérieur et "élevé" pour son moi intime. La simple découverte de ce qui se passait en lui l'incita à modifier du tout au tout sa perception négative. "J'avais toujours pensé que je n'avais rien à dire ou, le cas échéant, que ce que j'aurais pu vouloir dire n'avait aucune importance. Et, qui pis est, cette

## Personnalité extérieure

| | Expression | Activité | Lucidité | Sentiment |
|-------|------------|----------|----------|-----------|
| Élevé | | | ✓ | ✓ |
| Moyen | ✓ | ✓ | | |
| Faible | | | | |

## Personnalité intérieure

| | Expression | Activité | Lucidité | Sentiment |
|-------|------------|----------|----------|-----------|
| Élevé | ✓ | ✓ | ✓ | ✓ |
| Moyen | | | | |
| Faible | | | | |

difficulté à m'exprimer revêtait à mes yeux un caractère pathologique. Je m'imaginais qu'il me manquait, dans le cerveau, une pièce essentielle, comme un écrou, une dent d'engrenage, un boulon. Je me croyais condamné à traîner toute ma vie cette incapacité d'exprimer ce que je pensais. Puis, pendant vos sessions, j'ai compris que c'était simplement les moyens d'expression qui me faisaient défaut. Je n'avais encore jamais envisagé la situation sous cet angle — c'est-à-dire qu'il m'arrivait parfois de vouloir exprimer quelque chose, mais que j'ignorais comment m'y prendre. J'ai compris que l'unique cause de mon problème tenait au fait que j'avais, de temps à autre, quelque chose à dire. Du coup, j'ai commencé à me sentir beaucoup mieux et le reste s'est fait tout seul. J'ai entrepris de développer cette faculté d'expression qui me manquait tellement. Maintenant, je m'en rends compte lorsqu'il y a concordance entre ce que j'exprime et ce que je veux effectivement exprimer. Je sais quand je dis ce que je veux dire."

### Névrose et inhabilités

À la lumière de la mise en forme psychologique, nous avons découvert que bon nombre des étiquettes relatives aux névroses sont dépassées. Elles servent d'explication au fait qu'on est ce qu'on voudrait ne pas être. Mais, avec la théorie de la mise en forme, nous savons que chacun se débat du mieux qu'il peut pour survivre. Bien souvent, le seul fait d'être privé des habiletés qui vous permettraient d'agir pour votre bien vous vaut d'être taxé de "névrotique", "malade", ou "émotionnellement perturbé". Or, si vous possédiez les habiletés nécessaires pour avoir de meilleures relations, nul doute que vous vous en serviriez. Si vous possédiez les capacités grâce auxquelles vous pourriez vous sentir mieux, vous les mettriez à profit. Nous avons découvert que la simple prise de conscience d'une "déficience" constitue déjà un embryon de solution.

Bien des gens sont incapables d'établir une distinction claire et nette entre leur moi intime et leur moi extérieur. Gail était une jeune femme ravissante et tout le monde le lui disait. Mais, elle, elle était persuadée du contraire; elle se percevait plutôt comme un laideron. Nous lui demandâmes d'évaluer sa dynamique d'activité pour ses deux moi. "Mon moi extérieur est très paresseux. Je dirais que son niveau est très, très bas. Mais j'estime que mon moi intérieur est très actif, comme lorsque j'avais huit ou neuf ans. Maintenant, je me trouve horrible et je me sens paralysée."

Dès que Gail eut commencé à faire du jogging mental, un profond changement s'amorça dans sa façon de comprendre les dynamiques de sa personnalité.

"Je changeais constamment d'amis et de flirts. Je voulais m'entendre dire que j'étais belle. Mais personne n'aurait pu me le répéter suffisamment pour m'en convaincre. Finalement, j'ai appris à exploiter le potentiel de mon moi intérieur. C'est un point auquel je n'avais jamais pensé. Je n'avais jamais pris le temps de réfléchir à ce que je voulais être et aux moyens d'y parvenir. Je me contentais de voir ce que je n'étais pas. Combien de fois en faisant l'amour, gagnée par l'excitation, j'aurais voulu participer, moi aussi. Mais j'ignorais comment. Puis, j'ai appris à poser des gestes. Cette habileté était, pour moi, quelque chose d'entièrement nouveau. On m'a enseigné à redevenir active. Et plus je progressais, mieux je me sentais. C'est à ce moment-là que j'ai commencé à me trouver belle. J'avais beaucoup de mal à me rappeler qu'il était inutile de m'agiter ou de passer concrètement à l'action, puisque je possédais déjà cette capacité en moi-même. Il me fallait simplement apprendre à utiliser mes possibilités. Cela semble facile — jusqu'au moment où il faut se jeter à l'eau et essayer d'y parvenir. Autrefois, je me sentais aussi balourde qu'un orignal. Maintenant, j'ai l'impression d'être une gazelle."

C'est seulement dans l'action que vous pouvez découvrir qui vous êtes. Vous n'y arriverez jamais en restant les bras croisés. C'est dans le tréfonds de votre moi intime que réside le secret de votre personnalité. Au fur et à mesure que vous apprendrez comment le découvrir, vous cesserez de vous acharner à vouloir devenir quelqu'un d'autre. Dès lors, vous commencerez à mieux apprécier votre véritable nature.

La pratique du jogging mental vous rend beaucoup plus clairvoyant à votre propre égard. Il arrive parfois que, votre moi extérieur ayant mal évalué une situation, vous posiez des gestes qui aillent à l'encontre de votre lucidité intérieure. Ce que vous pensez de vous-même et ce que les autres en pensent sont "deux mondes complètement distincts".

Le cas de Don illustre parfaitement cette assertion. Don aimait peindre. Il n'avait jamais vendu une seule toile et vivait des revenus d'un petit héritage. Son moi intime savait parfaitement à quoi s'en tenir à propos de ses aspirations et de ses connaissances, tandis que son moi extérieur était incapable de saisir le fonctionnement du monde. Il évalua sa dynamique de lucidité comme étant élevée dans son aspect intime et faible sur le plan extérieur. Il se plaignait souvent du fait que "personne ne me comprend". Quand il commença à prendre conscience de l'antinomie qui existait entre ses niveaux de lucidité intérieure et extérieure, il cessa d'attendre qu'on le comprenne enfin. "Je m'étais mis dans la tête qu'on finirait bien par me découvrir. Ouais... Jamais je n'avais pris le temps de m'apercevoir que je ne comprenais rien en dehors de ma peinture. Plus j'ai appris à développer ma lucidité, plus je suis, effectivement, devenu lucide. J'ai cessé de vivre à l'écart du monde et de m'y opposer."

Si nous vous avons demandé d'évaluer votre lucidité dans ses aspects intérieur et extérieur, c'est parce que bien des gens ne s'attardent jamais à réfléchir à la différence entre les deux. Or, quand l'un est élevé et que l'autre est faible, c'est votre lucidité tout entière qui se trouve en porte-à-faux, vous imposant ainsi une perception faussée de l'univers. Avec la pratique du jogging mental, il y a interaction entre vos deux niveaux de lucidité, l'un et l'autre s'intensifiant mutuellement.

Évaluez maintenant la dimension intérieure de vos sentiments et comparez-la avec son pendant extérieur. Dans notre société, la plupart des individus se disent davantage portés à intérioriser leurs sentiments qu'à les extérioriser. Rares sont ceux qui, parmi eux, se révèlent capables de tirer judicieusement parti de leurs émotions intimes. On s'imagine toujours que les sentiments s'éveillent seulement sous l'impact d'une situation extérieure puissante.

George faisait partie de cette catégorie d'individus. C'était un excellent vendeur. "Malgré ça, raconta-t-il, j'en étais arrivé à penser que les seules fois où j'éprouvais quelque chose, c'était lorsque je regardais un vieux film triste à la télévision. La plupart du temps, ma femme dormait tandis que, assis dans mon lit, je regardais ces comédiens d'une époque révolue. Tous m'émouvaient, quoique pour des raisons différentes, et, bien sûr, j'avais mes favoris. En m'évaluant, je cotai "élevé" pour mes sentiments intérieurs, mais "faible" pour ce que j'éprouvais extérieurement. Il me fallut passablement de temps pour comprendre que je ressentais en permanence des émotions extérieures, ce que je n'avais jamais soupçonné. Plus j'apprenais à être conscient de mes sentiments et à m'en servir, plus je constatais le caractère inusité de cette attitude. Maintenant, je m'appuie toujours sur mes sentiments. Je suis conscient de ce que j'éprouve — je suis conscient de la peur ou de la nervosité d'un client; et, au lieu de ne pas en tenir compte, je m'adresse directement à ses sentiments."

George, Don, Gail et Mike ont, tous les quatre, évalué comme étant élevé l'aspect intérieur d'une des dynamiques de leur personnalité et comme faible la dimension extérieure de cette même dynamique. Mais il y a de multiples combinaisons possibles. C'est, du reste, pourquoi l'éventail des personnalités est aussi vaste. Évidemment, chacun d'entre nous possède certaines forces qui sont plus marquées que les autres. Mais chaque individu peut apprendre à utiliser toutes les dynamiques de sa personnalité. Sinon, il n'y a pas d'équilibre possible et on ne peut atteindre son potentiel. De ce fait, on dispose toujours d'une bonne excuse, chaque fois qu'on se retrouve dans de mauvais draps.

Le jogging mental ne supprimera pas toutes les situations désagréables ou problématiques, mais il vous rendra davantage apte à réagir en faisant appel à toutes les forces de votre personnalité. Le temps aidant, vous parviendrez à unifier votre moi intime et votre moi extérieur, unification qui ne peut se réaliser que par l'exploitation des dynamiques de la personnalité.

# La personnalité globale ou le fonctionnement harmonieux des quatre dynamiques

Vous savez que vous vous exercez, quand vous sentez

que vous utilisez chacune des quatre dynamiques de votre personnalité. Une fois que celles-ci se sont également développées, votre moi intime sait que vous avez la capacité d'aller encore plus loin et votre moi extérieur sait comment y parvenir. Connaissant les aspirations de votre moi intérieur, ce dernier apprend donc à mettre à contribution toutes les dynamiques de la personnalité pour lui permettre de les réaliser.

Faire du jogging mental, c'est faire appel à sa personnalité tout entière. Dès que vous commencez à apprendre comment utiliser les dynamiques de votre personnalité, votre condition psychologique s'améliore. Vous avez découvert le système qui solutionne vos problèmes.

Les situations qui vous semblent les plus désespérées, où vous croyez qu'il n'y a vraiment plus rien à faire, sont parmi les plus propices pour commencer à vous mettre en forme. Un homme nous raconta l'histoire suivante:

"Mon père était atteint d'une grave affection cardiaque et il dut, à un moment donné, subir une opération très risquée dans une clinique spécialisée du Texas. Il était parfaitement au courant, bien entendu, mais il ne m'en avisa que deux heures à peine avant de monter dans l'avion. Je lui dis alors que je le retrouverais à l'aéroport. En le voyant, je sentis mon estomac se contracter. Malgré ça, j'étais furieux qu'il m'ait prévenu à la dernière minute. Nous nous assîmes dans la salle d'attente et je lui déclarai tout de go: "Pourquoi ne m'as-tu rien dit plus tôt?" Je savais pourtant ce qu'il me répondrait: "C'était pour ne pas t'inquiéter." Durant une vingtaine de minutes, nous bavardâmes, mais le ton montait quelquefois. Puis, subitement, je fus frappé par cette évidence: mon père pouvait mourir. Je le regardai et lui dis: "Papa, j'ai peur pour toi, tu risques de mourir. J'en ai plus qu'assez de nos stupides escarmouches. Je ne t'ai jamais dit combien je t'aime. Je veux que tu le saches, papa, je t'aime!" J'étais au bord des larmes, mais je sentais mon estomac se décontracter. Quand mon père me répondit: "Allons, ce n'est pas si grave que ça, je vais m'en tirer", je ne pus en croire mes oreilles. D'aussi loin que je me souvienne, il s'était toujours exprimé comme s'il était une pyramide vivante, comme s'il ne passait jamais par des hauts et des bas, comme s'il ignorait tout des sentiments et des peurs. J'étais sur le point de prendre le ton qui nous était habituel depuis des années et d'essayer de le convaincre avec des arguments percutants, mais d'autres mots s'échappèrent de mes lèvres: "Papa, j'ai peur. Je t'aime, mais je ne comprends pas comment tu peux continuer à parler de cette façon. Tes troubles cardiaques sont multiples. Tu peux mourir, tu n'es tout de même pas fait de marbre."

"Je pense qu'il est temps pour moi de monter à bord, mon garçon. Je dois choisir mon siège." Mais il m'était impossible de le quitter comme ça. "Papa, il te reste encore quelques minutes, passe-les avec moi." Je le tenais par les bras. Il avait toujours été petit, mais, à cause de sa santé chancelante, il me parut encore plus fragile. Je le serrai contre moi en pleurant. "Papa, je t'aime, je suis tellement inquiet à ton sujet. Je veux que tu vives. Je veux que tu saches combien je t'aime."

Il se détacha de moi et se dirigea vers la porte des départs. Puis il se retourna. Il pleurait. Il revint vers moi et prit mon visage dans ses mains. "David, je t'aime, moi aussi. Je ne suis pas de pierre. J'ai peur, mon fils. Je n'ai jamais eu aussi peur de toute ma vie. Mon Dieu, ce que je peux avoir peur. Je n'ai pas un coeur de pierre. Je t'aime."

Ces deux hommes étaient réduits à l'impuissance pour tout ce qui touchait à la grave cardiopathie du père. Mais s'ils n'avaient aucun pouvoir sur ce qui allait mal, la situation était tout autre à propos de leur comportement dans les circonstances. Tandis qu'ils le modifiaient, ils faisaient du jogging mental. Ils commencèrent à s'exprimer, à poser des gestes, à se montrer plus lucides et à se laisser ressentir leurs sentiments. Ils avaient renoncé à vouloir justifier aux yeux de l'autre l'absence d'harmonie qui persistait entre leur moi intime et leur moi extérieur.

Une fois que vous aurez compris cette façon d'aborder les problèmes émotionnels, une nouvelle vie s'ouvrira devant vous. Vous ne chercherez plus à éliminer tous les désagréments de votre vie, ce qui est d'ailleurs impossible; au contraire, vous commencerez à étudier vos réactions en de telles circonstances. Dès cet instant, vos problèmes cesseront de vous paraître insurmontables pour retrouver leur véritable dimension, c'est-à-dire qu'ils redeviendront de simples problèmes, sans plus.

Pour mieux vous aider à comprendre le fonctionnement de la personnalité, nous allons analyser l'exemple que nous venons de voir. Nous remarquerons, tout d'abord, que le fils a eu une réaction parfaitement adaptée à la situation parce qu'il a utilisé au maximum toutes les dynamiques de sa personnalité.

Nous pouvons en déduire qu'il y avait concordance entre son moi intime et son moi extérieur. Il se sentait bien de ce qu'il avait fait; il comprenait pourquoi il l'avait fait. Chez son père, par contre, il existait un décalage entre le moi intime et le moi extérieur. Le degré d'expression, d'activité, de lucidité et de sentiment de son moi intime était beaucoup plus élevé que ce qu'il laissait paraître.

**Les moi intime et extérieur du fils**

| | | | | |
|---|---|---|---|---|
| Élevé | X | X | X | X |
| Moyen | | | | |
| Faible | | | | |
| | Expression | Activité | Lucidité | Sentiment |

Dans leur dimension extérieure, toutefois, ces quatre dynamiques étaient particulièrement faibles. Il est probable que le père avait pensé quelque chose dans ce genre:"Je suis profondément triste. Quel bonheur d'entendre David me parler comme ça." Mais cela se passait dans sa tête, uniquement. Puis, quand David le mit en face des faits, il a dû penser: "Je

savais que cela devait arriver" (lucidité faible), "je vais partir"
(activité faible).

### Moi intime du père

|        | Expression | Activité | Lucidité | Sentiment |
|--------|:---:|:---:|:---:|:---:|
| Élevé  | X | X | X | X |
| Moyen  |   |   |   |   |
| Faible |   |   |   |   |

### Moi extérieur du père

|        | Expression | Activité | Lucidité | Sentiment |
|--------|:---:|:---:|:---:|:---:|
| Élevé  |   |   |   |   |
| Moyen  |   |   |   |   |
| Faible | X | X | X | X |

En un sens, si le père a pu découvrir son moi intime, c'est
parce que son fils lui a parlé et à cause de la situation dramatique provoquée par sa maladie. Ce faisant, il a entrevu ce qui
pourrait être s'il modifiait son comportement psychologique.

### Jogging mental du père

|        | Expression | Activité | Lucidité | Sentiment |
|--------|:---:|:---:|:---:|:---:|
| Élevé  |   |   | X | X |
| Moyen  | X | X |   |   |
| Faible |   |   |   |   |

À partir du moment où le père laissa s'opérer la fusion entre son moi intime et son moi extérieur, les dynamiques de sa personnalité commencèrent à changer. Il n'avait pas encore l'habileté nécessaire pour utiliser au maximum ses deux moi, mais il était sur la bonne voie. Lorsqu'il était revenu vers son fils, il avait cessé de se laisser dicter sa conduite uniquement par son moi extérieur. Puis, lorsqu'il avait réagi à son fils, il s'était senti tout gauche. Ce sentiment accompagne naturellement tout comportement nouveau. Il n'était pas sûr de ce qu'il allait faire, ne savait pas s'il pourrait s'en tirer, mais il avait quand même agi — et, en fin de compte, c'est ça, le jogging mental. En s'efforçant d'adopter une nouvelle façon d'être, le père avait permis à son moi intime et à son moi extérieur de se rejoindre.

# Chapitre 3

# Le contact,
# cinquième élément-clé

La cinquième dynamique de la personnalité, le contact, est celle qui aide les quatre autres à se matérialiser. Le jogging mental est un sport de contact. Cette faculté se développe au rythme de l'apprentissage des habiletés d'expression, de lucidité, d'activité et de sentiment. Chaque fois que vous nouez une relation avec quelqu'un, cette personne devient un nouveau coéquipier et permet à votre jogging mental de devenir plus complet, plus complexe et plus satisfaisant.

Bien souvent, des gens viennent nous voir pour acquérir diverses habiletés. Dans leur esprit, il s'agit d'améliorer l'une ou l'autre des dimensions de leur personnalité, comme leur habileté à exprimer de l'agressivité ou bien à jouir sexuellement ou même leur capacité d'être heureux. Ils ignorent que la mise en forme psychologique s'appuie sur les cinq dynamiques de la personnalité.

Gene s'était inscrit à l'une de nos sessions parce qu'il voulait aller encore plus loin sur la voie du succès. En dépit du fait qu'il lisait le magazine Fortune, s'habillait à la dernière mode et conduisait une Cadillac Seville blanche, nous avions devant nous l'un des plus tristes échecs qu'il nous ait été donné de rencontrer dans le cadre de nos programmes.

Il nous fit la déclaration suivante: "Je veux apprendre à me détendre — vous savez, cette "relaxation dynamique" qui fait le sujet de vos conférences. Je veux pouvoir me détendre davantage afin d'abattre plus de besogne. Je sais vers quoi je tends et je veux y parvenir dans les meilleures conditions possibles." Il possédait déjà ce que la plupart des gens souhaitent avoir — ou, du moins, se l'imaginent. Malheureusement, dès l'instant qu'il arrêtait de travailler, il ne lui restait plus rien. Il avait divorcé parce que sa femme l'accaparait trop. Il n'avait pas d'amis. Il n'en savait rien, mais, du point de vue psychologique, il courait à la catastrophe. Nous lui demandâmes vers quoi il pensait se diriger. Il nous regarda comme si nous avions été les plus grands naïfs que la terre ait porté: "Ne connaissez-vous donc pas le nom du jeu? Il s'appelle réussir. Je vise le sommet."

Pour pouvoir enseigner à Gene le jogging mental, il était indispensable, tout d'abord, de l'amener à cesser de courir. Réussir, pour lui, signifiait qu'il devait chasser tout le monde de sa vie. Ce en quoi il se trompait profondément. La réussite matérielle, si on l'atteint seul, est un mirage. Le succès n'existe que dans la mesure où il est partagé. Gene était incapable de ralentir parce qu'il lui aurait alors fallu admettre l'ampleur de sa solitude.

Le contact est peut-être la plus puissante de toutes les dynamiques de la personnalité. Nous avons essayé de vous apprendre à renouer contact avec vous-mêmes, à harmoniser vos moi intime et extérieur. Bien entendu, cela implique que vous ayez établi des relations avec votre entourage. Chaque personne qui fait partie de votre vie vous fournit l'occasion d'utiliser toutes les dynamiques de votre personnalité. Plus vous en ferez un usage efficace dans vos rapports avec les autres et plus il vous sera facile d'amorcer des relations. Vous

vous ferez alors des amis qui vous resteront fidèles la vie durant, vous connaîtrez des amours qui triompheront des années, les étrangers vous seront plus accessibles et les liens entre vos deux moi comme avec les autres se renforceront. Désormais, vous saurez, avec beaucoup plus de certitude, qui vous êtes et qui sont les autres.

Fondamentalement, avoir des contacts signifie qu'on vit avec les autres. Tous, nous avons besoin d'autrui. Notre travail nous a permis de constater que les individus qui se sentent en confiance et en harmonie avec les autres sont détendus, que leurs talents naturels se manifestent, que leurs blessures se cicatrisent plus facilement et que ce qui ne peut guérir est accepté et intégré.

# Contact et thérapie

Il y a quelque temps, on pouvait lire le compte-rendu d'une étude portant sur deux mille jeunes qui en étaient au premier stade d'une psychose aiguë. Les formes de traitement avaient inclus la thérapie de soutien, la chimiothérapie, le placement en institution et l'internement. L'étude s'était poursuivie pendant dix ans au bout desquels on en était arrivé à la conclusion que les trois derniers moyens n'étaient pas toujours indispensables et pouvaient même s'avérer nocifs à cause des effets secondaires. Par contre, la thérapie de soutien avait fourni à ces jeunes patients ce dont ils avaient besoin pour améliorer leur condition: le contact.

À notre avis, la psychologie et la psychiatrie ont, dans une très grande mesure, sous-estimé ces comportements naturels qui nous permettent de guérir et de rester en bonne santé. Les contacts avec des amis stables et avec la famille sont importants quand on veut être psychologiquement en forme. Bien des valeurs comme la famille, l'amitié, le sens de la communauté ont été balayées par notre course au modernisme. Mais cette course nous a privés des instruments nécessaires pour lutter contre les désordres psychologiques. Les personnes qui ont peu d'amis ont tendance à développer des symptômes physiques plus prononcés que les autres et à se sentir davantage menacées par les événements qui les touchent de près. Il est indispensable de rendre au contact sa qualité de nécessité psychologique. L'évidence est là, nous sommes constamment portés à oublier que nous avons besoin de nos amis et que ceux-ci ont besoin de nous.

### Les bébés ont besoin de contacts

Le psychiatre René Spitz a étudié le comportement de bébés qui, entre six et douze mois, avaient été séparés de leur mère et placés dans des institutions ou des foyers nourriciers. Il a constaté que, si les bébés étaient bien nourris et bien soignés, les parents nourriciers ou le personnel hospitalier étaient, par contre, trop occupés pour avoir le temps de les dorloter. Pendant les trois ou quatre premières semaines, les bébés se montraient agités, pleuraient beaucoup, perdaient du poids et dormaient mal. Ensuite, ils paraissaient se résigner et sombraient dans l'apathie. Ils ne jouaient plus et étaient beaucoup plus portés à s'enrhumer ou à tomber malades. Le taux de mortalité augmentait alors de façon dramatique. Selon Spitz: "L'absence de rapports émotifs est, du moins chez les nourrissons, la cause d'un état de stress destructeur."

Nous pourrions vous fournir des statistiques relatives au contact, vous parler de sa signification et de son importance, mais nous estimons que c'est à vous qu'il appartient de décider dans quelle mesure vous lui reconnaissez une valeur psychologique. C'est à vous de poser les gestes nécessaires pour vous assurer les contacts dont vous avez besoin.

### Exercice

Pariez avec un ami ou votre famille que vous réussirez à les faire se sentir mieux en n'y consacrant qu'un quart d'heure par jour; l'enjeu sera un dîner au restaurant. Voici notre truc: éteignez la télévision durant quinze minutes, quotidiennement, et bavardez. Installez-vous comme si vous étiez en visite. Fermez la radio et décrochez le téléphone. La seule difficulté que vous rencontrerez sera le choix du restaurant. Cet exercice vous permettra d'évaluer votre habileté à établir le contact. Ceux que vous priverez de télévision risquent de vous croire cinglé ou de faire flèche de tout bois pour vous amener à remettre votre expérience à plus tard. Mais si vous insistez, ce sera comme si vous les emmeniez faire du jogging dehors: tout le monde se sentira beaucoup mieux ensuite. Il vous faudra un certain courage, mais mettez-vous à l'épreuve et voyez ce que vous êtes capable de faire.

## Contact et indépendance

Selon une idée fausse, largement répandue, ceux qui jouissent d'un "équilibre parfait" sont tout à fait indépendants et se suffisent à eux-mêmes. Bien que certains individus préfèrent travailler seuls et deviennent parfois de grands artistes, des inventeurs, des savants de génie ou des athlètes renommés, personne ne peut être psychologiquement en forme en menant une vie d'ermite. L'être humain équilibré n'a rien du surhomme capable de se passer complètement des autres.

Il existe une autre idée fausse à propos du contact et qu'on pourrait résumer ainsi: "Je connais des gens qui ne dépendent de personne." Il est pourtant évident que nous dépendons tous de gens dont nous ne soupçonnons même pas l'existence: fermiers, ingénieurs en hydrotechnique, pêcheurs, éleveurs de bétail, camionneurs, policiers, personnel des centrales électriques. Plus nous multiplions les contacts avec ceux dont nous dépendons et plus nous nous sentons en forme.

Le contact est bien davantage que l'assurance de pouvoir résister aux assauts du quotidien. Il est la garantie d'une meilleure santé, aussi bien sur le plan physique que sur le plan mental. Il enrichit notre vie.

## Dépression ou expansion

Si le contact est nécessaire pour se sentir psychologiquement et physiquement en forme — *et il l'est* —, quelles sont, dans ce cas, les caractéristiques d'un bon contact personnel? Et que se passe-t-il lorsqu'il s'améliore ou s'atrophie?

Une relation enrichissante ne peut qu'être bénéfique pour votre bien-être général. Et pour lui donner plus d'ampleur, il vous faut développer au maximum les quatre dynamiques de votre personnalité. Cela implique, par conséquent, un haut niveau d'expression, d'activité, de lucidité et de sentiment. Quand votre personnalité atteint un fonctionnement optimal, c'est toute la qualité de votre relation qui s'en trouve améliorée.

Pareille progression vous ouvre de nouveaux horizons sur votre comportement, votre personnalité et votre développement. Votre confiance en vous-même et vis-à-vis des autres s'accroît, l'équilibre s'établit entre votre sens intérieur du contact et de l'amour et vos habiletés extérieures à les manifester. Vous n'êtes plus seul.

Inversement, quand votre contact s'appauvrit, vous amorcez une régression. L'affaiblissement de votre faculté d'avoir des contacts est proportionnel à la perte d'intensité de l'une ou l'autre des dynamiques de votre personnalité. Ce serait, toutefois, une grave erreur que d'y voir, par exemple, un quelconque désordre mental; il s'agit plutôt d'une forme de démission. Il y a régression lorsque vous cessez d'utiliser les dynamiques de votre personnalité.

Quand vous constatez que votre relation commence à perdre de sa qualité, demandez-vous d'abord dans quelle mesure vous mettez réellement ces dynamiques à contribution. Ne vous préoccupez pas du contexte ou de ce qui est à l'origine de la situation. Et, avant de vouloir modifier celle-ci, concentrez-vous sur le fonctionnement de votre personnalité afin, si besoin est, de pouvoir décider des mesures à prendre pour l'améliorer. Ce n'est qu'après vous être occupé de vous-même que vous pourrez voir clairement comment remédier à la situation (autant que cela soit encore nécessaire!).

## Les deux dimensions essentielles du contact

Le "toucher" et la "parole" constituent les deux habiletés essentielles de l'éducation émotive. Ces habiletés sont aussi importantes et fondamentales pour la mise en forme psychologique que les habiletés d'écrire, de lire et de compter pour le développement intellectuel. Sans le "toucher" et la "parole", il est impossible d'exercer sa personnalité et sans exercice psychologique, il est inutile d'espérer se maintenir en forme.

### Contact et santé

Le docteur Lisa Berkman, spécialiste attachée au "Human Population Lab" du service californien de la Santé publique, a étudié la relation qui prévaut entre le taux de mortalité et les liens sociaux. Pour ce faire, elle a analysé des données portant sur sept mille adultes qui furent suivis durant neuf ans. Ses travaux l'ont amenée à conclure que, chez les individus qui ont peu de contacts sociaux, le risque de mort prématurée est de deux fois et demie à trois fois plus élevé que parmi les personnes qui ont une vie sociale plus intense. La courbe de mortalité établie en fonction des contacts sociaux ne tenait pas compte de facteurs directement reliés à la santé, comme la cigarette ou l'obésité.

Le docteur James Lynch, directeur scientifique de la Clinique psychosomatique de la faculté de Médecine de l'université du Maryland, a commenté les conclusions du docteur Berkman en ces termes: "La population devrait apprendre à accorder autant d'importance aux relations sociales qu'à l'exercice physique ou au régime alimentaire. Nous serions tous en bien meilleure santé si nous nous décidions à intensifier nos contacts sociaux."

## Le toucher, premier exercice de base du contact

Pour pouvoir vous engager sur la voie d'une meilleure forme psychologique, il vous faut d'abord franchir une étape extrêment importante: assurez-vous, dès aujourd'hui, d'être "touché".

Cela peut se faire de diverses façons, aussi bien physiquement qu'affectivement. Ces deux aspects sont d'une importance vitale. Dans la journée, tâchez de toucher plus souvent votre corps et votre visage. Touchez vos amis quand vous leur parlez. Une augmentation de dix pour cent de vos contacts physiques se traduira par un surcroît d'énergie équivalent dans les autres dynamiques de votre personnalité. C'est le contact physique qui vous permet d'éprouver des émotions. Plus vous intensifierez votre capacité de toucher et d'être touché, tant du point de vue physique qu'émotionnel, plus les autres dimensions de votre personnalité pourront se développer.

## La parole, second exercice de base du contact

La parole et le toucher sont aussi indispensables à la bonne forme psychologique que le mouvement et les exercices le sont à la bonne forme physique. Sans la parole, il vous est impossible de développer pleinement les dynamiques de votre personnalité. La parole joue un rôle essentiel dans l'amélioration du contact.

À la suite d'une étude entreprise à L'Institut soviétique de gérontologie, à Moscou, on a découvert une caractéristique commune à tous les centenaires: aucun ne reste inactif; bien au contraire, ils ont tous de multiples occupations et "parlent beaucoup".

Pour notre part, nous avons rencontré bon nombre de personnes passablement moins âgées qui travaillent avec acharnement, mais auront beaucoup de chance si elles dépassent la cinquantaine. Leur travail constitue leur unique sujet de conversation. Elles sont capables de parler métier, mais elles deviennent muettes dès qu'il s'agit d'elles-mêmes.

S'il nous était donné d'enseigner aux enfants l'une des habiletés fondamentales de la mise en forme psychologique, nous leur apprendrions à parler d'eux-mêmes. La plupart des jeunes enfants sont intarissables, mais, en grandissant, ils apprennent à parler de plus en plus de ce qui leur est extérieur et de moins en moins de ce qui les concerne intimement. Parler seulement de choses et d'autres creuse un fossé entre votre moi intime et votre moi extérieur. Il est indispensable que votre façon de parler soit un trait d'union entre vos sentiments, vos actions et vos pensées. L'apprentissage de la *parole* et du contact vous permet d'acquérir une nouvelle liberté — une nouvelle manière de communiquer. Il vous est désormais loisible d'échapper aux conversations qui ne mènent nulle part dès l'instant qu'on est à court de "sujets".

### Recherches sur le contact

L'*American Journal of Psychiatry* a fait état d'une étude selon laquelle la majorité des enfants, en grandissant, se mettent à décrire leurs sentiments comme des idées et des pensées plutôt que comme des sensations physiques. Ce faisant, ils "perdent" littéralement "tout contact" avec leurs sentiments. Une fois adultes, ils se révèlent impuissants à se lier d'amitié avec d'autres adultes. Ils parlent *de* leurs sentiments de la même façon qu'ils parlent de leur travail, de la nourriture ou de l'actualité, mais ils sont incapables de les *exprimer*.

D'après une autre recherche extrêmement fascinante, les êtres humains normaux se lancent inconsciemment, quand ils se parlent, dans une série de mouvements synchronisés, une "sorte de danse", décelable uniquement lors de l'analyse, image par image, du film de leurs échanges.

Le docteur William Condom, qui a découvert ce phénomène, souligne également que les enfants autistiques sont incapables d'accompagner leur conversation de micromouvements souples; ils paraissent, au contraire, avoir "la danse de Saint-Guy". D'autre part, les mères de tels enfants ont, beaucoup plus fréquemment que les autres, vécu un "désaccord familial", une rupture des relations positives, alors qu'elles étaient enceintes. Il semblerait que l'angoisse qu'elles en ont ressentie ait été directement transmise au foetus par suite des changements neuro-endocriniens subis par le sang. Cela veut dire que les enfants sont affectés par la perte de contact, avant même qu'ils ne soient nés.

## Comment parler

A notre avis, bon nombre de personnes devraient suivre un cours de rééducation de la parole. On s'est beaucoup demandé. "Pourquoi Jean ne peut pas lire", mais très peu "Pourquoi Jean ne peut pas parler". Pourtant, les réponses sont similaires dans les deux cas. Jean lit relativement mal parce que son entourage lit peu ou difficilement. Et si Jean ne sait pas exprimer ses sentiments, c'est parce que, autour de lui, on ne le sait pas non plus.

Le docteur Lawrence Morehouse, qui fait autorité en matière de conditionnement physique, est l'auteur d'un excellent ouvrage, *Total Fitness in 30 Minutes a Day*, où il soutient qu'on peut parvenir à une excellente forme physique en n'y consacrant qu'une demi-heure par jour. Quant à nous, nous sommes convaincus que presque tout le monde pourrait parvenir au même résultat, sur le plan psychologique, en acceptant de se livrer à des échanges personnels, trente minutes par jour.

Pour beaucoup, toutefois, trente minutes de conversation personnelle représente une augmentation de trois cents pour cent. C'est pourquoi il leur faudra procéder graduellement, en commençant par des périodes allant de une à cinq minutes, puis de dix à quinze et, finalement, de vingt à trente. Vous ressentirez chaque étape comme l'amorce d'un important changement dans votre vie. Si vous voulez vous rendre compte de ce que signifie le fait de parler de soi pendant cinq minutes, faites-le immédiatement, à voix haute, en ne vous adressant qu'à vous-même. Et vous verrez que cinq minutes, c'est long.

Dans la seconde partie, nous vous enseignerons comment établir des contacts. Mais vous pouvez, dès maintenant, comprendre le quatrième principe.

QUATRIÈME PRINCIPE: Sans contacts, il est impossible de devenir ou de se maintenir psychologiquement en forme.

C'est par le toucher et la parole que le contact peut persister. C'est lui qui effectue la fusion et assure l'harmonie des dynamiques fondamentales de la personnalité.

## Qu'en est-il des autres sociétés

Dans notre société, on privilégie les habiletés scolaires et professionnelles au détriment de celles qui concernent le contact. Pourtant, il existe des sociétés où on consacre autant de temps et de soins à enseigner comment nouer des contacts qu'à l'apprentissage de la lecture et de l'arithmétique.

Le docteur Richard Sorenson, directeur du Smithsonian National Anthropological Film Center, a longuement étudié les Fore, une peuplade de Nouvelle-Guinée: "Leur mode de vie différait totalement de tout ce qu'il m'avait été donné de voir ou de connaître jusque-là. (...) Les habitants des hameaux Fore semblaient doués d'un sixième sens très aiguisé qui les renseignait sur les besoins et les désirs des autres. (...) Ils déchiffraient rapidement, si fugaces fussent-elles, les subtiles expressions d'intérêt, de désir et de malaise, et n'hésitaient pas à y donner suite. Ce besoin spontané de partager la nourriture, l'affection, le travail, la confiance, les outils et le plaisir constituait un ciment social qui assurait la cohésion des hameaux Fore. C'était un mode de vie très agréable puisqu'il permettait de vivre en permanence dans une atmosphère de fraternité."

Pour sa part, l'anthropologue Robert Brain, dans un article intitulé "Somebody Else Should Be your own Best Friend", décrit les liens étroits qui unissent les Bangwa, en Afrique occidentale. "Chez ce peuple non occidental, on attachait une très grande importance à l'amitié entre deux personnes que n'unissaient pas des liens de parenté ou un attachement sexuel. (...) Au début, je m'étais senti désemparé devant leurs ferventes démonstrations d'amitié (...) mais je n'avais guère le choix et je finis par apprendre à me conduire en "meilleur ami", soit en exprimant verbalement mon affection, soit en offrant des cadeaux, ou encore en accompagnant des amis dans des expéditions." Les Bangwa était beaucoup plus familiarisés avec les contacts que le docteur Brain et ils l'aidèrent à acquérir des habiletés qu'on ne lui avait jamais appris à considérer comme telles, auparavant.

À l'époque où notre société évoluait moins rapidement, on avait davantage de temps à consacrer à la conversation. Mais, même si cette époque est révolue, nous continuons d'avoir besoin des habiletés du contact — le toucher et la parole — si nous voulons survivre. Beaucoup de personnes qui vivent seules gardent leur télévision allumée uniquement pour entendre parler quelqu'un. Ignorant que c'est de contacts humains qu'elles ont besoin, elles se rabattent sur le contact électronique. Il devient de plus en plus évident que le contact est un élément vital de notre survie psychophysiologique.

Dans une dizaine d'années, les idées qui prévalent actuellement en médecine et en psychologie subiront de profonds changements par suite des recherches entreprises sur le contact, le stress et la maladie. Il n'y a pas de meilleur médicament pour un être humain que les rapports humains. Le contact est la cinquième clé qui permet de comprendre la personnalité et c'est le secret du jogging mental. Le jogging mental vous aide à établir des contacts. Nous pouvons vous promettre qu'avec l'apprentissage du jogging mental vous apprendrez à parler, à toucher, à écouter, à voir, à aimer, à manger, à dormir et à rêver d'une façon plus satisfaisante. Vous apprendrez à vraiment prendre soin de vous-même. Le contact est bien plus qu'une dimension supplémentaire de la personnalité — c'est un facteur vital de la survie.

# Chapitre 4

# Pour juger de votre forme, un examen de routine psychologique

L'examen de routine que nous vous proposons comporte des questions sur votre forme dans les dix aspects suivants de votre vie quotidienne:

Le travail

Le jeu

Les relations

L'amour

La sexualité

Les émotions

La vie intellectuelle

La condition physique

Les valeurs morales

Le sommeil et les rêves

Vos réponses à ces questions devraient vous permettre de déceler où résident vos forces et vos faiblesses. Vous saurez ainsi plus clairement dans quel domaine vous devrez commencer à faire du jogging mental.

Pour l'instant, toutefois, avant de commencer à vous soumettre à l'examen, essayez de deviner les résultats que vous pourriez obtenir pour chacun des dix aspects. Vous les comparerez plus tard avec les résultats véritables.

## Résultats anticipés

Essayez de deviner où vous en êtes pour chacun des aspects suivants. Les points faibles vont de 1 à 3, 1 étant le plus faible. Cochez l'une des trois premières cases, là où vous soupçonnez une faiblesse. Le "juste milieu" va de 4 à 7, 4 indiquant une certaine déficience et 7, une force potentielle. Cochez l'une des quatre cases correspondantes pour les domaines où vous ne vous sentez ni particulièrement faible ni particulièrement fort. Restent les forces qui s'échelonnent de 8 à 10, 10 étant la

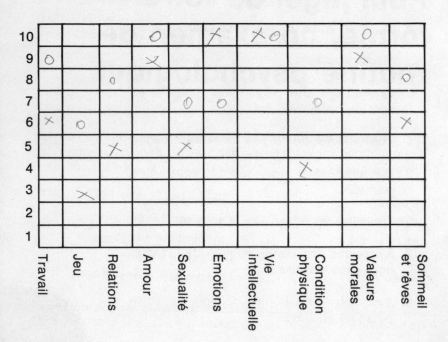

cote la plus élevée. Indiquez vos points forts dans l'une de ces trois dernières cases.

Il n'est nullement nécessaire d'être soi-même psychologue pour s'évaluer sur ce plan, pas plus qu'on n'a besoin d'être médecin pour se peser, se mesurer, prendre son pouls ou encore sa température. Cet examen vise simplement à vous permettre d'identifier les domaines où vous êtes psychologiquement fort. Nous espérons qu'il vous aidera à vous sentir mieux tout en vous indiquant dans quel sens vous devrez orienter vos efforts afin de vous aider vous-même. Nous souhaitons également que les questions auxquelles vous aurez répondu par la négative vous ouvriront les yeux sur celles de vos forces qui demeurent latentes.

## Le travail                                    OUI    NON

1.  Dans l'ensemble, aimez-vous travailler?          ✓      ____

2.  Ce que votre travail vous rapporte financièrement correspond-il à vos critères de succès?          ✓      ____

3.  La carrière que vous avez choisie se déroule-t-elle avec succès?          ____      ✓

4.  Vos habiletés de travail s'améliorent-elles?          ✓      ____

5.  Travaillez-vous bien quand vous êtes seul(e)?          ✓      ____

6.  Travaillez-vous bien avec d'autres?          ✓      ____

7.  Avez-vous une bonne opinion de la façon dont vous travaillez?          ✓      ____

8.  Avez-vous une bonne opinion de votre potentiel au travail?          ✓      ____

9. Votre attitude vis-à-vis du travail s'est-elle améliorée au fil des années? ✓ ___

10. Avez-vous les capacités nécessaires pour travailler avec autant de succès que vous le souhaitez? ✓ ___

TOTAL 9 1

## Le jeu

| | OUI | NON |
|---|---|---|

1. Aimez-vous le sport? ✓ ___

2. Aimez-vous les jeux de société (cartes, etc.)? ___ ✓

3. Aimez-vous participer à des jeux comportant une certaine forme de compétition? ___ ✓

4. Aimez-vous les jeux où il n'y a pas de compétition? ✓ ___

5. Jouez-vous bien avec des partenaires? ✓ ___

6. Jouez-vous au moins trois fois par semaine? ___ ✓

7. Avez-vous une bonne opinion de vous-même en tant que joueur? ✓ ___

8. Possédez-vous les habiletés nécessaires pour jouer aussi bien que vous le souhaitez? ___ ✓

9. Jouez-vous aussi souvent que vous le désirez? ✓ ___

10. Votre façon de jouer vous *satisfait-elle* davantage qu'à d'autres époques de votre vie? ✓ ___

TOTAL  6  4

## Les relations

OUI   NON

1. Retirez-vous du plaisir de vos amitiés? ✓ ___

2. Avez-vous confiance en vos ami(e)s et pouvez-vous compter sur eux, si besoin est? ✓ ___

3. Vos ami(e)s ont-ils confiance en vous et peuvent-ils compter sur vous, le cas échéant? ✓ ___

4. Voyez-vous vos ami(e)s régulièrement (au moins trois fois par semaine)? ___ ✓

5. Avez-vous des ami(e)s intimes de l'un et l'autre sexe? ___ ✓

6. Avez-vous des ami(e)s de longue date (soit depuis au moins trois ans)? ✓ ___

7. Avez-vous une bonne opinion de votre capacité à vous faire des ami(e)s et à les conserver? ✓ ___

8. Est-ce que les autres jugent satisfaisante votre habileté à vous faire des ami(e)s et à les conserver?  ✓ ___

9. Êtes-vous satisfait de vos amitiés?  ✓ ___

10. Avez-vous les capacités nécessaires pour vous faire des ami(e)s et les conserver, aussi bien que vous le souhaiteriez?  ✓ ___

TOTAL  8  2

## L'amour                                          OUI    NON

1. Aimez-vous avoir des contacts physiques avec votre amant(e)?  ✓ ___

2. Êtes-vous, vous et votre amant(e), des ami(e)s très proches?  ✓ ___

3. Partagez-vous vos pensées les plus intimes avec votre amant(e)?  ✓ ___

4. Confiez-vous vos sentiments les plus profonds à votre amant(e)?  ✓ ___

5. Avez-vous déjà eu une relation amoureuse prolongée (pendant au moins trois ans)?  ✓ ___

6. Avez-vous une bonne opinion de votre capacité actuelle d'aimer?  ✓ ___

7. Les autres ont-ils une bonne opinion de votre capacité d'aimer? ✓ ___

8. Êtes-vous satisfait(e) de votre relation amoureuse? ✓ ___

9. Possédez-vous les habiletés interpersonnelles requises pour vivre une relation amoureuse satisfaisante? ✓ ___

10. Avez-vous une opinion positive de votre potentiel comme amoureux(se)? ✓ ___

TOTAL    10    0

## La sexualité

OUI    NON

1. Aimez-vous faire l'amour? ✓ ___

2. Faites-vous l'amour aussi souvent que vous le voudriez? ___ ✓

3. Exprimez-vous, habituellement, vos pensées secrètes en faisant l'amour? ___ ✓

4. Exprimez-vous, habituellement, vos sentiments intimes en faisant l'amour? ✓ ___

5. Vos habiletés sexuelles vous permettent-elles de faire ce que vous voulez, durant l'amour? ✓ ___

6. Faites-vous l'amour régulièrement (au moins trois fois par semaine)? ____ ✓

7. Avez-vous une bonne opinion de votre vie sexuelle? ✓ ____

8. Les autres ont-ils une bonne opinion de votre vie sexuelle? ✓ ____

9. Votre attitude vis-à-vis de la sexualité s'est-elle améliorée avec les années? ✓ ____

10. Êtes-vous satisfait(e) de tous les aspects de votre vie sexuelle? ✓ ____

TOTAL ⟩ 3

## Les émotions

OUI NON

1. Pouvez-vous exprimer facilement votre colère? ____ ✓

2. Pouvez-vous exprimer facilement votre tristesse? ✓ ____

3. Pouvez-vous exprimer facilement votre joie? ✓ ____

4. Pouvez-vous exprimer vos peurs facilement? ✓ ____

5. Pouvez-vous exprimer vos émotions facilement aux autres? ____ ✓

6. Vous appuyez-vous sur vos émotions pour prendre des décisions? _____ ✓

7. Avez-vous une opinion positive de votre potentiel à vivre vos émotions? ✓ _____

8. Avez-vous une bonne opinion de la façon dont vous utilisez, actuellement, vos habiletés émotives? ✓ _____

9. Votre entourage est-il aussi émotif que vous le souhaiteriez? ✓ _____

10. Possédez-vous les habiletés qui vous permettraient de vivre vos émotions autant que vous le désireriez? ✓ _____

TOTAL ___7___ ___3___

## La vie intellectuelle

OUI    NON

1. Aimez-vous réfléchir à des problèmes et les résoudre? ✓ _____

2. Vos capacités intellectuelles s'améliorent-elles? ✓ _____

3. Partagez-vous vos idées et vos pensées? ✓ _____

4. Apprenez-vous facilement? ✓ _____

5. Vos habiletés vous permettent-elles d'avoir une vie intellectuelle aussi intense que vous le souhaiteriez? ✓ ___

6. Pensez-vous de façon créatrice? ✓ ___

7. Avez-vous une bonne opinion de la façon dont vous utilisez, actuellement, vos habiletés intellectuelles? ✓ ___

8. Les autres ont-ils une bonne opinion de vos capacités intellectuelles? ✓ ___

9. Avez-vous une opinion positive de votre potentiel intellectuel? ✓ ___

10. Êtez-vous satisfait(e) de vos capacités intellectuelles? ✓ ___

TOTAL ___10___  ___0___

## La condition physique

OUI  NON

1. Votre condition physique s'améliore-t-elle? ___ ✓

2. Votre poids est-il adéquat, compte tenu de votre âge et de votre état de santé? ___ ✓

3. Possédez-vous une vitalité physique, une présence énergique et rayonnante de santé? ✓ ___

4. Êtes-vous souple? ✓ ___

5. Avez-vous une bonne opinion de votre aptitude à vous maintenir physiquement en forme? ✓ ___

6. Les autres ont-ils une bonne opinion de votre condition physique? ✓ ___

7. Votre coordination est-elle bonne? ✓ ___

8. Êtes-vous satisfait(e) de la façon dont vous utilisez, actuellement, vos capacités physiques? ___ ✓

9. Votre attitude vis-à-vis du conditionnement physique s'est-elle améliorée avec les années? ✓ ___

10. Possédez-vous les capacités requises pour être en aussi bonne forme que vous le souhaiteriez? ✓ ___

TOTAL   7   3

## Les valeurs morales

OUI   NON

1. Peut-on vous faire confiance? ✓ ___

2. Vous considérez-vous responsable de vos actes? ✓ ___

3. Votre sens de l'éthique s'est-il amélioré avec les années? ✓ ___

4. Êtes-vous honnête? ✓ ___

5. Êtes-vous loyal et équitable? ✓ ___

6. Respectez-vous les valeurs morales des autres? ✓ ___

7. Votre éthique est-elle flexible? ✓ ___

8. Avez-vous une bonne opinion de votre comportement et de vos convictions morales et éthiques? ✓ ___

9. Les autres ont-ils une bonne opinion de votre comportement et de vos convictions morales et éthiques? ✓ ___

10. Êtes-vous satisfait(e) de votre comportement éthique et moral? ✓ ___

TOTAL ___10___ ___0___

## Le sommeil et les rêves

OUI    NON

1. Vous servez-vous de vos rêves pour mieux comprendre et changer votre vie? ___ ✓

2. Avez-vous les habiletés nécessaires pour comprendre vos rêves et en tirer parti? ✓ ___

3. Êtes-vous satisfait(e) de votre vie onirique? ✓ ___

4. Vous sentez-vous généralement bien quand vous rêvez? ✓ ___

5. Vous souvenez-vous d'au moins trois rêves par semaine? ✓ ___

6. Discutez-vous de vos rêves avec vos amis et connaissances au moins une fois par semaine? ___ ✓

7. Vous sentez-vous reposé et en forme quand vous vous réveillez? ✓ ___

8. Dormez-vous profondément? ✓ ___

9. Vous endormez-vous facilement et naturellement, sans prendre de drogues ou d'alcool? ✓ ___

10. Êtes-vous satisfait(e) de votre aptitude à dormir? ✓ ___

TOTAL ___8___ ___2___

# Comment interpréter les résultats et les utiliser pour être psychologiquement en meilleure forme

Voici l'instant venu de vous munir d'un petit calepin où vous pourrez noter, où que vous soyez, les réponses aux questions que nous allons vous poser à propos de votre mise en forme.

## Résultats

1. Faites la somme de tous les secteurs où vous avez obtenu un minimum de 8 oui (ces secteurs constituent vos forces).

2. Faites la somme de tous les secteurs où vous avez obtenu un maximum de 3 oui (ce sont vos points faibles).

3. Avez-vous, dans l'ensemble, plus de forces que de faiblesses, ou l'inverse?

4. Notez tous les totaux qui se situent entre 8 et 3. Il s'agit de forces latentes qui se matérialiseront rapidement si vous vous en préoccupez davantage. Nous y reviendrons dans la seconde partie.

5. Les résultats obtenus à propos de vos forces et de vos faiblesses correspondent-ils à peu près à ce que vous pensiez intimement, mais que vous n'aviez peut-être jamais pris la peine de formuler à haute voix?

6. Réfléchissez à chacun des secteurs où vous avez obtenu un maximum de 3 oui, mais, au lieu de vous en faire, pensez plutôt à tout le potentiel qu'ils renferment.

7. Réfléchissez aux changements que vous avez ou non vécus, dans tel ou tel secteur, au fil des années.

8. Réfléchissez à la façon dont vous pourriez changer en vous appuyant sur vos forces.

9. Considérez vos faiblesses comme des muscles qui ont besoin d'exercice.

10. Considérez vos forces comme des muscles qui ont besoin d'exercices d'assouplissement pour conserver et augmenter leur bonne condition.

11. Réfléchissez à la façon de mettre à contribution votre personnalité tout entière, sans prendre de risques inutiles, afin de devenir psychologiquement en forme.

12. Êtes-vous satisfait(e)s de vos résultats? Y en a-t-il qui vous ont surpris?

13. Examinez la grille des résultats. Pouvez-vous voir comment fonctionnent certaines de vos forces et certaines de

vos faiblesses? Réfléchissez à leur interaction qui a pour effet de maintenir votre personnalité au point mort.

14. Réfléchissez à ce que cela représenterait pour vous d'être fort dans tous les secteurs. En ressentiriez-vous plus d'estime envers vous-même? Quels sont les problèmes que vous rencontrez dans votre vie, du fait de vos faiblesses? L'idée d'une vie sans faiblesses éveille-t-elle des craintes en vous? Quelles sont-elles?

15. Comparez vos résultats anticipés et vos résultats réels. Dans quelle mesure aviez-vous vu juste?

Inscrivez la somme des "oui" obtenus dans chaque secteur. Ce faisant, répondez aux quinze questions relatives à vos résultats.

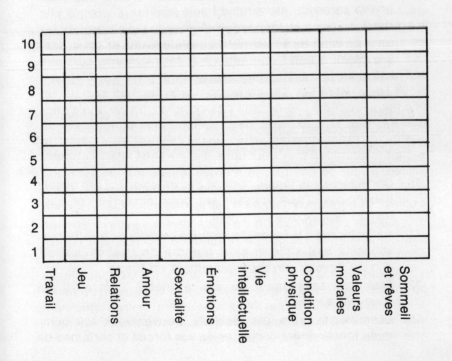

# Tout se tient

Vous venez de passer votre "examen psychologique". Grâce à ces dix aspects que vous avez vous-même évalués, vous savez maintenant par quoi commencer. Il reste encore une question à résoudre: "Comment dois-je m'y attaquer?" Nous ne sommes guère surpris quand les gens prévoient avec une assez grande exactitude les résultats qu'ils obtiendront dans les dix secteurs. C'est qu'ils sont, généralement, conscients de leurs forces et de leurs faiblesses; simplement, ils ne sont pas trop sûrs de la façon de s'y prendre pour changer.

Connie était un mannequin qui avait beaucoup de succès. Elle enregistrait des messages publicitaires pour la télévision, qui étaient diffusés dans le pays tout entier. Quand elle allait passer une audition, elle affichait une étonnante vitalité. Elle s'exprimait facilement, débordait d'activité, faisait preuve de beaucoup de lucidité, se sentait en grande forme et savait établir le contact. Quand elle entreprit de s'auto-évaluer, elle obtint 10 pour le travail, mais seulement 3 pour les relations. Nous l'interrogeâmes sur sa façon d'agir dans ce secteur, et elle nous répondit: "Je ne sais pas ce qui se passe, mais chaque fois que je veux avoir des relations plus poussées avec quelqu'un, j'accumule les gaffes. Je perds tous mes moyens, je ne sais absolument plus quoi faire et je me sens intérieurement glacée. En fin de compte, je n'arrive jamais à conserver une relation." De toute évidence, Connie avait besoin qu'on l'aide à utiliser sa personnalité dans d'autres domaines que le travail.

Connie avait beaucoup de mal à laisser s'extérioriser son moi intime chaque fois qu'elle se sentait vulnérable. Elle choisit donc de commencer le jogging mental au niveau des relations.

Lorsque vous mettez à contribution toutes les dynamiques de votre personnalité et que vous obtenez 10 dans un domaine précis, cela veut dire que vous avez atteint votre rendement maximal. C'était le cas de Connie au niveau du travail. Voyons à quoi ressemblait sa grille de rendement.

**Rendement de Connie dans
le domaine du travail: Maximal**

a) Aspect: travail — Somme des oui: **10**

b) Profil des dynamiques de la personnalité

|        | Expression | Activité | Lucidité | Sentiment | Contact |
|--------|:---:|:---:|:---:|:---:|:---:|
| Élevé  | X | X | X | X | X |
| Moyen  |   |   |   |   |   |
| Faible |   |   |   |   |   |

Mais il en allait tout autrement à propos des relations:

**Rendement de Connie dans
le domaine des relations: Faible**

a) Aspect: relations — Somme des oui: **3**

b) Profil des dynamiques de la personnalité

|        | Expression | Activité | Lucidité | Sentiment | Contact |
|--------|:---:|:---:|:---:|:---:|:---:|
| Élevé  |   |   |   |   |   |
| Moyen  |   |   |   |   |   |
| Faible | X | X | X | X | X |

C'était, sans contredit, un résultat qu'on aurait difficilement pu qualifier de maximal.

Maintenant, Connie sait qu'elle pourra parvenir à un rendement maximal au niveau des relations en développant ses capacités d'expression, d'activité, de lucidité, de sentiment et de contact. Elle n'est pas aux prises avec un problème; elle vient, tout simplement, de découvrir à quel point elle a négligé d'exploiter ses possibilités dans le domaine des relations. Nombreux sont ceux qui s'imaginent souffrir d'une quelconque déficience parce qu'ils ont obtenu un résultat peu encourageant pour l'un ou l'autre des dix aspects. Pourtant, il n'en est rien. Ce qu'ils doivent y voir, par contre, c'est la nécessité de développer leurs habiletés. C'est ce que nous vous expliquerons, étape par étape, dans la seconde partie. Pour le moment, cependant, nous voulons, afin de faciliter vos débuts dans le jogging mental, vous faire comprendre le fonctionnement des cinq dimensions de la personnalité.

## Le rendement maximal

Cela fait un peu moins de cinquante ans que les psychologues ont commencé à s'intéresser à la théorie du rendement maximal et, jusqu'ici, ils ont beaucoup plus mis l'accent sur les résultats que sur les dynamiques elles-mêmes. Notre but n'est pas seulement de vous permettre de connaître un rendement maximal grâce au jogging mental, mais également de vous apprendre comment continuer d'atteindre ce rendement. Au fur et à mesure que vous progresserez dans la compréhension des dynamiques de la personnalité, votre jogging mental s'étendra d'un aspect isolé où le rendement maximal est déjà chose acquise à d'autres secteurs de votre vie, qui, à leur tour, atteindront leur point culminant. Parallèlement, votre niveau de conscience et votre activité psychologique connaîtront une ampleur insoupçonnée. Le jogging mental transformera les vallées ou faiblesses de votre personnalité en des forces ou sommets.

# Deuxième partie

# Comment devenir psychologiquement en forme en vingt et un jours

# Chapitre 5

# Quelques remarques préliminaires

L'épanouissement et la possibilité de jouir plus intensément de la vie sont les deux objectifs primordiaux de la mise en forme psychologique. Celle-ci se distingue du conditionnement physique, parce que plus on vieillit, plus on est en possession de tous ses moyens psychologiques. D'ailleurs, en vieillissant, vous avez eu plus de temps à consacrer aux exercices psychologiques. La mise en forme se traduit par une plus grande souplesse au lieu de la rigidité qui va souvent de pair avec la vieillesse; elle se traduit également par une connaissance plus poussée de soi-même et par une plus grande habileté à se montrer sous son véritable jour.

Beaucoup de personnes d'un certain âge ont participé à nos sessions; or, grâce au jogging mental, elles ont acquis une capacité de s'exercer et de jouer bien supérieure à ce qu'elles avaient pu connaître dans leur jeunesse.

Pour pouvoir jouir pleinement du jogging mental, il vous faut d'abord admettre que vous ne deviendrez jamais parfait. S'il est impossible de jouer à la perfection au golf, au tennis ou au basketball, il est, à plus forte raison, illogique d'espérer vivre à la perfection. Ce qui importe, c'est que vous aimiez à la fois vivre et évoluer.

Les athlètes les plus accomplis allient une connaissance inégalable de la technique de leurs sports respectifs et une connaissance précise de ce qu'ils éprouvent quand ils donnent le meilleur d'eux-mêmes. Ce sont ces deux éléments, la technique et les sensations, qu'il faut développer simultanément.

Dans les chapitres qui suivent, nous allons vous proposer un éventail de pensées, d'images et de sentiments qui vous guideront sur la voie de la mise en forme psychologique et qui constituent l'épine dorsale de notre programme. Vous développerez également un sixième sens grâce auquel vous serez en mesure de distinguer entre ce qui est réel et ce qui ne l'est pas. Vous saurez alors à quoi ressemble, dans ses aspects particuliers aussi bien que globaux, une vie vécue quotidiennement en étant psychologiquement en forme.

## Une philosophie de la mise en forme valable 52 semaines par année

Nous avons conçu ce programme, qui s'étale sur trois semaines, comme l'amorce de quelque chose qui se perpétuera, votre vie durant.

Le jogging mental est, tout autant que la mise en forme, source de bien-être. Il n'y a aucune raison d'essayer de mettre les bouchées doubles pour en avoir fini au plus vite. Si, chaque jour, chaque semaine de l'année, vous faites attention à votre condition psychologique, il vous sera impossible d'oublier que le but poursuivi est votre propre bien-être. Et vous ne pourrez plus vous contenter d'une façon de vivre inférieure à ce que vous souhaitez réellement pour vous-même.

C'est une bonne habitude à prendre que de se soumettre quotidiennement à un bref examen psychologique. Demandez-vous ceci:

*Que pourrai-je faire, aujourd'hui,*
*qui me sera particulièrement bénéfique?*

Prévoyez, chaque jour, une activité psychologique grâce à laquelle vous serez certain de vous sentir bien. Sinon, vous ne pourrez qu'accumuler des journées et des semaines vides. Et, au lieu de décider vous-même de ce que vous voulez et de ce qui vous est nécessaire, vous abandonnerez au monde extérieur le soin de diriger votre vie.

## Benjamin Franklin
## philosophe de la mise en forme psychologique

Dans ses *Mémoires* (1789) et dans son célèbre ouvrage, *Poor Richard's Almanack* (1732-1757), Benjamin Franklin a donné de judicieux conseils sur la façon d'utiliser ses forces et d'améliorer ses faiblesses psychologiques. Homme ingénieux et doté d'un grand sens pratique, Franklin s'était rendu compte que ses sentiments de même que ses habitudes pouvaient aussi bien l'aider que lui nuire. Il a expliqué comment il s'y prenait pour tenter de corriger ses faiblesses: "J'avais un carnet dont chaque page était réservée à une vertu. À l'encre rouge, j'avais divisé chaque page en sept colonnes correspondant aux sept jours de la semaine et coiffées de leur initiale. (...) Si, à la suite d'un examen quotidien, je constatais un manquement à la vertu du jour, je l'indiquais par un léger point noir dans la colonne qui s'y rapportait. (...) J'avais résolu de me concentrer pendant toute une semaine sur chaque vertu, successivement. (...) Ainsi, quand, au bout de la première semaine, j'avais réussi à n'inscrire aucun point sous, disons, "Tempérance", j'en déduisais que l'habitude de cette vertu était si fortement enracinée et son opposé si affaibli qu'il m'était possible de centrer tous mes efforts sur la vertu suivante."

Franklin a également décrit certaines des difficultés auxquelles il se heurtait: "J'avais été surpris de me découvrir beaucoup plus de défauts que je ne l'aurais cru, mais, en contrepartie, j'ai eu la grande satisfaction de les voir s'atténuer."

Quand vous entamerez ce programme de trois semaines, vous devrez, à l'instar de Benjamin Franklin, considérer non pas le nombre de vos faiblesses, mais bien plutôt le fait que vos faiblesses s'atténuent, et que vos forces, elles, s'accroissent. N'oubliez pas que vous voudrez faire du jogging mental durant toute votre vie parce que votre bien-être dépend de votre condition psychologique.

## Comment appliquer le programme

Les trois semaines d'exercices, décrites dans les trois prochains chapitres, ne sont qu'un commencement. Nous voulons que ces exercices deviennent partie intégrante de votre vie. Les résultats de notre méthode se font sentir avec le temps. Néanmoins, vous commencerez à les éprouver dès le premier jour et, à la fin des trois semaines, vous serez suffisamment entraîné pour pouvoir continuer tout seul.

Tout au long du programme, laissez-vous guider par ce que vous ressentez. Si vous éprouvez le besoin de revenir sur un exercice, faites-le avant de passer au suivant. Ne travaillez qu'à votre rythme. Après ces trois semaines d'exercices dirigés, vous aurez une idée précise de ce que nous entendons par mise en forme psychologique et vous saurez désormais comment procéder pour améliorer, sans aide, tel ou tel aspect de votre vie.

Le programme vous permettra d'acquérir diverses techniques en fonction des différents types de jogging mental. Nous avons ajouté des explications parce que la mise en forme psychologique constitue une théorie révolutionnaire en psychologie appliquée et qu'elle remet en cause l'idée, solidement enracinée, selon laquelle l'être humain doit s'accomoder de ses problèmes et de ses faiblesses, et s'accepter tel qu'il est. Nous, au contraire, nous déclarons: "Soyez ce que vous pouvez devenir; ne restez pas tel que vous êtes actuellement."

Nous avons parlé, dans la première partie, du moi intime et du moi extérieur. Or, et c'est monnaie courante, votre moi extérieur a si bien pu s'adapter à un comportement inadéquat que certains de nos exercices pourront provoquer chez vous un malaise. *Cette gaucherie signifiera que vous êtes en train d'essayer quelque chose de nouveau.* Et c'est justement cet effort qui constitue le processus de la mise en forme psychologique. Essayer de nouvelles choses est une habileté fondamentale du jogging mental. Bien sûr, on ne renonce pas facilement à des modes de conduite familiers, si mauvais qu'ils puissent être — sauf quand ceux qu'on leur substitue sont une plus grande source de plaisir. De toute façon, ils ne disparaissent pas; vous cessez simplement de les utiliser.

Tout comme vous avez besoin d'espace pour courir (le toit d'un édifice, une piste, un parc, la plage, un sentier le long d'une route), il vous faut prévoir un espace psychologique pour pouvoir faire du jogging mental. Pour ce faire, vous devez susciter les occasions de changer. Ce désir de vivre quelque chose de neuf, de meilleur, de plus excitant est l'expression de votre besoin d'être psychologiquement en forme. Nous n'avons pas l'intention de provoquer ce désir (cela nous serait, du reste, impossible); il existe déjà au fond de vous.

Chaque exercice possède sa propre signification. Nous voulons vous enseigner une nouvelle façon de vous comprendre et de vous accepter. Il est bien possible que, à première vue, un exercice vous paraisse saugrenu, mais vous vous apercevrez, avec le temps, qu'il a été conçu comme une bombe à retardement amicale. À un moment donné, elle éclatera dans votre tête et vous vous rendrez compte que vous possédez une nouvelle habileté.

## Que faire à la fin du programme

Quand le programme prendra fin, vous aurez franchi vingt et une étapes importantes sur la voie qui mène à la bonne forme psychologique. Vous maîtriserez plusieurs habiletés nouvelles; vous aurez acquis une plus grande clairvoyance à propos de votre vie et de votre personnalité.

Arrangez-vous pour pouvoir continuer à faire du jogging mental. Chaque semaine, choisissez l'une des cinq dynamiques de la personnalité et l'un des dix secteurs de la vie; vous devrez passer au moins une demi-heure par jour à parler et à faire des exercices qui empêcheront les forces que vous possédez déjà de s'atrophier et en développeront de nouvelles. Suivez la méthode que nous allons vous enseigner: exercices de réchauffement, auto-évaluations, exercices d'extension et d'affermissement, rétrospectives quotidiennes. N'oubliez pas, d'autre part, d'élaborer les pensées, images et sentiments qui vous serviront de guides.

De temps à autre, laissez tomber guides et exercices pour revenir au jogging mental de base qui consiste à simplement parler intimement et personnellement à un ami. Vous vous apercevrez que c'est beaucoup plus facile à faire, une fois qu'on a suivi le programme de vingt et un jours.

Si, à la fin d'une journée, vous pouvez répondre par l'affirmative aux deux questions ci-dessous, cela voudra dire que vous avez fait, à tout le moins, le minimum de jogging mental nécessaire pour que votre personnalité reste en forme:

Ai-je prêté attention à ce que j'ai ressenti, aujourd'hui?

Ai-je eu une conversation intime avec un ami, aujourd'hui?

Ne perdez jamais de vue que le jogging mental est un outil pour mieux vivre, mais qu'il n'est pas toute votre vie. Si vous estimez que certains exercices vous prennent trop de temps, raccourcissez-les. Le but premier du jogging mental est l'exercice de votre personnalité afin que vous puissiez vivre mieux et plus pleinement. Ne substituez pas le jogging à la vie elle-même.

Nous pouvons vous assurer que si vous développez votre personnalité en faisant, quotidiennement, une demi-heure de jogging mental, quatre ou cinq jours par semaine, vous ne tarderez pas à en ressentir les effets bénéfiques.

# Chapitre 6

# Première semaine
# L'extension de la
# personnalité

C'est maintenant que commence la pratique du jogging mental. Nous allons vous apprendre à étirer votre personnalité, à devenir plus fort et à connaître le rendement maximal.

Nous vous conseillons de lire rapidement ce chapitre ainsi que les suivants, puis de revenir attentivement sur votre lecture et de faire systématiquement les exercices, sans flancher, durant trois semaines.

Il est probable que, comme pour le conditionnement physique, vous multiplierez les prétextes pour, de temps en temps, ne pas faire vos exercices. Ces prétextes, ce sont vos faiblesses qui essayeront de reprendre le dessus. Ne pliez pas.

La première semaine a été prévue comme une période d'exercices pour vous délier et mettre en train votre personnalité.

Ne perdez jamais de vue que la mise en forme psychologique, tout comme son équivalent physique, se conserve en faisant des exercices. D'autre part, personne ne parvient à une parfaite condition physique d'un seul coup pour, ensuite, s'en tenir là. Si on veut rester en forme, il faut prendre les mesures nécessaires. Il en va exactement de même avec la forme psychologique. Celle-ci comporte un double avantage: elle suscite le plaisir de se mettre en forme et celui de rester en forme. Enfin, vous pouvez, à n'importe quel moment, tendre vers le rendement maximal. Vous ne craignez plus de démolir des barrières et d'essayer de nouveaux comportements. Chaque jour est vécu intensément. Vous connaissez le bien-être. Vous vous sentez enfin comme vous avez toujours voulu vous sentir et vous savez comment conserver cet état.

## Survol du programme

Le programme a été construit de telle sorte que vous puissiez passer à travers en vingt et un jours, dans la mesure où vous le suivrez de façon continue. Mais vous pouvez aussi le considérez comme un ensemble de vingt et une étapes au bout desquelles se trouve la forme psychologique. Et chaque jour, ou étape, a été pensé de façon à engendrer des résultats à la fois spécifiques et globaux. Regardons-le maintenant en survol.

Chaque jour vous aidera à vous sentir mieux et vous permettra d'apprendre des choses que vous pourrez mettre à profit plus tard. Le point le plus important de ce programme de mise en forme psychologique est son efficacité. Si vous suivez nos suggestions, vous pourrez observer votre propre évolution. Si nous avons inclus les week-ends dans le programme, c'est pour que vous puissiez les utiliser pour procéder à une révision de la semaine, élaborer de nouveaux exercices de votre cru ou encore vous concentrer sur un secteur particulier.

# Le carnet de la mise en forme

Vous aurez besoin d'un carnet ou d'un journal pour y consigner vos observations. En principe, les prochains vingt et un jours devraient être parmi les plus excitants, sur les plans émotionnel, psychologique et Intellectuel, que vous ayez jamais vécus. N'hésitez pas à jeter sur papier toutes les idées, tous les sentiments, enfin tout ce qui vous traverse l'esprit à propos du programme. Avant de commencer un exercice, notez quelques-uns de vos objectifs personnels, énumérez les secteurs où vous avez besoin d'aide ou encore les problèmes que vous aimeriez résoudre.

Par exemple:

J'aimerais être plus sûr de moi au travail.

J'aimerais m'affirmer davantage dans
mes relations avec les autres.

Je veux me sentir mieux.

Je veux que ma situation financière s'améliore.

Il est un autre point important que nous voulons souligner: vous n'avez besoin de faire que ce qui, à votre avis, vous convient. Prenez votre temps, modifiez les exercices en fonction de vos besoins. Mais, quoi que vous fassiez, soyez toujours logique et persévérant.

Gardez toujours présent à l'esprit le fait que ces exercices n'ont absolument pas pour but de vous contraindre ou de vous placer dans une situation trop exigeante. Si vous estimez qu'un exercice donné ne vous convient pas, *laissez-le tomber*. Mais vous devrez apprendre à faire la différence entre un exercice inadéquat et un autre qui forcera votre personnalité et engendrera de multiples sentiments.

La première semaine d'exercices est plus longue que les deux autres parce qu'elle est la pierre angulaire du programme et qu'elle servira de période de réchauffement. Au cours des deuxième et troisième semaines, nous vous aiderons à renforcer votre personnalité et à améliorer votre résistance psychologique. La première semaine, par contre, est consacrée à

## CALENDRIER DES EXERCICES

| | Lundi | Mardi | Mercredi | Jeudi | Vendredi | Week-End |
|---|---|---|---|---|---|---|
| Première Semaine | Expression | Activité | Sentiment | Lucidité | Contact | LOISIRS ET REPOS |
| Deuxième Semaine | Travail | Jeu | Relations | Amour | Sexualité | |
| Troisième Semaine | Aptitudes émotives | Aptitudes intellectuelles | Aptitudes physiques | Aptitudes morales | Aptitudes au sommeil et rêves | |

l'apprentissage des habiletés fondamentales dont vous aurez besoin pour faire face aux difficultés et développer les divers aspects de votre vie.

# Première semaine — premier jour
# Exercices d'expression

Aujourd'hui, nous allons vous montrer à vous pencher sur votre niveau d'expression, sur ce que vous croyez de l'expression, sur les restrictions que vous imposez à l'expression et sur la façon dont l'expression peut vous être bénéfique.

## Période de réchauffement

Pensez à celui ou celle de vos amis qui vous est le plus proche. Prenez le temps de vous le représenter mentalement et de réfléchir aux sentiments que vous éprouvez à son endroit. Ensuite, faites-vous à l'idée qu'un jour il mourra. Et qu'à ce moment-là vous serez à ses côtés. Quelles sont toutes les choses que vous voudrez lui dire? Quels sentiments éprouverez-vous? Qu'est-ce que vous voudrez lui confier que vous n'auriez jamais dévoilé autrement?

Il ne s'agit pas, par ces questions, de vous indiquer comment changer: n'oubliez pas que c'est uniquement un exercice de réchauffement. Ces questions visent à vous faire réfléchir à vos forces, à vos faiblesses et aux habiletés qu'il vous faudra développer pour que ces faiblesses se transforment en forces. Vous serez étonné de constater toutes les répercussions que la plupart des exercices que nous faisons actuellement auront dans votre vie de tous les jours. Et, soudainement, vous vous exclamerez: "Oh! mais ceci est une force," ou "Tiens, voilà une faiblesse." Bien souvent, ce qui vous apparaît possible est limité par ce qu'on vous a appris à exprimer ou à taire. Réfléchissez à ceci: il peut fort bien y avoir un lien direct entre vos croyances sur la façon dont vous vous exprimez, sur ce que vous exprimez, sur ce qu'il est correct d'exprimer, d'une part et vos habiletés ou inhabiletés à vous exprimer, d'autre part.

*Pour bien comprendre en quoi consiste cet exercice de réchauffement*, répondez, dans votre carnet, à ces deux questions:

1. L'expression constitue-t-elle l'une des forces de votre personnalité? C'est probablement le cas si vous pouvez vous imaginer en train de confier à votre ami vos pensées et vos sentiments les plus intimes. Ou bien l'expression est-elle l'une de vos faiblesses? Avez-vous beaucoup de mal à vous imaginer en train de parler à coeur ouvert avec votre ami?

2. Toujours dans le contexte de cette situation imaginaire, quels sont les aspects de vous-même que vous aimeriez changer?

## Auto-évaluation

Évaluez votre niveau d'expression en vous appuyant sur votre comportement au jeu, au travail, dans vos relations, dans votre vie amoureuse et dans votre vie sexuelle. Nous entendons par expression votre aptitude à communiquer à votre entourage ce que vous pensez et ressentez. Tâchez de faire preuve d'une absolue honnêteté envers vous-même; après tout, c'est probablement le premier examen où vous ne risquez pas d'échouer.

**Expression**

| | Travail | Jeu | Relations | Amour | Sexualité |
|---|---|---|---|---|---|
| Élevé | | ✓ | | ✓ | |
| Moyen | ✓ | | ✓ | | ✓ |
| Faible | | | | | |

Dans l'exercice d'imagination, il s'agissait de ce que vous voulez exprimer, tandis que cette grille reproduit votre expression réelle. Examinez-la. Nous voulons simplement vous faire prendre conscience du fait que, dans certains secteurs de votre vie, vous savez utiliser adéquatement votre habileté d'expression (cote élevée), alors que, dans d'autres, c'est le contraire. Interrogez-vous sur les problèmes que vous pourriez avoir dans l'un ou l'autre de ces cinq secteurs de vie. Votre capacité d'expression est-elle élevée ou faible dans ces secteurs problèmes? Vous vous rendez probablement compte, maintenant, qu'un problème survient dans un secteur de vie lorsque vous manquez d'habiletés de personnalité. Mais nous ne voulons pas que vous entrepreniez sur-le-champ de résoudre ce problème; il suffit que vous preniez conscience de son existence et que vous vous habituiez à le voir pour ce qu'il signifie réellement: un secteur de vie marqué par les faiblesses de votre personnalité.

## Expression: exercices d'étirement

Lisez trois fois les phrases suivantes: la première fois en les chuchotant, la seconde, sur votre ton habituel, et la troisième, d'une voix forte. Pour chaque phrase, trouvez l'intensité qui correspond le plus à ce que vous ressentez en les lisant.

1. J'ai faim.
2. Je vous aime.
3. Je suis jaloux.
4. Ne me faites pas de mal.
5. Je suis content de vous voir.
6. Je veux une augmentation.
7. Je suis fatigué.
8. Je suis quelqu'un de bien. Tu es quelqu'un de bien.
9. Je suis fatigué de m'exprimer en deçà de mes possibilités.
10. J'ai les capacités nécessaires.

*Pour bien comprendre en quoi consiste cet exercice d'étirement*, rappelez-vous qu'il vise essentiellement à vous préparer en fonction de ceux qui vous attendent dans la réalité. Vous allez vous apercevoir que, assez souvent, il y a un décalage entre ce que vous dites et votre façon de l'exprimer. Les mots que vous employez, le ton de votre voix ne reflètent pas toute la force que vous voudriez y mettre. Ou encore, vous parlez plus fort ou plus doucement que vous le souhaiteriez. Le fait de modifier de seulement dix pour cent votre façon de vous exprimer pourra vous aider à vous faire valoir davantage au travail, tandis que le choix d'expressions plus sensuelles pourra avoir des répercussions sur votre vie sexuelle. Ce bref exercice stimule déjà votre personnalité et votre besoin d'être en forme. Votre moi extérieur commence à se rapprocher de votre moi intime. Et un phénomène psychologique on ne peut plus naturel va se produire en vous: peu à peu, vous en arriverez à vous exprimer selon ce que vous êtes réellement. Il est possible que la progression soit lente au début, mais elle n'en aura pas moins des conséquences importantes.

Vous pouvez faire vos exercices chez vous, sans témoin. Mais si vous voulez avancer plus rapidement, invitez un ami à les faire avec vous. Et n'oubliez pas de verbaliser les sentiments que vous éprouvez en les faisant.

Grâce à ces exercices, vous allez être plus sensible à votre façon habituelle de vous exprimer. C'est alors que vous vous apercevrez que, très fréquemment, *ce que vous dites* ne correspond pas à *ce que vous ressentez* au moment même où vous parlez.

## Expression: exercices d'affermissement

Il est primordial de renforcer votre faculté d'expression, entre autres en vous exerçant en public.

1. Si l'un de vos collègues de travail a accompli quelque chose qui vous plaît particulièrement, arrêtez-le un instant pour lui dire: "J'aime bien ce que tu viens de faire; je l'apprécie vraiment beaucoup."

2. Si vous voulez modifier quelque chose ou que le geste posé par quelqu'un vous déplaît, faites la même chose:

"Je ne suis pas du tout d'accord avec ce que tu viens de dire". (Au début, vous ne devriez vous adresser de cette façon qu'à des gens que vous connaissez bien et en qui vous avez confiance.)

3. Avant de vous asseoir à table pour déjeuner, précisez ce que vous voulez manger et ce que vous aimeriez que les plats goûtent.

4. Prononcez clairement le mot "oui" à cinq reprises au cours de la journée.

## Dans votre carnet

Maintenant que vous avez commencé à raffermir votre expression, vous avez probablement remarqué avec plus de netteté un fait dont vous étiez vaguement conscient depuis toujours. C'est que la société restreint le droit d'expression. Voyons ceci d'un peu plus près.

1. Énumérez cinq normes sociales qui limitent l'expression. (Par exemple: on ne doit pas être impoli; on ne doit pas dire ce qu'on pense; on doit avoir de la considération pour les autres.)

2. Rayez celles qui vous semblent absurdes.

3. Établissez votre propre liste en choisissant cinq règles susceptibles de vous encourager à vous exprimer davantage. (Par exemple: cela me fait du bien de dire à quelqu'un combien je l'aime.)

## Rétrospective quotidienne

Réfléchissez à ce que vous avez fait aujourd'hui et pensez aux muscles psychologiques que vous avez fait travailler. Quand vous êtes-vous senti effrayé? inquiet? maladroit? Certaines de vos actions vous ont-elles semblé manquer de naturel? Enfin, pour couronner votre journée, faites les exercices suivants:

1. Écrivez dix choses que vous voudriez exprimer, en utilisant la formulation suivante: "J'aimerais exprimer..." (Par exemple: j'aimerais exprimer davantage ma joie, ou: j'aimerais m'exprimer de façon plus convaincante.)

2. Quel est votre idéal en matière d'expression? Comment vous sentiriez-vous si vous étiez capable de vous exprimer parfaitement? Parlez-en avec un ami ou écrivez-le dans votre carnet.

3. Quelles sont les limites ou faiblesses, au niveau de votre expression, que vous voudriez voir changer et comment aimeriez-vous procéder? Définissez cinq de vos faiblesses en utilisant cette formulation: "J'aimerais changer ma faiblesse... en..." (Par exemple: j'aimerais changer mon attitude effacée, qui est une faiblesse, en parlant plus fort.)

Tels qu'ils ont été conçus, ces exercices poursuivent deux objectifs. Tout d'abord, il s'agit d'étirer votre personnalité et de la soumettre à un stress. Cela demandera beaucoup d'efforts à certains et relativement peu à d'autres. En second lieu, nous tâchons de vous faire découvrir ce que vous pourriez être. Vous avez sûrement commencé à vous rendre compte, du moins nous l'espérons, qu'il y a bon nombre de choses qu'on ne vous a jamais appris à exprimer, alors que vous aimeriez bien en être capable. Plus vous comprendrez la différence qu'il y a entre ce que vous voulez et les habiletés qui vous font défaut, plus il vous sera facile de passer à l'action. Nous avons également tenté de vous faire prendre conscience de certaines des règles sociales qui limitent l'expression; il s'agit de règles qui ne sont pas les vôtres. Certaines personnes ont du mal à déterminer leurs propres normes. C'est pourtant là un point particulièrement important.

## Les guides de l'expression

*Le sentiment:* Quand vous en arriverez à pouvoir vous exprimer de telle façon que votre moi intime et votre moi extérieur seront en parfait accord, vous éprouverez un profond sentiment de satisfaction, même si la réaction de votre interlocuteur ne correspond pas à votre attente. Exprimez-vous jusqu'à ce que vous ressentiez cette satisfaction.

*L'image:* Essayez de vous voir comme une personne capable de vibrer et d'évoluer, capable d'avoir des sentiments de toutes sortes. Pensez à quelqu'un qui se déplace.

*La pensée:* Répétez-vous ceci: "Je suis capable de dire tout ce que je ressens, même si je ne sais pas à l'avance quels seront ces sentiments." Il est superflu de prévoir vos sentiments et votre expression; contentez-vous de les vivre au fil des événements.

Vous pouvez vous appuyer sur ces éléments guides à n'importe quel moment, avec n'importe qui. Et, en fin de compte, quand vous serez davantage familiarisé avec l'expression, vous n'aurez aucune difficulté à élaborer vos propres guides.

## Première semaine — deuxième jour
## Exercices d'activité

Maintenant que vous avez réussi votre exercice de jogging mental au niveau de l'expression, vous allez aimer encore plus le programme d'aujourd'hui. Il s'agit de l'activité. Votre personnalité a autant besoin d'être active que de s'exprimer. On peut reconnaître si une personne est active ou non simplement en observant comment elle bouge. Et c'est justement là le point: comment elle bouge et non pas si elle évolue ou reste immobile. Quand vous bougez vos bras et vos jambes, quand votre figure s'anime, vous utilisez la dynamique de l'activité. Et lorsqu'elle sera devenue un élément conscient et spontané de votre personnalité, vous commencerez à vraiment comprendre tout le parti que vous pouvez en tirer en tant que force.

# Exercices de réchauffement

L'activité, l'activité physique, exige de l'espace. Demandez-vous si vous en avez suffisamment. Imaginez-vous que vous êtes dans une boîte, laquelle correspondrait à l'espace que vous occupez dans une pièce. S'agit-il d'une grande boîte? d'une énorme boîte? ou bien est-elle à peine plus grande que vous? Ensuite, imaginez que vous entrez dans une pièce où se trouvent déjà plusieurs personnes. Prenez-vous beaucoup de place?

Quand nous étions petits, nous avions tendance à prendre infiniment plus de place que nous ne le faisons maintenant que nous sommes des adultes. Cela peut sembler étrange, mais c'est pourtant la réalité: plus nous grandissons et moins nous occupons d'espace. Nous n'osons plus agiter nos bras, parler, bouger. Avec l'âge, nous devenons de plus en plus passifs.

*Pour mieux comprendre en quoi consiste cet exercice*, pensez à tous ceux qui sont mal à l'aise dans leur peau. Ils ne savent pas comment se servir de leurs bras ni de leurs jambes; ils ne savent pas quoi faire de leurs mains. Ils se sentent maladroits. Cela signifie que leur dynamique d'activité est très peu développée. L'exercice de réchauffement a pour but de vous amener à découvrir que vous prenez peut-être bien moins de place que vous ne le devriez. Connaissez-vous quelqu'un qui occupe beaucoup d'espace? C'est le cas de la personne qui est psychologiquement en forme. Elle occupe tout l'espace dont elle a besoin. Elle a de la présence. Du reste, on peut déceler cette qualité chez quelqu'un, du seul fait qu'on est conscient de sa présence dans une pièce. Bon nombre de gens ont l'air d'être invisibles.

Répondez, dans votre carnet, à ces questions sur la faiblesse ou la force de votre dynamique d'activité.

1. Est-ce que l'activité est, chez moi, une force?
2. À quoi ressemblerais-je si je prenais plus de place? L'opinion que j'ai de moi-même s'en trouverait-elle modifiée? Et celle des autres?

3. Quelles habiletés dois-je développer pour devenir plus actif? (Par exemple: je devrais bouger davantage mes mains pour souligner ce que je dis.)

Il arrive, parfois, que des personnes s'attendent à nous voir leur indiquer les habiletés qu'elles devraient développer. C'est justement ce que ces exercices vous permettent, entre autres choses, de découvrir.

Cet exercice de réchauffement vise à vous faire remarquer la diversité et la qualité de vos mouvements quotidiens, ce que bien des gens ne font jamais. Ils passent leur vie dans une petite boîte dont, en aucun cas, l'espace n'est violé par leurs gestes. Vos mouvements sont une source de force psychologique. Prenez la peine de les observer. Vous avez deux bras, deux jambes, un visage, des épaules — bougez-les. Vous vous sentirez mieux. Et votre présence s'affirmera, où que vous soyez.

Beaucoup penseront que si tout le monde s'empare de l'espace disponible, il n'y aura plus de place pour personne. Mais c'est le contraire qui est vrai. Plus il y aura de personnes qui s'installeront dans votre vie, plus vos territoires respectifs se recouperont. C'est alors que vous commencerez à vivre avec les autres, tout en ayant suffisamment d'espace pour vous-même.

## Auto-évaluation

En vous fondant sur les cinq secteurs de la vie que nous sommes en train d'étudier, évaluez votre niveau d'activité ou de mobilité. Par activité, nous entendons, dans une perspective globale, la façon dont vous bougez votre corps et la fréquence de vos gestes quand vous parlez. Êtes-vous de ceux qui n'hésitent pas à toucher et à embrasser un ami? Prenez-vous l'initiative des contacts physiques? Évoluez-vous avec aisance et naturel?

**Activité**

| | | | | |
|---|---|---|---|---|
| Élevé | | | | |
| Moyen | | | | |
| Faible | | | | |

Travail    Jeu    Relations    Amour    Sexualité

## Activité: exercices d'étirement

(À faire seul). Lisez trois fois à voix haute les phrases suivantes, la première sans faire aucun geste, la seconde, en bougeant normalement, et la troisième, en gesticulant. Trouvez, pour chaque phrase, le type de mouvement qui lui convient le mieux.

1. Je me sens moche.
2. C'est inutile.
3. Je ne suis pas parfait et ne le serai jamais.
4. Cela ne me fait ni chaud ni froid d'être imparfait.
5. J'ai confiance en vous.
6. Vous pouvez compter sur moi.
7. Je vous aime.
8. Venez, allons courir un peu.
9. J'ai gagné. J'ai gagné. J'ai gagné.
10. Je peux faire tout ce que je veux.

Ces exercices donnent à la personnalité, présence et puissance. Les individus qui dégagent beaucoup de présence et de puissance semblent avoir un sens intime de leur corps. Vous aussi commencerez spontanément à bouger davantage, au fur et à mesure que vous prendrez conscience de ce potentiel.

Vous pouvez faire ces exercices chez vous, sans témoin. Mais si vous voulez progressez plus rapidement, invitez un ami à les faire avec vous. Et n'oubliez pas d'exprimer tout ce que vous ressentez en les faisant.

*Afin de mieux comprendre ces exercices d'étirement:* avez-vous eu l'impression d'être gauche en faisant certains gestes? Cette gaucherie n'est rien d'autre que le début de la mise en forme. Il faut de la force pour essayer et pour faire de nouveaux mouvements.

## Activité: exercices d'affermissement

(À faire en public, mais à l'insu de tous). Hier, nous avons vu de nouvelles façons de s'exprimer en public. Aujourd'hui, ce sont vos mouvements que vous allez travailler dans le même contexte. C'est là un bon moyen de renforcer votre personnalité.

1. Quand vous avez quelque chose à dire à un collègue de travail, allez vers lui et mettez votre main sur son épaule.
2. En marchant, soyez attentif à vos mouvements et à tout votre corps.
3. Quand vous rencontrez quelqu'un que vous aimez profondément, saluez-le en le serrant dans vos bras. Restez à ses côtés et serrez-le de nouveau, tout en lui parlant.
4. Chaque fois que vous parlez, tâchez de ne pas perdre de vue ce que font vos mains, vos bras et vos jambes. Que votre visage aussi soit mobile. Servez-vous de votre bouche en l'ouvrant plus ou moins. Faites en sorte que tout votre visage s'anime.

## Dans votre carnet

Réfléchissez aux tabous sociaux relatifs au mouvement.

1. Dressez la liste de certaines des règles sociales qui s'opposent au mouvement. (Par exemple: ne pas tou-

cher des gens qu'on ne connaît pas; ne pas se montrer trop physique.)
2. Biffez toutes celles qui vous paraissent absurdes.
3. Établissez votre propre liste. (Par exemple: le mouvement libère la tension. L'activité met un frein à ma dépression.)

## Rétrospective quotidienne

Préparez-vous à aller au lit. Puis, retardez le moment de vous coucher. Asseyez-vous par terre, dans votre salon, et *parlez à voix haute* de trois nouveaux mouvements que vous aurez fait aujourd'hui (même si vous êtes votre unique auditeur). Ce faisant, vous favoriserez la transformation de votre ancien comportement gestuel.

1. Écrivez, dans votre carnet, dix phrases sur le thème suivant: "J'aimerais devenir plus actif dans ma vie de tous les jours en..."
2. Précisez ce que serait votre moi idéal, eu égard au mouvement.
3. Pour changer vos faiblesses en ce domaine, écrivez, en variant cinq fois, "J'aimerais modifier cette attitude... qui constitue l'un de mes points faibles au niveau du mouvement, en..."

## Les guides de l'activité

*Le sentiment:* Vous sentirez chaque activité complète comme une partie de vous-même, vous vous sentirez unifié et non plus éparpillé ou divisé. Pensez à ce sentiment quand vous bougez.

*L'image:* Pensez à votre animal gracieux préféré. Essayez de sentir ses gestes. Inspirez-vous de cette image pour guider les vôtres.

*La pensée:* Imprégnez-vous de cette idée: "Je peux bouger n'importe quand. Je suis prêt." Il est superflu de savoir exactement quel sera votre prochain geste. Contentez-vous d'être prêt.

Appuyez-vous sur ces éléments guides jusqu'à ce que vous ayez mis les vôtres au point.

# Première semaine — troisième jour
# Exercices du sentiment

Il arrive parfois qu'on se sente si mal qu'on souhaiterait ne plus rien sentir du tout. Bien des gens s'imaginent que s'ils pouvaient échapper aux sentiments, tout irait pour le mieux dans le meilleur des mondes. Pourtant, les personnes qui sont psychologiquement en forme prennent plaisir aux sentiments qu'elles éprouvent. Car, tout comme les épices, ceux-ci donnent du piquant à la vie et suppriment la monotonie.

## Exercices de réchauffement

Pensez à un incident survenu durant votre enfance ou à un événement récent qui vous a plongé dans une extrême tristesse. Ce faisant, revivez un peu de cette tristesse. Laissez-la vous submerger. Fermez les yeux et rappelez-vous comment vous avez refait surface en espérant que ce ne serait bientôt plus qu'un mauvais rêve. Touchez votre figure et votre menton. Laissez-vous aller.

*Pour bien comprendre cet exercice:* Ici, nous vous avons demandé de laisser émerger un sentiment qui était en vous. La plupart des gens veulent contrôler leurs sentiments, les enfouir. Ils se disent souvent: "Si seulement je pouvais dominer mes émotions, je pourrais alors..." Ils se trompent du tout au tout. Plus vous vous dominez — plus vous vous retenez —, moins vous apprenez à canaliser vos sentiments. La personne qui est en forme psychologique par contre, préfère vivre ses sentiments au lieu de les contrôler. Enfin, plus vous reconnaissez vos sentiments, plus votre moi intime et votre moi extérieur se rapprochent.

Répondez, dans votre carnet, à ces questions sur votre capacité de ressentir:

1. De quelle façon suis-je porté à retenir mes sentiments? (Par exemple: je nie ressentir quoi que ce soit; j'ai peur de blesser quelqu'un; j'ai peur de me laisser aller).

2. Énumérez les forces que vous possédez à ce niveau. (Par exemple: je suis réceptif aux sentiments des autres; je déborde d'amour; je suis compatissant.)

3. Que devriez-vous apprendre pour renforcer vos habiletés à ressentir? (Par exemple: je devrais apprendre à parler avec plus de sentiment; je devrais accorder autant de poids à mes sentiments qu'à mes pensées; je devrais apprendre à pleurer.)

Ces exercices peuvent s'avérer plus difficiles que les autres, parce que les sentiments proviennent du plus profond de soi. Il n'existe guère de moyens pour les approfondir. Les meilleurs exercices que nous puissions vous conseiller requièrent la participation d'au moins deux personnes.

## Auto-évaluation

Évaluez, dans la grille ci-dessous, votre niveau d'émotivité ou de sentiment dans les cinq secteurs fondamentaux de la vie que nous étudions. Quand vous aurez repris contact avec vos sentiments, votre personnalité aura plus d'énergie émotionnelle.

Il est assez étonnant de constater la quantité de problèmes qui existent essentiellement parce que les gens n'ont pas suffisamment d'énergie émotionnelle pour changer. Ils consacrent tellement de temps à dominer leurs émotions que le divorce est total entre leur moi intime et leur moi extérieur.

**Sentiment**

| | Travail | Jeu | Relations | Amour | Sexualité |
|---|---|---|---|---|---|
| Élevé | | | | | |
| Moyen | | | | | |
| Faible | | | | | |

En examinant votre graphique, remarquez dans quel secteur de votre vie vous vous permettez le plus de sentiments. Se pourrait-il que si vous avez des problèmes dans un de ces secteurs de vie, que vous n'ayiez pas suffisamment d'énergie émotionnelle?

## Sentiment: exercices d'étirement

Lisez trois fois à haute voix les phrases suivantes, la première fois sur un ton le plus neutre possible, la seconde, sur un ton normal, et la troisième, avec le maximum d'émotion. Pour vous aider, dans ce dernier cas, souvenez-vous, tout en lisant, d'un incident qui vous avait ému.

1. J'éprouve constamment des sentiments.
2. J'ai peur de laisser voir ce que j'éprouve.
3. De temps en temps, je me sens triste.
4. Ce que j'éprouve a beaucoup d'importance pour moi.
5. Je veux me sentir et sentir les personnes qui m'entourent.
6. Il y a des moments où je me sens seul et en colère.
7. J'ai horreur de voir maltraiter un enfant.
8. Je me souviens des sentiments que j'éprouvais quand j'étais petit.

9. J'ai le pouvoir de me sentir bien.
10. Je veux sentir à quel point je suis fort.

*Pour mieux comprendre cet exercice:* Quoique la plupart des gens ne s'en rendent pas compte, tous, nous éprouvons constamment des sentiments. Ils sont parfois très intenses mais, le plus souvent, ils se maintiennent à un niveau qui leur permet de nous dicter comment réagir à ce qui nous entoure. Cet exercice a pour but de vous amener à trouver ce niveau. Vous constaterez peut-être que vos sentiments sont enfouis très profondément et difficilement décelables. Si tel est le cas, cela voudra dire que cet aspect de votre personnalité constitue l'un de vos points faibles. Par contre, vous pourrez en déduire qu'il s'agit d'une force si ce simple exercice, basé sur les émotions et les souvenirs, a fait surgir en vous un flot de sentiments.

Par certains côtés, cet exercice rappelle quelques-unes des techniques employées en art dramatique, à cette différence près, toutefois, que nous vous entraînons à mieux vivre votre vie et non à jouer une pièce de théâtre. Nous voulons faire renaître en vous cette conscience que vous possédiez lorsque vous étiez enfant. Plus vous deviendrez conscient de ce que vous éprouvez, plus vos sentiments s'intégregront naturellement à votre vie.

## Sentiment: exercices d'affermissement

Avant même d'essayer de retrouver les profondes émotions de votre enfance, il est primordial que vous appreniez à vivre et à sentir les petites émotions de tous les jours. Pour y arriver, vous devrez parvenir à une conscience plus aiguë de ce que vous éprouvez.

1. Lorsque vous vous habillez pour aller travailler, demandez-vous ce que vous ressentez. Êtes-vous content d'aller travailler? Y a-t-il quelqu'un que vous seriez heureux de voir? ou furieux? ou effrayé? Soyez conscient de ce que vous éprouvez sur le moment et en pensant à ce qui vous attend.

2. Dès votre arrivée au travail, prenez cinq minutes pour rencontrer la personne que vous préférez et dites-le-lui. Ne parlez pas des *raisons* qui motivent votre affection; contentez-vous simplement d'exprimer celle-ci.

3. Au moment du déjeuner, regardez les personnes autour de vous. Imaginez-vous en train de leur parler et de leur demander comment elles se sentent.

4. Pensez à la façon dont vos parents vous manifestaient leur affection. Il y a tout un monde entre le fait de savoir qu'ils vous aimaient et leur manière de l'exprimer.

5. Dressez la liste des meilleures expériences affectives que vous avez pu vivre avec eux. Attardez-vous sur celles-ci.

6. Énumérez les forces et faiblesses émotionnelles que vous avez apprises de vos parents.

7. Prenez quelques minutes et téléphonez à votre père ou à votre mère pour lui dire comment vous vous sentiez quand vous étiez petit. Ne leur parlez que de ça, en laissant complètement de côté les vieilles histoires et les faux-fuyants.

Répondez, dans votre carnet, à ces questions:

1. Que pensez-vous des sentiments?

2. Quels sont les interdits sociaux qui limitent vos sentiments?

3. Biffez ceux qui n'ont aucun sens pour vous.

4. Déterminez cinq nouvelles règles qui renforceraient votre vie émotionnelle.

## Rétrospective quotidienne

Au moment de vous coucher, revoyez toute votre journée en vous concentrant sur son contenu émotionnel. Pensez à toutes les fois où vous avez ressenti quelque chose, mais n'en avez rien dit. Quelles excuses vous étiez-vous données pour ne pas le faire?

Voici, enfin, un bon exercice à faire à l'heure du marchand de sable. Rédigez dix phrases commençant par "je sens..." Faites bien la différence entre ce que vous pensez et ce que vous ressentez à propos d'une même situation. Tâchez de conserver à ces phrases un contenu très personnel.

1. Quel est votre idéal au niveau des sentiments?
2. Faites cinq phrases commençant ainsi: "j'aimerais pouvoir ressentir..."
3. Aimeriez-vous voir s'effacer vos faiblesses en ce qui a trait aux sentiments. Écrivez autant de phrases que vous voudrez, sur le thème suivant: "J'aimerais changer... qui limite mes sentiments, en faisant..."

## Les guides des sentiments

*Le sentiment:* Les véritables sentiments prennent naissance en soi pour s'épanouir hors de soi. Chaque sentiment vous aide à vous centrer à l'intérieur de vous dans la mesure où vous admettez que ce sentiment n'est pas causé par ce qui vous entoure, mais qu'il naît bel et bien en vous. (Par exemple: "*Je* suis en colère" et non "il m'a mis en colère".)

*L'image:* Chaque sentiment ou émotion possède sa propre forme, sa propre couleur. Imaginez vos sentiments comme un disque chromatique, fascinant et changeant sans cesse.

*La pensée:* Répétez-vous cette pensée, "je me sens plein", parce que les sentiments sont une source de plénitude; par contre, le fait de les étouffer vous amène à connaître un tout autre sentiment: le vide.

Utilisez ces guides en attendant d'avoir élaborer les vôtres. Après un certain temps, vous posséderez de nombreux guides qui vous permettront de conserver le contact avec vos sentiments.

# Première semaine — quatrième jour
# Exercices de lucidité

Chez bien des gens, la lucidité prend la forme d'une conception artificielle du monde qu'ils substituent à la réalité. La véritable lucidité se manifeste lorsque votre personnalité fait appel à toutes ses dynamiques, c'est-à-dire lorsque vous alliez expression, sentiments, activité et compréhension. Pensons aux relations humaines, par exemple; dans ce cas précis, une personne extrêmement passive peut fort bien dire: "Ma femme sait parfaitement que je l'aime; je n'ai pas besoin de le lui montrer ou de le lui dire." Contrairement à ce que l'on pense généralement, la lucidité va de pair avec l'action et l'expérience personnelle. C'est pourquoi elle est essentiellement fonctionnelle. Vous pouvez vous appuyer sur elle pour parvenir à une meilleure forme psychologique.

## Exercices de réchauffement

Voici un exercice d'une extrême simplicité: il s'agit d'établir ce que des objets ou des personnes sont ou ne sont pas. Pendant que vous vous habillez, le matin, et durant toute la journée, prenez des "cibles", dont vous-même, et dites, par exemple:

C'est une tasse de café — ce n'est pas une maison.

Je suis moi-même — je ne suis pas ma mère.

C'est un chien — ce n'est pas un arbre.

Je suis un être humain — je ne suis pas un bulldozer.

Je travaille — je ne joue pas.

Répétez fréquemment cet exercice pendant la journée. Vous n'avez pas besoin de parler à haute voix. Les résultats vous surprendront et c'est ainsi que vous deviendrez plus lucide.

*Pour bien comprendre cet exercice:* Nombreux sont ceux qui cherchent à comprendre pourquoi le monde existe, à découvrir un sens à la vie, à savoir qui ils sont. Nous n'avons pas la prétention de posséder les réponses; par contre, avec cet exercice, nous pouvons vous aider à faire les premiers pas vers une plus grande conscience de ce que vous êtes et de ce que vous n'êtes pas. Il nous arrive parfois de tout confondre. Combien de fois, par exemple, n'avez-vous pas affirmé: "On vit dans un monde pourri, il n'y a rien à en tirer, comment les gens peuvent-ils se conduire de cette façon", alors que, en réalité, vous étiez simplement en train de déclarer: "Je ne me sens pas dans mon assiette, aujourd'hui"? Avant d'aspirer à comprendre le monde, vous devez d'abord vous connaître.

Le but de cet exercice est de vous apprendre à faire les distinctions qui s'imposent. Certains individus n'arrivent jamais à faire la différence entre eux-mêmes et leurs parents. Nous voulons vous faire prendre conscience de votre individualité. De la sorte, vous acquérerez peu à peu un niveau de conscience déterminé par la réalité présente plutôt que par tout ce que vous pourriez avoir appris.

S'il est vrai que tout le monde est conscient, il n'en demeure pas moins qu'il s'agit, le plus souvent, d'une conscience négative parce qu'elle est davantage centrée sur ce qui est mal que sur ce qui est bien. Or, utilisée à son maximum, la conscience devient un guide intérieur. L'exercice que vous venez de faire aura pour résultat de vous révéler votre propre perspicacité — mais que, faute d'habiletés appropriées, vous n'utilisez pas dans la vie de tous les jours.

## Dans votre carnet

1. Énumérez au moins cinq éléments qui constituent vos forces au point de vue de la lucidité. (Par exemple: "Lorsque je fais semblant, je m'en rends parfaitement compte." "Je sais très bien reconnaître quelqu'un qui ment." "Je sais faire la différence entre tendre vers ce à quoi j'aspire et me contenter de moins.")

2. Quelles sont vos faiblesses dans ce même domaine? (Par exemple: "Je m'en rends compte lorsqu'un ami n'est pas en forme, mais je ne fais jamais rien pour y remédier." Il s'agit ici, d'une demi-conscience parce que, tant qu'on n'a pas posé de geste, on ne peut savoir exactement ce qui en est.)
3. Quelles habiletés vous faut-il développer pour intensifier votre lucidité? (Par exemple: "J'ai besoin d'apprendre à exprimer ce que je sais." "Je dois cesser de chercher des réponses et appliquer les solutions que je possède déjà.")

## Auto-évaluation

Tout comme pour les dynamiques précédentes, nous vous demanderons maintenant d'évaluer votre lucidité.

### Lucidité

|  |  |  |  |  |  |
|---|---|---|---|---|---|
| Élevée |  |  |  |  |  |
| Moyenne |  |  |  |  |  |
| Faible |  |  |  |  |  |
|  | Travail | Jeu | Relations | Amour | Sexualité |

Quel est le secteur de vie où vous manifestez le plus de lucidité? Souvenez-vous que nous parlons de lucidité dans l'action. Avez-vous des problèmes dans un secteur où vous manquez réellement de lucidité? Peut-être devriez-vous, en étudiant votre grille, vous poser cette question capitale: Y a-t-il en vous un décalage entre vos actions et votre conscience intime?

Faire preuve de lucidité ne signifie pas qu'il faille mettre un frein à l'intensité émotionnelle ou aux passions. Au contraire, selon la perspective de la mise en forme, la lucidité accroît la capacité d'éprouver des sentiments positifs. La véritable lucidité permet également de reconnaître s'il vaut mieux vivre pleinement vos sentiments en vous-même ou si vous pouvez les extérioriser.

## Lucidité: exercices d'étirement

Écrivez cinq phrases vous concernant et dont le sens ne peut vous échapper (par exemple: j'ai les cheveux bruns). Pesez ensuite chacun des mots choisis pour voir s'ils correspondent exactement à ce que vous voulez dire? Durant la journée, parlez de vous avec le maximum de lucidité. Pensez à ce qui se produirait si vous pouviez juger ce qui vous arrive avec une parfaite lucidité.

Dans certains cas, un seul mot peut faire toute la différence du monde; par exemple:

"Je me sens triste."

"Je me sens très triste."

Si, en effet, vous vous sentez "triste" et non pas "très triste", le simple fait de penser "je me sens très triste" risque de tout brouiller. Votre moi intime et votre moi extérieur s'éloigneront davantage l'un de l'autre. Certaines personnes ont tendance à systématiquement exagérer leurs sentiments, tandis que d'autres les minimisent; ni les uns ni les autres ne peuvent se sentir en bonne forme.

Faites vingt phrases, dont dix commençant par "Je suis lucide à propos de..." et dix par "je suis embrouillé au sujet de..."

*Pour mieux comprendre ces exercices:* Les exercices sur la lucidité sont parmi les plus exigeants qu'il vous sera jamais donné de faire. Bien souvent, les gens parlent et agissent sans jamais s'inquiéter de savoir s'ils comprennent ce qu'ils disent ou font, ou sans penser aux conséquences. Par exemple, un jeune de vingt ans pourra affirmer: "Les États-Unis sont un pays fasciste." Cela sonne bien jusqu'au moment où on s'interroge sur le sens de sa phrase. Elle peut vouloir dire qu'il a des problèmes en classe ou qu'il n'arrive pas à trouver du travail; ou encore, très probablement, qu'il n'a jamais visité un pays fasciste. Et cela peut tout aussi bien signifier qu'il envisage des solutions différentes susceptibles d'améliorer les conditions de vie dans son pays.

L'authentique lucidité fait de vous quelqu'un avec qui il faut compter. Vous commencez à écouter, à voir et à parler. Cela peut vous sembler trop simple, mais les personnes psychologiquement en forme savent parfaitement ce que cela signifie.

## Lucidité: exercices d'affermissement

Si étonnant que cela puisse paraître, il est parfois nécessaire, pour acquérir une plus grande lucidité, de faire exactement le contraire. Essayez d'être aussi stupide que vous pouvez l'être et de ne plus comprendre du tout. Prenez garde à ne pas faire cet exercice pendant plus de cinq minutes à la fois; sinon, cela pourrait devenir une habitude.

Tandis que vous êtes en plein brouillard, observez comment les choses deviennent vagues, étriquées, fragmentées. L'incohérence ne gagne pas toutes les personnes de la même façon. Remarquez comment ce phénomène s'opère dans votre cas.

Dans votre cranet, faites maintenant l'exercice suivant:

1. Quelles sont vos restrictions personnelles qui vont à l'encontre d'une profonde lucidité? (Par exemple: je ne suis pas assez brillant; ou je suis trop jeune; ou encore: j'ai toujours raison.)

2. Rayez celles qui vous semblent absurdes.

3. Élaborez cinq nouvelles règles susceptibles d'ac-

croître votre lucidité.(Par exemple: je peux être conscient de ce qui se passe; ou: je n'ai pas besoin d'avoir toujours raison.)

## Rétrospective quotidienne

Au moment de vous coucher, étudiez-vous en faisant preuve de la plus grande lucidité possible. Essayez de voir comment votre compréhension a évolué pendant votre passage de l'enfance à l'âge adulte. Quelles étaient les forces que vous mettiez en oeuvre pour survivre? Pensez à l'époque où vous auriez pu mal tourner. Quelles ont été les conséquences de la façon dont vous viviez? Quelles sont vos possibilités réelles?

1. Rédigez dix phrases précisant les domaines où vous voulez faire preuve de lucidité: "Je veux être lucide à propos de..."
2. Quel est votre idéal, en ce qui a trait à la lucidité?
3. Écrivez cinq phrases déterminant vos possibilités: "Je voudrais changer ma faiblesse au niveau de... en..." (Par exemple: je voudrais changer cette tendance au "négativisme", qui est l'une de mes faiblesses, en admettant le bon côté des choses.)

## Les guides de la lucidité

*Le sentiment:* La lucidité donne une impression de vivacité et de certitude; on ne se sent ni lent ni hésitant. Vous pouvez changer et vous tromper, mais vous n'en conservez pas moins une certaine lucidité à propos de ce qui vous arrive. N'attendez pas que vos pensées soient complètement élaborées, comme des paragraphes, par exemple; un mot ou une phrase suffisent amplement comme point de départ.

*L'image:* La lucidité est lumineuse et non obscure. Imaginez que vous êtes une source lumineuse qui a parfois l'intensité d'une lampe de poche et parfois celle d'un soleil. Votre conscience intérieure dégage toujours un minimum de lumière.

*La pensée:* Au lieu d'attendre de vos réflexions sur vous-mêmes qu'elles soient toujours cohérentes, tâchez plutôt de toujours avoir des pensées qui vous sont utiles. Appuyez-vous sur cette idée: "Mes pensées peuvent toujours m'éclairer."

N'espérez pas trouver une règle d'or de la lucidité, qui soit infaillible. Néanmoins, vous pourrez mettre au point un certain nombre de concepts guides qui augmenteront la portée et l'intensité de votre lucidité. Du reste, cette faculté de pouvoir inventer de tels guides est l'une des fonctions premières de cette dynamique de la personnalité qu'est la lucidité.

## Première semaine — cinquième jour
## Exercices de contact

Le contact est la cinquième dynamique de la personnalité. Il n'y a qu'une alternative: on se rapproche ou on s'éloigne du contact. Plus on s'en rapproche, mieux on se sent. C'est pourquoi, lorsque vous aurez compris que le contact est un élément-clé à la fois de la personnalité et de votre mise en forme psychologique, vous pourrez utiliser au maximum les ressources de votre personnalité. Le fait d'avoir un contact réel avec quelqu'un engendre une impression de soulagement. Dès lors, il n'y a plus ni problème, ni pensée, ni inquiétude qui soient si énormes, si écrasants, que vous ne puissiez y faire face.

### Exercices de réchauffement

Avant d'entreprendre quelque action que ce soit, téléphonez à un ami pour bavarder. Ne perdez pas de temps à réfléchir à ce que vous allez lui dire. Appelez-le tout de suite.

Et, pendant la conversation, précisez que vous lui avez téléphoné parce que vous savez à quel point vous désirez du contact.

*Pour bien comprendre cet exercice:* Le contact est l'unique dynamique de votre personnalité que vous ne puissiez développer tout seul. Familiarisez-vous avec vos habiletés de contact en répondant aux questions suivantes:

1. Quelles sont vos forces en matière de contact?
2. Quelles sont vos faiblesses?
3. Quelles habiletés devez-vous développer pour améliorer cette dynamique de votre personnalité?

## Auto-évaluation

Tout comme pour les autres dynamiques, procédez à votre auto-évaluation au niveau du contact.

**Contact**

| | Travail | Jeu | Relations | Amour | Sexualité |
|---|---|---|---|---|---|
| Élevé | | | | | |
| Moyen | | | | | |
| Faible | | | | | |

Bien des gens sont convaincus de l'impossibilité d'établir des contacts avec des collègues de travail; selon eux, ce ne serait possible que dans les domaines du jeu, des relations, de l'amour et de la sexualité, et encore à des degrés divers. Mais ce que la plupart oublient, toutefois, c'est à quel point ils veulent et ont besoin d'avoir des contacts pour se sentir bien. Nombreux sont ceux qui, à cet égard, se cantonnent dans la médiocrité. Ils acceptent moins que ce à quoi ils aspirent. Ils se sont résignés à l'isolement et à la solitude dont ils ont fait un mode de vie. Or, la solitude est un état incompatible avec la nature humaine. Le contact nous est indispensable dans tous les secteurs de notre vie et, loin de retirer quoi que ce soit à notre passion ou à notre compréhension de la vie, il la fait passer du niveau de la survie à celui du plaisir. Selon plusieurs philosophies et psychologies populaires, il suffirait d'acquérir la maîtrise de soi pour pouvoir régler les difficultés quotidiennes. C'est complètement faux. La perspective de la mise en forme psychologique, pour sa part, nous amène à admettre l'importance du contact. Tout le monde en a besoin, c'est même là le propre de l'être humain. Et il nous aide à exploiter notre potentiel à son maximum.

## Contact: exercices d'étirement

De toutes les dimensions de la personnalité, le contact est probablement celle qui se développe le plus facilement et s'atrophie le plus rapidement. Il ne vous faudra guère plus de trois jours pour raffermir vos "muscles" de contact. Prévoyez, quotidiennement, une période de quinze à trente minutes pour bavarder avec quelqu'un que vous aimez vraiment beaucoup. Tâchez, durant la conversation, d'utiliser également tous les autres muscles psychologiques que vous avez entrepris de développer. Exprimez-vous, laissez les émotions vous envahir, soyez actif, exercez votre lucidité. Mais consacrez un bon quart d'heure à parler uniquement de vous et à écouter votre interlocuteur. Cet exercice est l'une des pierres angulaires de la mise en forme psychologique. Toute votre vie peut s'en trouver transformée. Il vous fait prendre conscience de deux faits primordiaux: vous êtes vivant et vous avez le choix, un choix non pas intellectuel, mais vital: celui de devenir ou non psychologiquement en forme.

## À faire

1. Parlez de ce que vous ressentez.
2. Essayez de vous exprimer avec plus de sentiment.
3. Tâchez de ne pas perdre de vue ce que vous êtes en train de faire.
4. Parlez de la façon dont votre vie se déroule en ce moment.
5. Parlez de l'orientation que vous voulez donner à votre vie.
6. Parlez de vos forces respectives.
7. Parlez de la mort.
8. Parlez de vos choix.
9. Parlez de vos déceptions.
10. Parlez de vos espoirs.

## À ne pas faire

1. Ne parlez pas de l'actualité.
2. Ne parlez pas de vos systèmes de croyances. (astrologie, PES*, influences cosmiques)
3. Ne parlez pas de religion.
4. Ne parlez pas de projets.
5. Ne vous consolez pas mutuellement.
6. Ne relevez pas vos défauts respectifs.
7. N'employez pas de clichés.
8. Ne parlez pas sans sentiment.
9. Ne vous livrez pas à des analyses.
10. Ne vous conduisez pas en psychologues ou en psychanalystes.

Certains pourront éprouver un certain malaise en faisant cet exercice. Au début, vous vous apercevrez que vous pouvez vous montrer très superficiel — dépasser sa propre superficialité n'est pas chose facile. Persévérez tout de même. Plus vous vous livrerez à ce genre d'exercice et plus votre expérience et votre compréhension s'accroîtront. Bonne chance, vous êtes en train de faire un grand pas en avant.

---

* PES: Perception extra-sensorielle

## Contact: exercices d'affermissement

Où que vous alliez, aujourd'hui, multipliez les contacts visuels. Si vous allez au supermarché, prenez quelques secondes pour échanger un regard avec la caissière. Essayez d'avoir plus de contacts physiques avec vos amis. Devenez conscient comment vous et les autres évitez les contacts.

1. Quelles sont les règles sociales qui restreignent le contact?
2. Biffez celles qui n'ont aucun sens pour vous.
3. Écrivez cinq nouvelles règles basées sur la mise en forme psychologique au niveau du contact.

## Rétrospective quotidienne

Quand vous irez vous coucher, ce soir, n'allumez ni la télévision ni la radio, n'ouvrez pas un livre. Parlez. Si vous êtes seul, téléphonez à quelqu'un. Racontez-lui votre séance de quinze minutes. Tâchez de bien l'intégrer. Précisez ce que vous en avez retiré et ce que vous aimeriez qu'elle vous apporte. Parlez de ce que vous voulez en faire demain.

1. Dans votre carnet, écrivez dix façons susceptibles d'intensifier vos contacts: "J'aimerais multiplier mes contacts en..."
2. Quel est votre idéal, en égard au contact?
3. Quelle attitude aimeriez-vous adopter à propos du contact? "J'aimerais pouvoir changer mes faiblesses... au niveau du contact en..."

## Les guides du contact

*Le sentiment:* Prenez conscience de vos impulsions à vous rapprocher des gens et à vous en éloigner. Choisissez l'élan plutôt que le recul. Ce que vous éprouverez en faisant ce choix est la clé du contact.

*L'image:* Imaginez-vous à la fois comme un cube et comme une balle. Le cube est immobile, c'est-à-dire qu'il ne peut faire de choix. La balle bouge. Le contact consiste à choisir le mouvement entre deux ou plusieurs personnes. Il peut vous faire "rouler autour" d'un groupe. Chaque fois que vous choisissez le contact, imaginez-vous que la balle grossit et vous permet de faire encore plus de contact. Par contre, chaque fois que vous refusez le contact, c'est le cube qui grossit et reste cloué au sol. Il devient si lourd que vous ne pouvez plus bouger du tout.

*La pensée:* Les gens qui esquivent les contacts ont souvent l'impression d'être manipulés; ils ne choisissent pas activement. Servez-vous de cette pensée: "Je peux choisir les gens." Grâce à elle, vous serez celui qui agit — vous n'aurez pas à attendre d'être choisi.

Vous pouvez utiliser ces guides aussi souvent que bon vous semble, mais n'oubliez pas de les remplacer par les vôtres dès qu'ils commencent à perdre de leur force. La principale caractéristique des guides, c'est qu'il faut constamment les renouveler ou leur ajouter quelque chose, sans quoi ils perdent leur contenu émotionnel. Un bon guide est celui qui vous précède et vous entraîne vers des territoires inconnus.

# Récapitulation de la première semaine

Et voilà, vous avez commencé. C'est extrêmement important et c'est souvent ce que l'exercice comporte de plus difficile. Il y a beaucoup de similitude entre le fait d'exercer les diverses composantes de sa personnalité et celui de faire travailler les différents muscles de son corps. La première semaine a été conçue pour accroître la puissance de votre personnalité qui, une fois qu'elle a atteint son fonctionnement optimal, vous rend apte à faire des choix. Inversement, si elle reste faible et inactive, vous êtes forcé de faire des choix et de prendre des décisions qui vont à l'encontre de vos désirs. À force d'exercer votre personnalité, vous découvrirez que vous commencez à avoir davantage le choix. Le choix de dire ce que vous pensez, d'exprimer ce que vous ressentez, d'être aussi actif que vous en avez envie, d'être le plus lucide possible, d'avoir des contacts plus enrichissants. Nous voulons vous rendre capable de faire de tels choix.

Si vous avez fait ces exercices à fond et si vous continuez de suivre le programme, vous constaterez des changements dans votre vie. Au début, ils seront à peine décelables, mais chaque pas que vous faites rapproche votre moi intime de votre moi extérieur. Nous sommes en train de vous apprendre à devenir celui que vous avez toujours souhaité être. Quand vous commencerez la seconde semaine, vous vous apercevrez que vous avez envie de laisser tomber les exercices. Cela signifiera que vous êtes sur la bonne voie et que vous êtes sur le point de vous heurter à vos propres limites face au succès. En observant les milliers de personnes qui ont mis nos méthodes en pratique, nous avons remarqué que ce n'est pas quand elles ont des difficultés qu'elles songent à tout abandonner, mais bien plutôt lorsqu'elles sont à deux doigts de la réussite.

Il n'existe pas de restrictions sociales plus puissantes que celles que vous vous imposez. La personne qui est psychologiquement en forme a un défi de taille à relever: celui de dépasser ses propres limites.

La découverte de vos forces constitue l'élément majeur que vous retirerez de la première semaine. Nous voulons que vous vous souveniez de vos forces et que vous les utilisiez pour améliorer votre forme.

Les cinq dynamiques de base de la personnalité sont des facteurs importants de la mise en forme psychologique. Vous aurez peut-être constaté un décalage entre ce que vous pensez de votre moi intime ("Je suis une personne sensible et qui éprouve des sentiments") et ce que traduit votre moi extérieur. Ne laissez pas ces subtiles différences vous échapper. Durant les deux prochaines semaines, il vous faudra mettre en oeuvre les habiletés que vous avez commencé à exploiter pendant ces derniers jours.

Donnez libre cours à votre élan naturel vers la mise en forme psychologique, sautez sur les occasions d'essayer de nouveaux comportements dans votre vie. Vous n'aurez rien à gagner en vous contentant simplement de comprendre ce qu'est la mise en forme psychologique; vous allez devoir vous engager dans la course pour évaluer vos possibilités, pour dépasser vos limites et pour découvrir votre potentiel latent.

Désormais, vous continuerez vos exercices tels que nous venons de les voir (réchauffement, auto-évaluation, étirement, affermissement, rétrospective et guides de la mise en forme), tout en élaborant d'autres de votre cru et en inventant des façons de les mettre en pratique. En consacrant une demi-heure au jogging mental, quatre ou cinq jours par semaine, vous vous maintiendrez psychologiquement en forme. Si jamais vous vous retrouvez complètement à plat parce que vous avez arrêté d'en faire pendant quelques semaines ou quelques mois, recommencez le programme depuis le tout début afin de vous réhabituer à vous exercer psychologiquement.

# Chapitre 7

## Deuxième semaine
## Comment atteindre un rendement maximal
## au travail, au jeu, dans les relations,
## en amour et dans la vie sexuelle

Maintenant que vous avez commencé à "étirer" votre personnalité et à développer de nouvelles forces, il vous reste à mettre en pratique, dans les différents secteurs de votre vie, ces habiletés que vous venez d'acquérir et à atteindre un rendement maximal. Vous passez du jogging à la course; vous allez vous attaquer à la distance et à la vitesse.

Le rendement maximal ne signifie nullement que vous devez être "le meilleur". Il implique simplement la concrétisation de votre potentiel. Chaque fois que vous vivez en fonction de vos possibilités dans un domaine donné, vous avez atteint votre rendement maximal.

Les exercices qui suivent ont pour but de vous amener à adopter une nouvelle optique qui vous permettra de rester psychologiquement en forme. Vous aurez refermé ce livre depuis longtemps que vous serez encore en train d'appliquer la philosophie de la mise en forme psychologique.

Pour que les exercices de cette semaine vous soient vraiment profitables, lisez-les le matin, avant de commencer votre journée, et répondez aux questions qui s'y rapportent. Nous *voulons* que vous les intégriez à votre journée. Ils vous apprendront deux choses: premièrement, comment vous mettez vous-même un frein à votre mise en forme psychologique dans chacun des secteurs de vie abordés et, en second lieu, comment tendre vers un rendement maximal.

# Deuxième semaine — huitième jour
## Pour un rendement maximal au travail

Avant de tout mettre en oeuvre pour atteindre un rendement maximal dans le domaine du travail, vous devez avoir une certaine aptitude de base. L'élément le plus important que nous puissions vous enseigner consiste à adopter une nouvelle attitude vis-à-vis du travail. Bien des gens le considèrent comme un à-côté, dans leur vie. Mais il est bel et bien réel. Il y a fort à parier que vous devrez travailler, d'une façon ou d'une autre, jusqu'à la fin de vos jours. Le travail est essentiellement la mise en action de votre énergie psychique. Plus vous utiliserez cette énergie à votre avantage et plus vous vous sentirez en forme.

Pour être psychologiquement en forme dans votre travail, vous devez en retirer du plaisir; vous devez le maîtriser; vous devez vous sentir motivé; et vous devez y connaître le succès. Quand nous parlons d'être en forme au travail, nous ne sommes pas intéressés à savoir si vous vous tuez à la tâche, si votre affaire marche bien ou si votre compte en banque est florissant. Ces éléments ne sont que des parties du but que vous vous êtes fixé: *vous sentir en forme dans votre travail*. L'histoire classique du cadre de quarante-cinq ans terrassé par une crise cardiaque est peut-être celle d'un travailleur acharné, mais c'est surtout celle d'un travailleur en très mauvaise forme. La réussite dans sa profession est d'abord intérieure. Vous devrez apprendre à aimer travailler et à vous intéresser à ce que vous faites.

Ce dernier point pourra vous paraître totalement utopique. Mais vous pouvez apprendre à utiliser au maximum le temps que vous passez au travail et qui correspond au tiers de votre journée. Cela signifie que votre potentiel, en ce domaine, aura été employé à cent pour cent et que, à la fin de votre journée, vous vous sentirez content et prêt à passer à autre chose.

## Quel résultat avez-vous obtenu au moment de votre examen de routine sur votre aptitude au travail?

### Le travail

|  | OUI | NON |
|---|---|---|
| 1. Aimez-vous travailler? | ___ | ___ |
| 2. Ce que votre travail vous rapporte financièrement correspond-il à vos critères de succès? | ___ | ___ |
| 3. La carrière que vous avez choisie se déroule-t-elle avec succès? | ___ | ___ |

4. Vos habiletés de travail s'améliorent-elles? ____ ____

5. Travaillez-vous bien quand vous êtes seul? ____ ____

6. Travaillez-vous bien avec d'autres? ____ ____

7. Avez-vous une bonne opinion de la façon dont vous travaillez? ____ ____

8. Avez-vous une bonne opinion de votre potentiel au travail? ____ ____

9. Votre attitude vis-à-vis du travail s'est-elle améliorée au fil des années? ____ ____

10. Avez-vous les capacités nécessaires pour travailler avec autant de succès que vous le souhaitez? ____ ____

TOTAL ____ ____

*Si vous avez obtenu de 8 à 10 oui, vous êtes un champion du travail.* Ce résultat signifie que cette activité vous est une force. Vous devez maintenant en devenir profondément conscient. Plus vous prendrez plaisir à travailler, plus vous pourrez y mettre du vôtre. Et plus vous y mettrez du vôtre, plus vous vous sentirez satisfait et accompli. Mais, ici aussi, il doit y avoir accord entre votre moi intime et votre moi extérieur pour que vous puissiez être foncièrement content de ce que vous faites. Si votre moi intime souhaite la réussite alors que votre moi extérieur se contente de donner un coup de collier trois jours sur cinq, il y a distorsion. Assurez-vous d'utiliser toutes les dimensions de votre personnalité de façon à être toujours conscient de ce que vous éprouvez et de permettre à vos deux moi de travailler de concert. Vous avez tout ce qu'il faut pour devenir un travailleur en excellente forme, c'est-à-dire quelqu'un qui connaît en même temps la satisfaction et la réussite.

*Si vous avez obtenu entre 4 et 7 oui, vous êtes un amateur.* Cela veut dire que vous avez l'étoffe d'un champion, mais que vous ne donnez pas votre pleine mesure. Cela signifie également que votre moi intime et votre moi extérieur sont à couteaux tirés à propos du travail. Soit que vous travailliez d'une façon qui ne convient pas à votre moi intime, soit que vous n'en utilisiez pas tout le potentiel. Dans l'un ou l'autre cas, ce conflit se traduit par de l'insatisfaction. Cette insatisfaction émotionnelle est la principale difficulté à laquelle se heurtent la plupart des gens dans leur travail. Celui-ci ne leur donne pas ce qu'ils désirent en retirer. Or, pour être source de satisfaction, votre travail doit vous fournir l'occasion d'utiliser tout votre potentiel. C'est pourquoi il vous faut développer les forces de votre personnalité.

*Si vous avez obtenu entre 1 et 3 oui, vous êtes un spectateur.* Il est temps que vous fassiez quelque chose pour modifier votre comportement et vos habitudes au travail. Plus vous vous maintiendrez longtemps à un tel niveau, plus cela s'avèrera nocif pour l'ensemble de vos comportements. Aucun contact n'est possible entre votre moi intime et votre moi extérieur. Ce que vous faites extérieurement n'a strictement rien à voir avec ce que vous pensez et éprouvez. Tout le monde veut réussir. Si vous ne mettez pas tout en oeuvre pour connaître la réussite, cela veut dire que vous ne vivez pas en fonction de vos aspirations.

**Question-clé**

Avant de vous poser celle-ci, nous voulons être certains que vous avez bien compris que toutes les questions auxquelles vous avez répondu par la négative dans l'un ou l'autre des examens de routine sont, pour vous, des questions-clés. Chaque non est la preuve d'une lacune. Il met le doigt sur une faiblesse que vous avez besoin de développer. Si nous n'avons choisi qu'une question pour chacun des secteurs de vie, c'est parce que nous nous sommes aperçus que certaines sont fondamentales. Que vous répondiez par un oui ou par un non à la question-clé, vous n'en devrez pas moins lire la réponse très attentivement. Elle vous fera découvrir des éléments importants dans le cas des questions auxquelles vous aurez répondu négativement.

*Aimez-vous travailler*? C'est là tout le secret de la mise en forme et du rendement maximal dans le domaine du travail. Si votre tâche est réellement désagréable et qu'il n'y a rien à en espérer, reconsidérez la situation. Tout d'abord, fixez-vous des buts. Déterminez, sans vous leurrer, le salaire que vous voulez toucher. Réfléchissez au poste qui vous permettra de réussir et aux habiletés qu'il vous faut acquérir et développer à cette fin. Commencez à rétablir l'équilibre entre vos sentiments profonds et vos aspirations en tant que travailleur, d'une part, et les gestes que vous posez, d'autre part.

*Passez maintenant au tableau d'ensemble*. Cherchez la place qu'occupe votre fonction dans l'organigramme de la compagnie. Ceci vous ouvrira les yeux sur l'importance de votre travail. Prenez ensuite le temps de connaître les personnes qui occupent d'autres postes. Rappelez-vous les habiletés que vous avez exercées la semaine dernière et commencez à les utiliser davantage. Arrangez-vous pour qu'on entende parler de vous — faites en sorte qu'on soit conscient de votre présence. Faites la connaissance des secrétaires et des patrons. Plus vous connaîtrez vos collègues, plus vous acquérerez de l'influence. Mais ne vous contentez pas de savoir leurs noms ou d'un bref bonjour dans le couloir; vos rapports doivent prendre une dimension plus personnelle, plus affective. Dès l'instant où vous vous rapprocherez des autres, votre travail vous paraîtra plus agréable. Vous ne pourrez rester psychologiquement en forme si vous n'avez que des collègues; ce sont des camarades de travail dont vous avez besoin, des gens avec qui vous pouvez échanger. Développez ces relations. Ne perdez jamais de vue que l'activité est à la base d'un travail satisfaisant.

## Les guides du rendement maximal au travail

*Le sentiment:* Tout le monde a connu, à un moment ou à un autre, le succès complet dans un domaine donné. Rappelez-vous comme vous vous sentiez bien quand cela vous est arrivé. Laissez les niveaux de sentiment, de lucidité, d'expression, d'activité et de contact que vous connaissiez alors modifier votre attitude actuelle vis-à-vis du travail.

*L'image:* Pensez à la personne qui, à votre avis, a le mieux réussi dans votre branche. Imitez les plus efficaces de ses attitudes. Gardez son image en mémoire.

*La pensée:* Demandez-vous constamment: "Suis-je satisfait de ma façon de travailler?" Répondez à cette question en passant à l'action.

En vous servant de ces guides un peu plus chaque jour, chaque semaine, chaque mois, vous commencerez à réaliser les objectifs que vous vous êtes fixés pour votre travail.

## Deuxième semaine — neuvième jour
## Pour un rendement maximal au jeu

Pour devenir psychologiquement en forme, vous devez savoir quand et comment jouer. Il ne sera nullement question pour vous de battre un record olympique ou de rester assis à pousser des dames, mais plutôt d'adopter une attitude enjouée. L'âge adulte, on ne sait trop pour quelle raison, est synonyme de sérieux. Le travail, la sexualité, tout doit être sérieux, sérieux, sérieux! Mais la vie n'est pas limitée aux seules affaires sérieuses. Elle est gaie. Et le jeu entraîne un sentiment de bien-être.

Malheureusement, la gravité, apanage des adultes, a pris de telles proportions dans le domaine sportif que jouer pour le simple plaisir est presque impensable de nos jours. Il nous faut toujours battre quelqu'un, briser un record.

Il y a quelque temps, Jack Horn reprenait, dans *Psychology Today*, un article sur les programmes en vigueur dans les ligues mineures, aux États-Unis. Selon celui-ci, plus de quatre-vingt-quinze pour cent des jeunes affirmaient ne chercher qu'à s'amuser et un pourcentage inattendu de soixante-quinze pour cent déclaraient préférer jouer avec une équipe perdante plutôt que d'user leurs fonds de culotte sur les bancs; les instructeurs, pour leur part, se croyaient obligés de réunir la meilleure équipe possible. Mais cette meilleure équipe, a-t-on découvert, était essentiellement le fruit des pressions des parents. Le quart des enfants et le tiers des instructeurs s'étaient plaints des pressions très fortes qu'ils subissaient de la part des parents.

### L'honnêteté, victime de représailles

Un incident survenu dans la ville de Virginia Beach et dévoilant des procédés malhonnêtes envers de jeunes joueurs de football âgés entre dix et douze ans prouve, une fois de plus, que les jeux des enfants sont beaucoup trop importants pour qu'on puisse laisser certains adultes s'en occuper.

Frederick Talbott, reporter au *Ledger-Star* de Norfolk, avait révélé que onze des vingt-six membres d'une équipe — qui n'avait subi aucune défaite durant deux ans — étaient soit trop vieux (certains ayant quinze ans), soit trop jeunes ou encore n'habitaient pas à Virginia Beach. Le pot aux roses avait été découvert lorsque madame J.A. Cox avait refusé d'écouter un instructeur qui lui demandait de falsifier la date de naissance de son fils sur le formulaire d'inscription. "Nous avons reçu cinq coups de téléphone anonymes où l'on nous menaçait de mort", déclara madame Cox. La mère d'un des joueurs de la ligue envoya même une bande de voyous rosser le jeune Cox, mais celui-ci put se réfugier chez lui et ses parents appelèrent la police.

"C'est absolument incroyable si l'on pense qu'il s'agit d'un jeu pour les enfants", remarqua Nick Sessoms, l'un des responsables du Service de la récréation, qui prit part à l'enquête menée par la ville. L'affaire avait eu des conséquences très graves pour les enfants, qu'ils fissent partie de l'équipe ou non. On leur avait fait respecter un code où tricher était un acte louable et mentir très bien vu, du moment qu'il s'agissait de quelque chose d'aussi important que de perdre ou de gagner. Fletcher Bryant, qui avait mis la ligue sur pied en 1962, était hors de lui: "C'est le premier contact que la plupart de ces enfants ont avec les sports organisés."

Un banquet eut lieu en l'honneur de l'équipe prise en défaut, au cours duquel on assura aux convives que les Courthouse Knights (c'était son nom) demeuraient les champions. L'instructeur en chef, Frank Brunell, affirma ignorer que onze des membres de son équipe n'auraient pas dû en faire partie. Néanmoins, lui-même et trois de ses collègues se virent interdire à jamais le droit de diriger des équipes relevant du Service de la récréation, à Virginia Beach.

Comment s'étonner, après ça, que notre conception du jeu soit totalement faussée lorsque nous parvenons à l'âge adulte! Nous avons besoin de nous rappeler que le jeu est source de plaisir.

Même s'il ne vous est pas possible de consacrer, quotidiennement, deux heures au jeu, il n'en demeure pas moins que vous pouvez conserver une attitude enjouée tout au long de la journée. Être enjoué ne vous empêchera nullement d'être triste, réfléchi ou compréhensif. Mais celui qui est psychologiquement en forme a, envers la vie, une attitude imprégnée de gaieté. Du coup, le travail devient moins pénible et la vie plus amusante. Quant aux problèmes, même les plus sérieux, ils cessent d'appartenir au domaine de l'insolubilité.

S'il vous est arrivé de visiter un hôpital psychiatrique, vous avez sûrement remarqué, dès le pas de la porte, à quel point tout le monde a l'air sombre et abattu. Mais si vous avez affaire à un groupe de personnes en bonne forme psychologique, c'est l'impression contraire qui s'en dégage: ils sont tous enjoués. Pareille attitude est inhérente à une bonne condition psychologique; elle signifie que les problèmes ne passent plus avant tout le reste. Ce sont vos forces qui constituent votre principe directeur, ce qui vous remplit d'aise. Du moment que vous faites ce qui vous convient, vous vous sentez enjoué.

## Le jeu

<table>
<tr><td></td><td></td><td>OUI</td><td>NON</td></tr>
<tr><td>1.</td><td>Aimez-vous le sport?</td><td>___</td><td>___</td></tr>
<tr><td>2.</td><td>Aimez-vous les jeux de société (cartes, etc.)?</td><td>___</td><td>___</td></tr>
<tr><td>3.</td><td>Aimez-vous participer à des jeux comportant une certaine forme de compétition?</td><td>___</td><td>___</td></tr>
<tr><td>4.</td><td>Aimez-vous les jeux où il n'y a pas de compétition?</td><td>___</td><td>___</td></tr>
<tr><td>5.</td><td>Jouez-vous bien avec des partenaires?</td><td>___</td><td>___</td></tr>
<tr><td>6.</td><td>Jouez-vous au moins trois fois par semaine?</td><td>___</td><td>___</td></tr>
<tr><td>7.</td><td>Avez-vous une bonne opinion de vous-même en tant que joueur?</td><td>___</td><td>___</td></tr>
<tr><td>8.</td><td>Possédez-vous les habiletés nécessaires pour jouer aussi bien que vous le souhaitez?</td><td>___</td><td>___</td></tr>
<tr><td>9.</td><td>Jouez-vous aussi souvent que vous le désirez?</td><td>___</td><td>___</td></tr>
</table>

10. Votre façon de jouer vous *satisfait-elle* davantage qu'à d'autres époques de votre vie? ___ ___

TOTAL ___ ___

*Si vous avez obtenu entre 8 et 10 oui, vous êtes un champion du jeu.* Cela signifie que vous possédez une force qui est votre capacité de jouer et d'être enjoué. Il vous reste à admettre ce fait et à vous servir de cet atout pour développer d'autres secteurs plus faibles. Votre résistance aux maladies psychiques augmentera au même rythme que votre capacité de jouer. Vous regardez les événements d'un point de vue différent, celui du jeu. Enfin, vous ne devez pas perdre de vue le fait qu'une attitude enjouée doit se traduire dans les faits et que vous devez prendre le temps de jouer.

Examinez attentivement les questions auxquelles vous avez répondu par la négative et demandez-vous comment vous pourriez changer ces non en oui.

Comment pourriez-vous développer vos secteurs de vie qui sont faibles en faisant intervenir vos forces au jeu? Par exemple, avez-vous répondu affirmativement à la question 3 et à la question 4? Le fait de n'aimer qu'une seule forme de jeu limite votre comportement. Par contre, si vous avez répondu oui dans l'un et l'autre cas, voyez comment vous pourriez mettre à profit votre amour de la compétition dans le travail ou dans tout autre secteur qu'il vous faut développer. Et si les jeux sans compétition vous attirent, servez-vous de ce facteur pour améliorer votre vie sexuelle. Utilisez vos forces au jeu pour développer une attitude enjouée. Votre moi intime et votre moi extérieur sont suffisamment proches l'un de l'autre pour que ce secteur de vie constitue une force pour vous.

*Si vous avez obtenu de 4 à 7 oui, vous êtes un joueur du dimanche.* Vous êtes loin d'être en forme, du moins en ce qui a trait au jeu. Cette lacune comporte de sérieuses conséquences; elle démontre votre faiblesse dans un domaine qui déborde sur plusieurs autres secteurs de votre vie. Lisez attentivement les directives suivantes.

1. La première chose qui s'impose dans votre cas, c'est de trouver le temps de jouer. Vous n'apprendrez jamais à jouer si vous n'en prenez pas le temps. Les non-joueurs affirmeront sans hésitation qu'ils n'ont pas un moment de libre, qu'ils sont trop occupés. Or, si vous ne *jouez* pas, c'est votre condition psychologique qui s'en trouvera compromise. Au début, lorsque vous recommencerez enfin à jouer, vous risquez de vous sentir gauche. N'en tenez pas compte et prévoyez au moins trois périodes par semaine pour des activités de jeu.

2. Rappelez-vous comment vous jouiez lorsque vous étiez petit. Vous souvenez-vous comment vous vous sentiez bien lorsque vous pouviez jouer longtemps, en y mettant toutes vos énergies? Et, à la fin de vos ébats, vous étiez détendu, rempli d'une paix intérieure. Vous ne vous contentiez pas de penser ou de travailler. Vous étiez physiquement épuisé et en grande forme. Les adultes que nous sommes ont trop souvent tendance à oublier ces sensations physiques. Le jeu exige la participation du corps tout entier. Le "Monopoly" est loin de remplir ce rôle; c'est pourquoi votre activité ludique doit englober les sports. Il est également insuffisant de vous mettre à courir à droite et à gauche. Vous devez apprendre à jouer paisiblement. Le jeu est l'une des rares activités auxquelles nous pouvons nous consacrer dans le seul but d'avoir du plaisir. Quand vous aurez prévu du temps pour jouer, tâchez de vous trouver un partenaire. Contentez-vous de jouer, tout simplement. Quelque activité que vous ayez choisie, conservez-lui sa qualité de jeu, n'en faites pas un travail. Enfin, si un jeu ou un sport vous passionne vraiment, n'hésitez pas: vous avez toute la vie devant vous pour apprendre à y exceller.

3. Voyez quelle est votre conception du jeu. Si vous avez obtenu 4 ou 5 points, celle-ci est vraiment atrophiée. Vous

faites probablement partie de cette catégorie de personnes qui clament bien haut: "Si je prends des vacances, je n'ai qu'un désir: retourner bien vite au travail." Si c'est le cas, multipliez les occasions de jouer. Cela fera de vous un meilleur travailleur, un meilleur amant et un meilleur ami. Et, ce qui importe avant tout, vous vous sentirez beaucoup mieux. Vos deux moi partageront les mêmes jeux. Plus vous jouerez, plus votre vie tout entière sera chargée de signification. Et vous pourrez tracer, en jouant, la voie qui mène à la mise en forme psychologique.

*Si vous avez obtenu de 1 à 3 oui, vous êtes un spectateur.* Les dynamiques de votre personnalité fonctionnent au ralenti dans le domaine du jeu.

1. Réfléchissez aux secteurs de votre vie qui constituent vos forces. Choisissez trois habiletés que vous maîtrisez particulièrement bien et voyez comment vous pourriez les utiliser pour développer vos muscles ludiques atrophiés.

2. Allez visiter une résidence pour personnes âgées ou, sinon, observez-les dans un parc. Demandez-vous si vous voulez devenir un vieillard, physiquement et mentalement, ou si vous ne préféreriez plutôt pas devenir une personne âgée enjouée. Ne vous dissimulez pas les conséquences de votre faiblesse au niveau du jeu. Si vous ne commencez pas à jouer maintenant, ce n'est ni l'année prochaine ni la suivante que vous apprendrez miraculeusement à le faire.

3. Dressez une liste de tous les sports ou jeux qui pourraient vous intéresser; ne vous limitez pas. Puis, choisissez-en un qui vous attire vraiment et commencez dès demain. Peu importe *comment* vous débuterez; la seule chose qui compte, c'est que vous *le* fassiez.

Si vous avez obtenu un résultat aussi faible en vous évaluant, vous êtes en proie à un conflit lourd de conséquences. Le désaccord entre votre moi intime et votre moi extérieur vous fait vieillir plus rapidement que la normale, ce qui est très mauvais pour votre organisme. Vous êtes incontestablement mal en point. Cette faiblesse a des répercussions sur toute votre vie, sans que vous en soyez conscient. Passez à l'action immédiatement!

## Question-clé

*Aimez-vous jouer lorsqu'il y a de la compétition?* Bien des gens évitent la compétition alors que d'autres s'y livrent sans aucun plaisir. Votre personnalité ne peut que bénéficier de la compétition, du moment que celle-ci comporte un élément indispensable: le plaisir. Plus vous vous amusez, mieux c'est. Si vous savez apprécier les talents et la stratégie de vos adversaires, vous serez en mesure de toucher vos forces du doigt et de mieux voir comment changer vos faiblesses en atouts.

Inversement, si, dans ce type de jeu, vous détestez vos adversaires et perdez de vue l'esprit même du jeu, vous ne pouvez éprouver aucun plaisir. Apprenez à jouer uniquement pour le plaisir de le faire. Un désir intense et la concentration sont excellents pour votre personnalité, surtout dans un contexte ludique. Mais si vous considérez le jeu selon une autre optique, si vous estimez devoir gagner à tout prix, vous avez alors cessé de jouer.

Vous pouvez introduire la compétition dans n'importe quel jeu. Plus vous vous familiariserez avec elle, plus elle vous sera agréable. À force de pratiquer un sport ou un autre, vous serez davantage en mesure d'apprécier le génie de ceux qui en ont fait une profession, qu'il s'agisse du ballet classique ou du basketball.

## Les guides du rendement
## maximal dans le jeu

*Le sentiment:* Concentrez-vous sur tout votre corps. Le plaisir ressenti en jouant vous envahit des pieds à la tête. Il est lié à toutes ces sensations agréables que nous éprouvions lorsque nous étions petits. Exprimez celles-ci et partagez-les.

*L'image:* Acquérez l'esprit du jeu, c'est-à-dire une attitude enjouée. Si certains des plus grands athlètes professionnels ont choisi de faire ce métier, ce n'est pas uniquement pour les cachets qu'ils touchent, c'est parce qu'ils aiment jouer. Lisez tout ce qui s'écrit à leur sujet et inspirez-vous de leur attitude.

*La pensée:* C'est très simple: pensez au plaisir. Tout le temps. Ne vous perdez pas en considérations graves et pesantes. *Pensez en termes de plaisir.*

Laissez ces guides vous aider à retrouver un peu de la gaieté qui vous animait quand vous étiez jeune. Rien ne vous oblige à vieillir aussi rapidement que vous vous croyiez tenu de le faire.

# Deuxième semaine — dixième jour
# Pour un rendement maximal
# dans les relations

Nous allons mettre l'accent sur vos relations avec vos amis, mais les idées que nous vous proposerons sont valables pour tous les types de rapports. Il s'agit maintenant pour nous de vous aider à rendre vos relations plus fonctionnelles, à les multiplier et à en retirer le maximum possible. L'un des points les plus importants qu'il vous faut savoir à propos des relations, c'est qu'elles sont indispensables à tout ce qui vit et respire. Personne ne peut être psychologiquement en forme en vivant dans une solitude impénétrable. Vos interactions sont à la base même des cinq concepts-clés de la mise en forme.

Nous verrons, en premier lieu, les relations avec tout le monde en général et avec les amis. Nous passerons ensuite aux relations avec l'amant et enfin, dans la dernière section, nous aborderons les relations sexuelles. Dans chacun des cas, nous étudierons vos attitudes psychologiques et la façon de les renforcer.

L'élément magique, au niveau des relations, n'est pas le fait — les relations comme telles —, mais l'action — nouer des relations. Quand nous rencontrons quelqu'un, nous bâtissons une relation. Nous obtenons un feed-back, nous enregistrons des oui et des non; nous nous méritons des félicitations et des blâmes. Si nous n'entretenions pas des rapports avec les autres, notre personnalité deviendrait flasque et banale. Les relations nous fournissent l'occasion de tester nos idées, de satisfaire nos besoins aussi bien physiques qu'affectifs, de donner sa pleine dimension à notre qualité d'être humain.

Nous avons constaté que la plupart des gens n'utilisent pas leurs relations à fond, mais seulement par à-coups. Les exercices suivants vous permettront d'apprendre à utiliser vos relations, de telle sorte que votre personnalité y gagnera à la fois en force et en souplesse.

## Quel résultat avez-vous obtenu au moment de votre examen de routine?

### Les relations

|  | OUI | NON |
|---|---|---|
| 1. Retirez-vous du plaisir de vos amitiés? | ___ | ___ |
| 2. Avez-vous confiance en vos amis et pouvez-vous vous compter sur eux, si besoin est? | ___ | ___ |
| 3. Vos amis ont-ils confiance en vous et peuvent-ils compter sur vous, le cas échéant? | ___ | ___ |
| 4. Voyez-vous vos amis régulièrement (au moins trois fois par semaine)? | ___ | ___ |
| 5. Avez-vous des amis intimes de l'un et l'autre sexe? | ___ | ___ |
| 6. Avez-vous des amis de longue date (soit depuis au moins trois ans)? | ___ | ___ |

7. Avez-vous une bonne opinion de votre capacité à vous faire des amis et à les conserver? ⸻ ⸻

8. Est-ce que les autres jugent satisfaisante votre habileté à vous faire des amis et à les conserver? ⸻ ⸻

9. Êtes-vous satisfait de vos amitiés? ⸻ ⸻

10. Avez-vous les capacités nécessaires pour vous faire des amis et les conserver, aussi bien que vous le souhaiteriez? ⸻ ⸻

TOTAL ⸻ ⸻

*Si vous avez obtenu de 8 à 10 oui, vous êtes un champion des relations.* Cela signifie que vous avez développé les forces nécessaires pour bâtir, conserver et utiliser vos relations à bon escient. Il est primordial que vous continuiez à vous en servir. Et puisque vous avez passé l'épreuve haut-la-main, vous n'avez besoin que de quelques exercices pour étirer votre personnalité et vous maintenir en forme.

1. Asseyez-vous avec un ami et confiez-lui quatre des peurs secrètes que vous entretenez à votre propre égard. Ce faisant, ne perdez pas de vue qu'il faut un certain courage pour se livrer ainsi.

2. Profitez d'une autre occasion pour révéler à un ami (le même que lors du premier exercice, de préférence) que vous aimeriez le voir modifier quatre de ses traits de caractère. Mais *ne vous montrez pas* négatif. Au contraire, assurez-le de votre appui.

3. Ce troisième exercice s'étale sur une période d'un mois. Entendez-vous avec un ami pour tenir, quotidiennement,

un journal vivant. Chaque soir, bavardez pendant au moins dix minutes et confiez-vous ce que vous avez pensé et ressenti durant la journée.

Les forces que vous possédez au niveau des relations peuvent vous être utiles dans d'autres secteurs de votre vie. Quelque soit le domaine où vous accusez une certaine faiblesse, apprenez à le renforcer en demandant à ceux de vos amis pour qui il s'agit d'une force, de vous montrer comment procéder. C'est de cette façon que vous pourrez dépasser une faiblesse grâce à votre maîtrise des relations.

Votre résultat élevé signifie que votre moi intime connaît les avantages d'une relation positive. Continuez de développer cet atout, votre vie tout entière s'en trouvera changée. Vous devez, pour cela, faire appel à toutes vos ressources; ce faisant, vous parviendrez à une connaissance plus intime de vous-même. Plus nous nous ouvrons aux autres, plus ils nous connaissent et plus nous savons à quoi nous en tenir à notre propre sujet.

*Si vous avez obtenu de 4 à 7 oui, vous êtes un amateur.* Cela veut dire que, dans l'ensemble, vos relations ne sont positives que lorsque tout va bien. Vos principales lacunes se situent au niveau de la consistance, de la profondeur et de la persistance. Pour devenir davantage en forme, psychologiquement, vous devez apprendre à vous montrer consistant avec vos amis et votre entourage. Il faut qu'on puisse compter sur vous et avoir confiance en vous. En parlant plus souvent et en faisant preuve de plus de sensibilité et de lucidité, vous pourrez approfondir et intensifier votre habileté d'expression. Si vous avez du mal à vous livrer, faites appel à vos amis pour qu'ils vous enseignent à parler davantage, en leur demandant sans détour : "Montre-moi de nouvelles façons de m'exprimer."

Enfin, il vous faudra mettre l'accent sur la persistance. Si l'un de vos amis n'est pas en forme, ne le laissez pas livré à lui-même ou ne le bombardez pas de conseils clichés. Aidez-le à trouver une issue. Dans le même ordre d'idées, quand il se sent en grande forme, partagez son allégresse.

Vous constaterez que, lorsque vos relations sont consistantes, profondes et persistantes, vous vous sentirez parfois gauche  sans savoir quoi faire. C'est que vous êtes en train d'exercer votre résistance et vos muscles psychologiques. Cela signifie que vous êtes allé plus loin que jamais auparavant et c'est justement ainsi que vous parviendrez à une meilleure forme psychologique.

Étant donné que vous avez suffisamment de relations et que vos échanges sont assez fréquents, nous ne vous prescrirons pas d'exercices. Néanmoins, soyez bien conscient du fait que vous ne profitez pas de toutes les occasions qui vous sont données d'approfondir vos contacts.

Le désaccord qui existe entre votre moi intime et votre moi extérieur crée une situation de conflit. Vous entrez en relation, puis vous fuyez. Ceci signifie que, souvent, votre moi intérieur sait ce qu'il veut, mais que votre moi extérieur ne sait pas comment faire. Vous avez besoin de développer vos habiletés à entrer en relation. N'oubliez pas d'utiliser chaque occasion que vous aurez d'exercer ces habiletés.

*Si vous avez obtenu de 1 à 3 oui, vous avez le potentiel nécessaire pour développer un nouvel aspect de votre vie.* Vous vous conduisez en spectateur. Il est à peu près certain que vous êtes très mal en point dans ce secteur. L'exploitation de cette dynamique aura de profondes répercussions sur votre bien-être. Une personne qui a des amis n'est jamais seule. Elle peut s'appuyer sur quelqu'un pour atténuer ses déceptions, pour l'aider à faire face à la réalité, pour partager ses joies.

La toute première étape consiste à découvrir qui vous aimez le plus au monde. Ce pourra être votre mère, votre père, votre frère, votre soeur, votre voisin de palier ou le facteur. Le seul critère, c'est que vous l'aimiez. Quand vous aurez trouvé cette personne, il vous restera à apprendre que les relations n'ont rien de spontané, mais qu'elles s'édifient, jour après jour. Voici ce que vous devrez faire pour amorcer une relation avec la personne de votre choix.

1. Demandez-lui de vous raconter tout ce qui va bien dans sa vie.

2. Parlez de vos enfances respectives. Il ne s'agit pas de remuer des souvenirs, mais plutôt de vous interroger mutuellement sur les croyances, les valeurs et les comportements hérités de votre enfance.

3. Fixez-vous comme objectif de bavarder quotidiennement avec cette personne, mais en sortant des sentiers battus. Plus vous passerez de temps ensemble, plus votre relation sera solide. Et, au fur et à mesure que vous vous sentirez davantage en confiance, offrez-vous le plaisir de lui parler des petites inquiétudes et des craintes, des espoirs et des désirs que vous auriez, normalement, tenu secrets. Si vous vous montrez honnête et tenace, vous ne tarderez pas à découvrir que vous vous êtes fait un ami.

Il existe peu de domaines qui aient autant d'importance pour votre bien-être général que celui des relations. Votre résultat très faible est la preuve d'un désordre au niveau de votre moi intime, de votre moi extérieur et de votre habileté à les réunir. N'hésitez pas à permettre à votre moi intime de s'extérioriser.

Il s'agit d'une priorité absolue, dans votre cas. Votre capacité à surmonter les crises et à conserver votre identité est gravement ébranlée par cette faiblesse.

## Question-clé

*Êtes-vous satisfait de vos amitiés*? Bien des gens avec qui nous avons bavardé ont des amis, mais ils rabaissent leurs relations d'un "Bah! c'est tout de même mieux que rien" désabusé. Or ça, ce n'est pas sûr du tout. La solitude est souvent l'occasion d'approfondir sa connaissance de soi-même, de donner plus de profondeur à l'expérience, ce qui n'est pas le cas avec une amitié médiocre. Une véritable amitié réunit profondeur et qualité. Une amitié satisfaisante est celle qui comble vos besoins à ce niveau. Si vous ne retirez aucun agrément de vos relations, vous ne pouvez utiliser les forces de votre personnalité pour obtenir ce que vous désirez. L'amitié doit vous fournir l'opportunité d'explorer vos faiblesses et d'intensifier vos forces. Fondamentalement, un ami, c'est quelqu'un avec qui vous pouvez être vous-même et auprès de qui vous pouvez changer.

Ils ne sont pas si rares ceux qui n'entretiennent de relations qu'avec les gens qu'ils connaissent intimement et dont ils se soucient. Ce faisant, ils se privent eux-mêmes de l'expérience dont ils bénéficieraient en rencontrant d'autres personnes, à différents niveaux. Il ne s'agit tout de même pas de mettre son âme à nu chaque fois qu'on croise quelqu'un. Vous pouvez fort bien entretenir des liens avec le quincaillier du quartier. Ne vous contentez pas d'acheter ce qu'il vous faut, achetez-le de quelqu'un. Si vous allez souvent au même restaurant, faites la connaissance de son propriétaire. Présentez-vous et dites-lui pourquoi son établissement vous plaît. Les gens veulent savoir ce que pensent les autres. Et cela fait chaud au coeur d'entrer dans un magasin où l'on vous reconnaît. Vous pouvez faire de la plus grande ville au monde un lieu de rencontres multiples où vous ne vous sentirez jamais perdu. Votre bien-être augmentera en proportion des liens que vous aurez su nouer. Cela ne dépend que de vous.

## Les guides du rendement maximal dans les relations

*Le sentiment:* La principale impression que vous retirez d'une relation est celle d'un contact solide. Si vous éprouvez un sentiment de cohésion et de confiance mutuellement avec quelques-uns de vos amis, vous pouvez être certain, dans ce cas, d'avoir établi le genre de contact indispensable à une bonne relation.

*L'image:* Un édifice dépourvu de fondations ne tarderait pas à basculer pour n'être plus qu'un énorme monceau de débris. Il en ira de même de vos relations si vous ne leur assurez pas des bases inébranlables. Pensez à un grand édifice, construit selon les règles de l'art — c'est ce que vous recherchez.

*La pensée:* Appuyez-vous sur cette pensée: "J'ai besoin d'amis, de m'entourer de gens qui m'aideront comme je les aiderai." Et n'allez pas croire que les ermites sont psychologiquement en forme.

Bâtissez vos relations en vous inspirant de ces guides. Mettez-les en pratique dès aujourd'hui et n'hésitez pas à vous en servir continuellement.

## Deuxième semaine — onzième jour
## Pour un rendement maximal en amour

Nous nous sommes aperçus que les gens accroissent leur capacité d'aimer quand ils se sentent psychologiquement en grande forme. En tout premier lieu, ils apprennent à s'aimer. Celui qui est incapable d'amour envers lui-même se montre aigri et cruel à son propre endroit autant qu'envers les autres. Si vous vous traitez avec dureté, il y a fort à parier que vous finirez par adopter le même comportement négatif vis-à-vis de votre entourage.

Inversement, lorsqu'une personne s'aime, aimer les autres lui devient une attitude naturelle et spontanée. Au fur et à mesure que vous devenez psychologiquement en meilleure forme, vos sentiments d'amour grandissent en vous pour, peu à peu, s'étendre aux autres. Vous remarquerez, alors, à quel point l'amour aplanit tout. Vous serez moins intransigeant à votre égard, vous laisserez le champ libre à ceux qui vous entourent pour leur permettre de se réaliser, vous les apprécierez davantage et vous saurez les aider à évoluer sans les critiquer. Plus vous apprendrez à aimer, plus les gens se sentiront attirés par vous, ce qui, tout compte fait, ne pourra que vous être bénéfique. Votre puissance, votre influence augmenteront parce que les autres auront davantage confiance en vous, sachant fort bien que vous ne les décevrez pas.

Lorsque votre aptitude à aimer augmente simultanément, vous devenez capable d'aimer une personne. Vous découvrirez que vous pouvez vous donner en amour à une personne en particulier d'une façon nouvelle, plus profonde. Vous découvrirez la réelle signification de trouver l'amour, de rester en amour et d'aimer être amoureux.

Le fait de vivre un amour partagé et d'avoir une attitude aimante a des répercussions dans tous les secteurs de votre vie. Votre personnalité s'en trouve modifiée du tout au tout. Vous travaillez mieux, votre vie sexuelle s'améliore, vous jouez avec plus de plaisir, vos relations sont plus enrichissantes, parce que l'amour vous a appris à donner à la fois de vous-même et à vous-même.

## Quel résultat avez-vous obtenu au moment de votre examen de routine?

### L'amour

|  | OUI | NON |
|---|---|---|
| 1. Aimez-vous avoir des contacts physiques avec votre amant(e)? | —— | —— |
| 2. Êtes-vous, vous et votre amant(e), des amis très proches? | —— | —— |
| 3. Partagez-vous vos pensées les plus intimes avec votre amant(e)? | —— | —— |
| 4. Confiez-vous vos sentiments les plus profonds à votre amant(e)? | —— | —— |
| 5. Avez-vous déjà eu une relation amoureuse prolongée (pendant au moins trois ans)? | —— | —— |
| 6. Avez-vous une bonne opinion de votre capacité actuelle d'aimer? | —— | —— |

7. Les autres ont-ils une bonne opinion de votre capacité d'aimer? ____ ____

8. Êtes-vous satisfait de votre relation amoureuse? ____ ____

9. Possédez-vous les habiletés interpersonnelles requises pour vivre une relation amoureuse satisfaisante? ____ ____

10. Avez-vous une opinion positive de votre potentiel comme amoureux(se)? ____ ____

TOTAL ____ ____

*Si vous avez obtenu de 8 à 10 oui, vous êtes un amant*; nous pourrions même vous qualifier d'expert en ce domaine.

1. Demandez-vous si vous utilisez vraiment à fond vos dynamiques d'expression, de sentiment, d'activité, de lucidité et de contact. Pour pouvoir répondre, il vous faut admettre que vous aimez. Ce faisant, abandonnez-vous à ce sentiment et ne le laissez pas s'effacer. Même lorsque vous vous disputez avec votre amant — ce qui est parfois salutaire —, ne perdez jamais de vue que vous l'aimez.

2. Une franche querelle peut étirer et renforcer votre personnalité. Arrangez-vous pour avoir un solide match verbal avec votre amant. Hurlez à pleins poumons combien vous vous aimez, lancez-vous mutuellement par la tête tous les traits de caractère qui vous plaisent chez l'autre.

3. Étendez votre capacité d'aimer aux autres secteurs de votre vie, surtout s'ils sont peu développés. Au lieu de souligner vos faiblesses, aimez vos forces latentes. Parlez avec votre amant de celles que vous voulez développer.

L'amour rend les êtres meilleurs et plus profonds. Laissez l'amour vous changer. L'amour — quand vous le poursuivez et vous le voulez — est un nouvel état de conscience et une nouvelle réalité. Servez-vous de l'amour parce qu'il a besoin de croître.

*Si vous avez obtenu de 4 à 7 oui, voici l'occasion de modifier le tonus et le sentiment de toute votre vie.* Votre conscience amoureuse se manifeste par saccades et vous refusez de vous y abandonner complètement. Vous êtes un *amoureux du dimanche.* Il vous arrive d'exercer votre capacité d'aimer, mais pas assez souvent pour pouvoir établir une relation telle qu'elle vous pousserait, vous et votre partenaire, à évoluer.

1. Consacrez dix minutes par jour à bavarder de tout ce que vous voulez avec votre amant. Vous pourrez amorcer la conversation avec des sujets terre à terre, puis poursuivre en parlant de vos besoins et désirs personnels.
2. Admettez, quotidiennement, que vous voulez être amoureux. Parlez de votre amant à vos connaissances, avec vos amis. Parlez de votre amour. Ce faisant, vous apprendrez à aimer.
3. Demandez, une fois par jour, à votre amant de faire quelque chose pour vous et rendez-lui la pareille.
4. Si vous souhaitez très sérieusement apprendre à aimer, passez alors une heure, chaque soir, à parler au lit avec la personne que vous aimez. Éteignez la télévision et contentez-vous de bavarder, de vous toucher, de vous "rendre visite". Faites-le consciencieusement pendant toute l'heure. L'amour se bâtit chaque jour. C'est à cette condition seulement qu'il deviendra le fondement de votre vie.

L'amour doit être vécu. Si vous restez planté là, à attendre de voir d'où vient le vent, vous risquez de prendre racines. L'apprentissage de l'amour implique l'apprentissage des habiletés psychologiques, émotionnelles et interpersonnelles. Votre moi intime vous conseille "vas-y", tandis que votre moi extérieur demande "comment?" Vous devez admettre ce que vous désirez le plus intensément et prendre les moyens de l'obtenir.

*Si vous avez obtenu entre 1 et 3 oui, vous êtes un specta-*
*teur de l'amour.* Peut-être y a-t-il quelqu'un dans votre vie,
mais vous ne voyez en cette relation qu'une source de fantasmes.

1. Dressez la liste de tout ce que vous attendez d'une relation
   amoureuse: "Je veux..."
2. Interrogez-vous sur votre force réelle dans le domaine des
   relations. Celles-ci ne font-elles qu'avorter après avoir
   connu une certaine ampleur? Comment mettez-vous,
   généralement, fin à une relation? Énumérez les prétextes
   que vous utilisez pour cesser une relation amoureuse.
3. Amorcez une relation amoureuse sur-le-champ. Choisissez, pour ce faire, la personne que vous aimez le plus et
   dont vous pourriez, éventuellement, devenir amoureux.
   Cette relation, dans le cas présent, ne suppose nullement
   des rapports sexuels.
4. Rendez visite une fois par semaine à une personne que
   vous respectez pour ses habiletés à aimer et à entretenir
   des liens d'amitié. Qu'elles vous serve de professeur; il est
   parfois plus facile de développer ses propres habiletés en
   prenant modèle sur quelqu'un.

Vous traversez une phase critique. C'est l'amour qui nous
donne le sens de nous-même, de notre bonté et, de notre
appartenance. Votre moi intime est perturbé par vos actions. Et
votre incapacité vous pèse lourdement. Reconnaissez lucide-
ment, jour après jour, que "je veux aimer".

Quand les gens pensent à l'amour, ils s'imaginent, pour la
plupart, qu'il s'agit d'une espèce d'état magique qu'on appelle
"être amoureux", auquel on succombe et dont on peut se
libérer. Vous pouvez devenir amoureux de quelqu'un en particulier — de quelqu'un à qui vous donnerez tout de vous-même
—, mais une seule et unique personne ne suffit pas, loin de là.
Le domaine enchanté de l'amour a constamment besoin de
reculer ses frontières, il lui faut toujours plus d'espace. Si vous
n'aimez qu'une personne, votre attachement deviendra la cible
de tout ce qu'il peut y avoir de bon et de mauvais dans votre

vie. L'amour a besoin de s'appuyer sur un autre amour. Les hommes ont besoin d'aimer d'autres hommes, et les femmes, d'autres femmes. Les hommes ont besoin d'aimer d'autres femmes et les femmes, d'autres hommes. Les adultes ont besoin d'aimer les enfants, et les enfants, des adultes qui ne soient pas leurs parents. Les liens se tissent entre ceux qui peuvent donner de l'amour et en recevoir. C'est, véritablement, le prolongement de l'amitié. Toute personne qui aime et est aimée voit son amour croître et se fortifier.

L'amour se nourrit de tous les gestes que vous faites et de toutes les actions que vous entreprenez pour lui donner vie. Tout comme un arbre, il modifie, en grandissant, le paysage de votre personnalité.

## Question-clé

*Êtes-vous satisfait de votre relation amoureuse?* Si vous répondez par un non à cette question, cela signifie que vous n'utilisez pas les dynamiques de votre personnalité pour aider votre amour à prendre de l'ampleur. Tout bien considéré, l'amour consiste à partager son temps avec quelqu'un qui le partage en retour. C'est pourquoi il est si important d'être en bonne condition psychologique, sinon on n'aurait que ses faiblesses à offrir en partage. Et, tandis que votre personnalité devient plus apte, vous vous apercevez que vous êtes animé d'un amour sans limite que vous pourrez partager, votre vie durant.

Trop de gens oublient que l'amour s'exprime par un verbe, riche d'action, qui nous fournit le contact dont nous avons besoin pour mener une vie pleine et satisfaisante. Nous sommes tous naturellement amoureux. Soyez vous-même, soyez amoureux de votre vie.

## Les guides du rendement maximal en amour

*Le sentiment:* L'élément-clé de l'amour est sa profondeur. L'amour est une forme d'amitié extrêmement profonde, tellement même que tout ce que fait l'être aimé vous touche instantanément. Soyez conscient de la profondeur de votre relation amoureuse.

*L'image:* Pensez à deux de vos amis ou à un couple que vous connaissez et dont les partenaires s'aiment beaucoup. Soyez attentif à leur style de contact, à leur façon de se parler. Retenez cette image pour qu'elle vous serve d'inspiration.

*La pensée:* "L'amour a besoin d'être vécu et ressenti." Laissez-vous guider par cette pensée quand vous avez une relation amoureuse et faites en sorte qu'elle se reflète dans toutes vos actions, chaque fois que vous vous trouvez avec quelqu'un que vous aimez.

# Deuxième semaine — douzième jour
# Pour un rendement maximal
# dans votre vie sexuelle

Avant même de parler aux gens d'habiletés sexuelles spécifiques, nous les aidons à découvrir leurs sentiments. Pas seulement ceux qui se rattachent à la sexualité, mais tous ceux qu'ils éprouvent, quelle qu'en soit l'origine. Quand une personne devient intime avec ses propres émotions, elle devient apte à vivre des expériences d'intimité. L'acte sexuel est, avant tout, un acte d'intimité affective; ce n'est un acte physique qu'en second lieu. Or, si vos sentiments vous sont une source de malaise, vous serez incapable de vivre pleinement votre sexualité.

Pour la majorité des gens, le sexe est quelque chose qui se passe entre deux personnes engagées dans une activité génitale. Si c'était vrai, nous ne serions des êtres sexués que par intermittence, des robots munis d'organes génitaux, en quelque sorte. Lorsque les gens sont incapables de saisir toute la dimension de leur sexualité, ils éprouvent beaucoup de difficultés à la laisser s'épanouir.

Le développement sexuel est aussi indispensable que le développement intellectuel, le développement physique et le développement moral. Tout retard à ce niveau se répercute négativement sur les autres secteurs de votre vie. L'épanouissement sexuel vous permet de vivre une association affective prolongée avec la personne que vous aimez. Il vous permet de conserver toute son intensité à votre désir, de décupler votre capacité à vivre en être honnête et vulnérable.

Le désir est la base de l'épanouissement sexuel. L'aspect le plus déconcertant de la sexualité tient au fait que le désir grandit et diminue presque de lui-même. S'il est intense, il vous fait tout voir avec les yeux d'un amant et tout devient excitant; quand il s'émousse, par contre, vous n'éprouvez plus, assez souvent, qu'amertume et froideur vis-à-vis de la personne que, hier, vous chérissiez.

Si vos sentiments sexuels ne vous permettent pas de vivre cette sexualité pendant l'acte lui-même et tout au long de la relation que vous entretenez avec quelqu'un, vous expérimenterez un problème sexuel.

L'homme n'est pas impuissant tout seul. Il l'est avec une femme. Et une femme ne peut être frigide en tête à tête avec elle-même. Elle est frigide avec un homme. Étant donné que la sexualité met deux personnes en cause, il est indispensable que l'aptitude sexuelle se développe entre ces deux personnes.

Certains trouveront étrange que, à notre époque marquée par la révolution sexuelle, nous proposions, afin de parvenir à la plénitude sexuelle, un modèle de bonne forme sexuelle fondé sur la loyauté, l'amour, la franchise, le respect, la monogamie, la fidélité et l'intimité. Et, pourtant, c'est ce que nous faisons.

Les problèmes sexuels ne tombent pas du ciel comme ça. Ils prennent leur origine quelque part et se développent. La capacité d'avoir des rapports sexuels satisfaisants est une grande force psychologique. L'apparition de tout problème de cette nature est symptomatique d'une force mal développée de la personnalité. Idéalement, nous devrions simplement essayer d'acquérir de nouvelles habiletés chaque fois que nous nous heurtons à un secteur inexploité de notre vie et de notre personnalité. Au lieu de ça, nous sommes souvent portés à considérer la moindre faiblesse comme un handicap. Et s'il est un domaine où les gens s'empressent de conclure à l'existence d'un problème, c'est bien celui de la sexualité.

## Quel résultat avez-vous obtenu au moment de votre examen de routine?

### La sexualité

|  | OUI | NON |
|---|---|---|
| 1. Aimez-vous faire l'amour? | ____ | ____ |
| 2. Faites-vous l'amour aussi souvent que vous le voudriez? | ____ | ____ |
| 3. Exprimez-vous, habituellement, vos pensées secrètes en faisant l'amour? | ____ | ____ |
| 4. Exprimez-vous, habituellement, vos sentiments intimes en faisant l'amour? | ____ | ____ |
| 5. Vos habiletés sexuelles vous permettent-elles de faire ce que vous voulez, durant l'amour? | ____ | ____ |
| 6. Faites-vous l'amour régulièrement (au moins trois fois par semaine)? | ____ | ____ |
| 7. Avez-vous une bonne opinion de votre vie sexuelle? | ____ | ____ |
| 8. Les autres ont-ils une bonne opinion de votre vie sexuelle? | ____ | ____ |

148

9. Votre attitude vis-à-vis de la sexualité s'est-elle améliorée avec les années? ⎯ ⎯

10. Êtes-vous satisfait de tous les aspects de votre vie sexuelle? ⎯ ⎯

TOTAL ⎯ ⎯

*Si vous avez obtenu entre 8 et 10 oui, vous êtes un as de la sexualité; vos forces sont incontestables.* Il vous reste, cependant, à les exercer encore davantage. Profitez de votre capacité d'avoir une relation sexuelle unique pour commencer à développer votre sexualité, c'est-à-dire votre attitude générale face à la vie et aux autres. De ce fait, tout vous procurera un plaisir plus prononcé: le travail, le jeu, l'amitié. Vous n'en deviendrez pas pour autant un sybarite, tant s'en faut; vous serez tout simplement quelqu'un qui retire du plaisir et de la satisfaction de ce qu'il fait. Utilisez vos forces sexuelles pour renforcer ceux de vos aspects qui sont plus faibles.

1. Pour toute question à laquelle vous avez répondu par un non, énumérez quatre moyens qui vous permettraient d'y substituer un oui.

2. Qu'adviendrait-il de votre personnalité si vous aviez répondu affirmativement à toutes les questions? Quelles dynamiques devriez-vous modifier pour parvenir à pareil résultat?

3. Au cours de cinq nuits différentes que vous passerez avec votre amant, amplifiez l'une après l'autre, les dynamiques de votre personnalité (expression, activité, sentiment, lucidité et contact). Cela pourra revêtir de nombreuses formes, tant au niveau des gestes que de l'expression même de votre amour; donnez plus de latitude à votre lucidité et à votre sentiment; enfin, augmentez sensiblement la quantité de vos contacts. Cet exercice est aussi amusant qu'enri-

chissant. Vous constaterez que plus vous ferez de contact, plus vous jouerez avec les cinq dynamiques.

4. La prochaine fois que vous ferez l'amour, restez inactif. Laissez-vous faire. Que ce soit votre partenaire qui prenne toutes les initiatives. Puis, quand vous serez satisfait, inversez les rôles.

Votre résultat élevé indique que, en ce domaine, votre moi intime et votre moi extérieur sont très proches l'un de l'autre. Cela peut s'avérer la solution par excellence pour modifier votre vie tout entière. Plus vous vous abandonnerez honnêtement et ouvertement à votre vie sexuelle, mieux vous vous sentirez. S'il y a des questions auxquelles vous avez répondu négativement, développez les habiletés qui vous permettront, dans quelque temps, de leur donner une réponse affirmative.

La sexualité est essentiellement source de plaisir — aucune règle extérieure ne peut lui être imposée. Faites en sorte que votre vie sexuelle soit aussi pleine qu'elle en a besoin pour satisfaire votre moi intime.

*Si vous avez obtenu entre 4 et 7 oui, vous êtes un amant du dimanche.* Vous auriez pu répondre affirmativement à bien des questions qui se sont soldées par un non. Réfléchissez à la possibilité de devenir un amant complet — donnez votre coeur sans partage à la personne que vous aimez.

1. **Vulnérabilité** — Si vous n'aviez encore jamais pensé à la vulnérabilité comme à une force, c'est le moment de modifier votre point de vue. Soyez vulnérable pendant quelques minutes, chaque jour. Parlez et agissez de façon vulnérable avec votre amant.

2. **Force** — Vous devez commencer à vous appuyer sur votre amour. Utilisez-le comme une force, et ce, quotidiennement. Laissez-vous intoxiquer par l'amour. Téléphonez à votre amant, écrivez-lui. Consacrez-vous exclusivement au développement de vos forces amoureuses.

3. **Partage** — Passez une semaine entière à vous concentrer sur la personne que vous aimez, à l'exclusion de toute autre activité. Découvrez tout ce qui la concerne: son

enfance, ce qu'elle aime, ses faiblesses et ses forces.

4. Passez tous les deux le week-end au lit. Débarrassez-vous des enfants si vous en avez. Faites une bonne provision de vos plats et amuse-gueule préférés, et ne quittez pas votre lit pendant deux jours. Embrassez-vous pendant cinq minutes au moins une fois par heure et racontez-vous pourquoi vous vous aimez.

Il est essentiel que vous fassiez ces exercices pour éviter que vos faiblesses actuelles ne se transforment en problèmes. Si votre vie sexuelle n'est pas satisfaisante, d'autres frustrations pourront en découler. Le travail ou le jeu ne peuvent se substituer au sexe. Plus vous vous sentirez sûr de vous à ce niveau, plus votre identité personnelle s'affirmera.

*Si vous avez obtenu de 1 à 3 oui, vous êtes un "spectateur".* Vous négligez l'un des aspects les plus profonds et les plus importants de votre épanouissement psychologique. Votre résultat prouve que vous pouvez développer un secteur totalement inexploité de votre vie. Ce faisant, votre maturité affective progressera et vous verrez et entendrez, non plus objectivement, mais avec les yeux et les oreilles de l'amour.

1. Asseyez-vous une dizaine de minutes et demandez-vous pourquoi vous ne pouvez aimer personne de la façon que nous venons de décrire.

2. À un autre moment, énumérez à haute voix toutes les raisons pour lesquelles vous ne voulez ni aimer ni être aimé.

3. Si vous n'avez pas d'amant, vous devez, maintenant, tâcher d'en trouver un. Rappelez-vous que celui-ci peut se présenter tout d'abord comme quelqu'un avec qui passer une soirée, se tenir les mains, etc. Amorcez votre relation en vous inspirant des exercices d'hier.

4. **S'abandonner** — C'est une force qu'il vous faut développer si vous voulez apprendre à aimer. Chaque fois que l'occasion s'en présente, abandonnez-vous entre les bras de votre amant.

5. Apprenez à laisser prendre votre main. Serrez celle de votre amant le plus souvent possible, où que vous vous trouviez.

6. Mettez-vous à embrasser. Embrassez votre amant deux cents fois par jour.

7. Quand vous faites l'amour, demandez à votre amant ce qui lui plaît et ce qu'il aime par-dessus tout. Soyez agressif. Quand vous vous sentirez prêt, passez aux exercices prescrits pour "l'as de la sexualité".

Vous devez remettre en question tout ce qu'on vous a appris sur la sexualité, depuis votre enfance. Inscrivez dans votre carnet tous les tabous, tous les préceptes qui vous ont été inculqués. On peut déduire de votre faible résultat que vous savez uniquement ce qu'il ne faut pas faire et ignorez comment faire ce que vous voulez. Interrogez les gens en qui vous avez confiance, à propos du sexe. Il s'agit ici d'initier votre moi intime à ce qui est possible en vous appuyant sur les actes posés par votre moi extérieur. Le décalage entre vos deux moi prouve qu'on ne vous a jamais enseigné à vous sentir sexuellement en forme.

## Question-clé

*Êtes-vous satisfait de tous les aspects de votre vie sexuelle?* Bien des gens s'estiment assez satisfaits de la leur, mais ils n'osent pourtant ni préciser ce qu'ils veulent ni faire ce dont ils ont envie. Ils commencent donc à refouler leurs désirs, tout en espérant voir s'améliorer leur vie sexuelle. Mais, plus souvent qu'autrement, ils se résignent à ne la vivre qu'à moitié. Ils oublient qu'elle stimule toutes les dynamiques de leur personnalité: ils peuvent alors dire ce qu'ils veulent (expression), faire ce qu'ils veulent (activité), savoir ce qu'ils veulent (lucidité), ressentir ce qu'ils veulent (sentiment) et s'unir à quelqu'un (contact).

On ne devrait pas se contenter de faire l'amour une fois par mois. Des rapports fréquents permettent de passer par toute la gamme des intensités sexuelles. Ce sera parfois quelque chose de très tendre alors que vous vous contenterez de bavarder doucement avec votre amant; ou ce sera, au contraire, infiniment excitant. Dans l'un ou l'autre cas, vous devriez être satisfait et le ressentir dans votre corps. Apprenez à augmenter votre bien-être intérieur grâce à la sexualité.

## Les guides de la sexualité

*Le sentiment:* Au lieu de vous concentrer uniquement sur vos sensations, prenez conscience de votre sensualité globale, du fait que votre corps est vivant, adulte et sexuellement réceptif.

*L'image:* Le bien-être sexuel découle de la possibilité de choisir et d'agir. Figurez-vous en train de choisir activement au lieu d'attendre passivement que quelque chose d'agréable se produise.

*La pensée:* Conservez toujours cette idée à l'esprit: "Mon corps vit." Soyez à l'écoute de sa vitalité et mettez-la à profit pour choisir et agir en conformité avec votre sexualité.

C'est en vous appuyant sur ces guides que vous progresserez sur la voie d'une bonne forme sexuelle.

## Récapitulation de la seconde semaine

Cette semaine, vous avez commencé à faire profiter d'importants secteurs de votre vie des forces de votre personnalité. Vous connaissez maintenant les questions-clés que vous devez vous poser à leur sujet afin de parvenir à un rendement maximal. Consacrez le week-end à réfléchir à celui de ces secteurs qu'il vous importe de développer. Et n'oubliez pas de noter vos réflexions dans votre carnet.

Voici, à titre d'exemple, un extrait d'un journal intime qui pourra vous indiquer comment procéder.

### Dimanche, 30 juillet

Beaucoup de mal à faire les exercices relatifs à la sexualité. Incapable d'arrêter de me démolir moi-même. Le raté parfait, rien du héros. Remarqué que je dis tout au plus la moitié de ce que je pense et, après, j'ai le cafard. Pas moyen d'exprimer mes pensées et sensations pendant l'amour, pas plus qu'avant d'ailleurs. Commence à éprouver un désir plus intense quand je parle, mais se change en nervosité quand je me tais.

Parler ou ne pas parler. C'est là toute la question sexuelle. Parler est la réponse excitante et me taire, c'est la réponse éteignoir.

Essayerai de nouveau, ce soir. Me concentrer de toutes mes forces sur la réponse excitante. Demanderai même à mon partenaire de m'aider à parler — tant pis si ça se résume à des platitudes sur mes propres intérêts!

L'un des avantages supplémentaires du programme de mise en forme psychologique réside dans le fait que si vous avez obtenu des résultats faibles dans un secteur, vous pouvez commencer à faire les exercices correspondants à ce secteur de vie avant d'entreprendre les autres secteurs pour lesquels vous avez obtenu de meilleurs résultats.

# Chapitre 8

# Troisième semaine

# Comment atteindre un rendement maximal émotif, intellectuel, physique, moral, onirique

Nous allons passer les prochains cinq jours à vous montrer comment parvenir à un rendement maximal dans les secteurs qui nous restent à voir, soit les émotions, la vie intellectuelle, la condition physique, les valeurs morales, le sommeil et les rêves. N'oubliez pas que le rendement maximal ne veut pas dire qu'il vous faut faire mieux que tout le monde, ni même que vous devez battre vos propres records. Le rendement maximal se réalise quand vous utilisez simultanément et dans leur totalité vos habiletés et vos possibilités. C'est cet effort à cent pour cent, fourni à un moment précis, qui constitue le rendement maximal. Vous éprouvez alors un sentiment de bien-être; votre moi intime est en harmonie avec votre moi extérieur. Vous faites l'expérience de la bonne forme psychologique.

## Troisième semaine — quinzième jour
## Pour un rendement émotif maximal

Le jour où vous répondrez affirmativement à tout le questionnaire portant sur les émotions, ce jour-là vous connaîtrez un rendement maximal. En attendant, chacune de vos réponses négatives signifie que vous avez plus de ressources que vous n'en utilisez et qu'il vous serait possible de vivre plus pleinement.

**Quel résultat avez-vous obtenu
au moment de votre examen de routine?**

**Les émotions**        OUI    NON

1. Pouvez-vous exprimer facilement votre colère?      ____   ____

2. Pouvez-vous exprimer facilement votre tristesse?      ____   ____

3. Pouvez-vous exprimer facilement votre joie?      ____   ____

4. Pouvez-vous exprimer vos peurs facilement?      ____   ____

5. Pouvez-vous exprimer vos émotions facilement aux autres? ⎯⎯ ⎯⎯

6. Vous appuyez-vous sur vos émotions pour
   prendre des décisions? ⎯⎯ ⎯⎯

7. Avez-vous une opinion positive de votre
   potentiel à vivre vos émotions? ⎯⎯ ⎯⎯

8. Avez-vous une bonne opinion de la façon
   dont vous utilisez, actuellement, vos habiletés émotives? ⎯⎯ ⎯⎯

9. Votre entourage est-il aussi émotif que
   vous le souhaiteriez? ⎯⎯ ⎯⎯

10. Possédez-vous les habiletés qui vous per-
    mettraient de vivre vos émotions autant ⎯⎯ ⎯⎯
    que vous le désireriez?

TOTAL ⎯⎯ ⎯⎯

*Si vous avez obtenu entre 8 et 10 oui, vous êtes un cham-
pion émotif.* L'harmonie règne entre votre moi intime et votre
moi extérieur. Vos sentiments et vos actions sont à l'unisson. Il
s'agit maintenant d'utiliser vos forces affectives pour développer votre personnalité d'une façon naturelle. Apprenez à vous
maintenir en forme et à grandir émotivement en soumettant
votre propre personnalité au stress de l'exercice.

*Si vous avez obtenu de 4 à 7 oui, vous êtes un émotif du
dimanche.* Les différends sont fréquents entre vos deux moi.
Vous savez ce que vous voulez devenir émotivement, vous avez
des impulsions mais vous n'utilisez pas toutes les dynamiques
de votre personnalité. Il est probable que votre expression ne
s'affirme pas autant que votre lucidité. Servez-vous de cette
dernière pour intensifier votre habileté à exprimer vos émo-

tions. La première étape consiste à admettre à voix haute tout ce que vous savez sur vous-même. Cette façon de faire amènera vos conflits à s'estomper. Votre incapacité de donner libre cours à vos émotions est à l'origine de la plupart des problèmes qui vous accablent à ce niveau.

*Si vous avez obtenu de 1 à 3 oui, vous vous conduisez en spectateur émotif.* D'un point de vue émotionnel, vous êtes en très mauvaise forme. Votre moi intime et votre moi extérieur s'ignorent et un rapprochement s'impose. Vous pourriez utiliser à bien meilleur escient cette énergie que vous gaspillez en voulant contenir vos émotions, vous pourriez vous en servir pour accroître votre bien-être et mener une vie plus fonctionnelle.

Il est toujours assez facile de reconnaître quelqu'un qui est en mauvaise condition physique, il suffit de jeter un coup d'oeil sur sa "panse de chanoine". Mais il est beaucoup plus difficile de déceler un mauvais fonctionnement émotionnel. Les derniers progrès accomplis en médecine et en psychologie ont mis en relief l'insuffisance d'un traitement strictement clinique. C'est pourquoi la médecine est en train d'adopter un point de vue holistique en tenant compte autant des émotions du patient que de ses maux physiques comme tels.

## Question-clé

Examinez attentivement chacune des réponses fournies pour les questions-clés. Celles-ci, de même que les commentaires qui les accompagnent, sont primordiaux pour mieux comprendre toutes les autres questions de l'examen de routine.

*Pouvez-vous parler de vos émotions facilement et librement?* C'est là l'une des questions cruciales de l'examen relatif à votre aptitude émotionnelle. Si vous ne pouvez exprimer vos émotions, cela veut dire qu'elles échappent totalement à votre emprise. Les émotions sont extrêmement paradoxales. Plus on essaye de les dominer et moins on y parvient. Inversement, plus on est capable de les exprimer et de les utiliser, plus on en est le maître. Savoir exprimer ses émotions est un bon moyen de renforcer sa personnalité et permet d'évaluer sa capacité de faire face et sa lucidité. Si vous ne les exprimez que pour mieux vous défiler ensuite, vous faites preuve d'inhabilité émotive. Mais si vous exprimez, vous faites face et vous exprimez toujours davantage en permettant à vos émotions de changer, alors vous avez découvert la clé de la bonne forme affective.

L'exemple de la colère illustre parfaitement ce que nous voulons dire. Une colère retenue se retourne contre vous parce qu'elle est source de tension. Par contre, si vous l'exprimez sainement, toute votre vie peut s'en trouver modifiée. Vous pouvez pratiquer en compagnie d'un bon ami, vos habiletés à vous mettre en colère. Décidez d'un sujet à propos duquel vous vous disputerez chaudement pendant cinq minutes en ayant du plaisir à échanger des arguments exclusivement émotifs. Mais demeurez positifs. Aidez-vous mutuellement à ne pas lâcher prise, si le besoin s'en fait sentir. Sachez, désormais, retirer du plaisir de votre colère. Utilisez-la pour vous rapprocher, pour faire sauter tous les obstacles qui vous en empêcheraient, au lieu d'exploser en colère.

La tristesse est la petite soeur de la colère. Vous pouvez l'exercer en regardant des films ou en lisant des livres qui vous feront monter les larmes aux yeux; laissez-les couler au lieu de permettre à votre chagrin de s'accumuler en vous. Ici encore, demandez à votre ami de vous aider. Écrivez-vous des poèmes ou des contes chargés de tristesse. La tristesse peut vous apprendre à aimer et vous aider à devenir plus humain.

Bien des gens s'imaginent être en forme quand ils se sentent heureux. Mais nous en avons beaucoup trop vu qui cherchaient la détente dans l'alcool ou les drogues, et dont, trop souvent, le bonheur n'était qu'un feu de paille. Impossible de douter de leur faiblesse. Le bonheur est un sentiment actif; s'il vous fuit entre les doigts, il est temps pour vous de prendre des mesures, psychologiquement bien sûr. Énumérez, dans votre carnet, tout ce qui vous rend heureux: choses, endroits, personnes. Demandez aux autres ce qu'il en est de leur côté, et comment ils ont appris à être heureux. Le bonheur est une forme d'action. Si vous le voulez, il peut devenir pour vous un compagnon de tous les instants, ou presque.

La façon dont vous traitez vos craintes est également symptomatique de votre forme psychologique. La plupart des individus ont peur d'avoir peur. Il s'agit pourtant d'une force extraordinaire. Les animaux savent se servir de la peur pour se protéger. En prenant exemple sur eux, il nous sera beaucoup plus facile d'éviter les situations périlleuses. Moins nous en savons sur nos craintes et plus elles nous limitent dans nos actions. Par contre, dès que nous pouvons reconnaître ce qu'elles comportent de positif, il nous est possible de les utiliser. Établissez la liste de vos dix craintes les plus menaçantes. Parlez-en, apprivoisez-les. La peur est un héritage instinctuel qui nous sert de bouclier, tant sur le plan émotionnel que sur le plan physique.

Si tant de gens ont peur de leurs émotions, c'est parce qu'on leur a appris à considérer leurs sentiments comme quelque chose de destructeur et d'embarrassant. Pourtant, tout ce que vous ressentez est merveilleux. C'est seulement lorsque vous freinez vos sentiments et perdez tout contact avec eux qu'ils se changent en cauchemars pour, ensuite, céder la place aux éruptions psychosomatiques qui, à leur tour, se transforment en détresse, puis en problèmes.

## Les guides du rendement émotif maximal

Vos éléments-guides dans votre vie émotive sont très importants.

*Le sentiment:* Le sens du contact constitue votre principal guide en ce domaine. Utilisez-vous vos émotions pour faire un contact avec les autres? Essayez de bâtir le plus de ponts émotifs possibles.

*L'image:* Imaginez-vous que vous êtes au milieu d'un groupe de personnes dont certaines vous sont connues et d'autres, non. Vous marchez au milieu du groupe, lentement, les bras tendus. Chaque fois que vous touchez quelqu'un, créez un pont émotif, — exprimez un sentiment. Vous êtes semblable à une masse d'énergie qui provoquerait des étincelles dès que vous entrez en contact avec quelqu'un.

*La pensée:* Pensez "à l'italienne". Un cliché extrêmement répandu veut qu'on associe toujours les Italiens à l'exubérance verbale. Pensez que vous êtes un Italien et soulignez tout ce que vous dites à grands renforts de gestes et de mouvements impliquant tout votre corps. Amusez-vous sans retenue en vous livrant à cet exercice.

Ne perdez jamais de vue que vos émotions ont une influence capitale sur le reste de votre vie. Inspirez-vous de ces guides pour développer votre forme émotive.

## Troisième semaine — seizième jour
## Pour un rendement intellectuel maximal

Il n'est nullement besoin de posséder un quotient intellectuel élevé pour parvenir à un rendement maximal à ce niveau. Il vous suffit d'utiliser adéquatement votre potentiel.

L'intellect est probablement, de toutes les forces psychologiques, celle qu'on met le plus à contribution. Ce que nous pensons nous semble parfois plus réel que ce que nous éprouvons. Et nous devenons convaincus de pouvoir résoudre intellectuellement des problèmes qui nécessiteraient d'autres capacités psychologiques. L'intellect est seulement une partie du tout.

Si les individus faisaient un emploi judicieux de toutes leurs forces psychologiques, leur intelligence ne serait pas obligée de travailler autant. Mais comme on s'en sert souvent pour maintenir la cohésion de la personnalité, elle devient la proie du stress. Cela se produit, par exemple, lorsqu'une personne estime que sa vision du monde est la seule qui soit correcte. Elle est incapable d'envisager d'autres possibilités. Pareil processus à la fois protège et sert de faux-fuyant: il protège la personnalité lorsque celle-ci ne dispose d'aucune autre force; il sert de faux-fuyant lorsque la personne utilise son intelligence pour se convaincre à tort qu'elle ne peut pas faire quelque chose ou qu'elle doit éviter quelque chose.

Si l'on fait un usage de l'intellect en harmonie avec tous les autres secteurs, celui-ci peut devenir une force majeure, en même temps qu'une source de plaisir intense.

Nous voulons vous amener à concevoir autrement votre intellect. Pensez-y comme à un outil. Est-il efficace? Quels sont les autres outils qui le complètent? Comment pouvez-vous améliorer son rendement?

## Quel résultat avez-vous obtenu au moment de votre examen de routine?

### La vie intellectuelle                                    OUI    NON

1. *Aimez-vous* réfléchir à des problèmes et les résoudre?

   ———  ———

2. Vos capacités intellectuelles s'améliorent-elles?

   ———  ———

3. Partagez-vous vos idées et vos pensées?    ———  ———

4. Apprenez-vous facilement?    ———  ———

5. Vos capacités vous permettent-elles d'avoir une vie intellectuelle aussi intense que vous le souhaiteriez?    ———  ———

6. Pensez-vous de façon créatrice? ___ ___

7. Avez-vous une bonne opinion de la façon dont vous utilisez, actuellement, vos habiletés intellectuelles? ___ ___

8. Les autres ont-ils une bonne opinion de vos capacités intellectuelles? ___ ___

9. Avez-vous une opinion positive de votre potentiel intellectuel? ___ ___

10. Êtes-vous satisfait de vos capacités intellectuelles? ___ ___

TOTAL ___ ___

*Si vous avez obtenu entre 8 et 10 oui, vous êtes un champion intellectuel.* Cela prouve que votre moi intime et votre moi extérieur sont en harmonie. Vous utilisez votre intelligence au lieu de vous laisser mener par elle. Plus vous vous servirez de cette force pour développer les autres habiletés de votre personnalité, moins vous serez sujet à des interprétations arbitraires et plus votre compréhension des choses s'approfondira.

Ce résultat confirme également que vous utilisez généralement vos forces intellectuelles de façon créatrice. Vous n'avez aucune difficulté à reculer les limites de votre intelligence en faisant appel à votre créativité. Cette constante évolution peut vous amener à éprouver énormément de plaisir. Le meilleur indice d'une pensée créatrice est l'intensité du plaisir qu'elle procure.

*Si vous avez obtenu de 4 à 7 oui, vous êtes un intellectuel du dimanche.* Il est possible que vous soyez très intelligent, mais vous ne savez pas tirer le meilleur parti possible de vos forces intellectuelles. Bon nombre de gens confondent rendement maximal et compréhension des choses. Votre intelligence n'est pas tout. Nous avons conçu notre questionnaire afin de vous permettre de déterminer si votre intellect est réellement intégré à votre vie. Il est certain que vous avez des faiblesses dans ce secteur. Votre moi intime et votre moi extérieur sont en désaccord.

Vous devez parvenir à ce que votre intelligence devienne partie intégrante du reste de votre vie. Commencez par transposer en mots vos idées et vos réflexions. Plus vous partagerez vos pensées, moins vous serez enclin à vouloir les imposer à tout prix et plus vous y gagnerez. Pour débuter, discutez avec quelqu'un d'une de vos faiblesse intellectuelles. Concentrez-vous sur elle, verbalisez-la. Revenez sans cesse sur le sujet en considérant cela comme un divertissement. Du coup, votre expression, votre contact, votre lucidité et votre activité se conjugueront pour accroître votre rendement intellectuel, amenant, par le fait même, vos habiletés à se développer dans plusieurs domaines simultanément.

*Si vous avez obtenu de 1 à 3 oui, vous vous contentez d'être un spectateur intellectuel.* Si vous êtes très brillant, on peut en déduire que vous vous surveillez. Votre moi intime est complètement dissocié de votre moi extérieur. Vous êtes incapable de rétablir le contact entre eux et de commencer à obtenir un rendement maximal de vos forces intellectuelles.

Néanmoins, vous ne devriez pas vous tenir coupable de n'avoir jamais appris à utiliser vos habiletés de telle sorte que vous retiriez le maximum de votre potentiel. Il vaut mieux en acquérir de nouvelles. Trouvez quelqu'un qui a obtenu de meilleurs résultats que vous et dont les habiletés sont plus aiguisées. Laissez-le vous enseigner au sujet de vos forces et de vos faiblesses.

Plus vous permettrez aux autres de vous enseigner ce qu'ils comprennent, plus vos connaissances augmenteront.

Vous apprendrez non seulement ce qu'ils pensent, mais également à vous concentrer et à comprendre. Vous pourrez juger de vos progrès d'après votre capacité de concentration. Découvrez-vous davantage à propos de vos forces et de vos faiblesses en apprenant à vous concentrer sur elles. Grâce à cet exercice, vous aurez moins de mal à passer davantage de temps sur une même activité, tout en la comprenant mieux et en y prenant plus de plaisir. Se concentrer devient une façon d'apprendre et de développer d'autres habiletés intellectuelles.

## Question-clé

*Vos capacités vous permettent-elles d'avoir une vie intellectuelle aussi intense que vous le souhaiteriez?* Il faut, pour répondre à cette question, une bonne dose d'honnêteté intellectuelle et émotionnelle. Si vous y répondez négativement, vous venez de toucher du doigt la cause de bon nombre de vos problèmes. L'exploitation partielle de vos forces est responsable du malaise que vous éprouvez. L'image que vous vous faites de vous-même est plus négative qu'elle ne le devrait. En un sens, vous disposez d'une soupape de sûreté: vous vous dites: "Après tout, il suffirait que j'utilise mes forces pour que les choses changent du tout au tout." Le potentiel est une force, mais la capacité de le mettre en valeur en est une bien plus grande encore. L'exercice suivant est parfait pour vous amener à réfléchir sur ce que vous croyez être vos possibilités. Mentalement ou dans votre carnet, complétez cette phrase: "Je pourrais... si je...".

Plus vous approfondirez l'idée que vous vous faites de votre potentiel, plus vous vous rapprocherez de votre moi intime. La prochaine étape concerne le développement des habiletés qui faciliteront la fusion de celui-ci avec vos comportements extérieurs. Il est grand temps que vous renonciez à penser à ce que vous pourriez être pour devenir ce que vous êtes.

## Les guides du rendement intellectuel maximal

Les éléments-guides pour une meilleure forme intellectuelle résument les conseils que nous vous avons donnés jusqu'ici.

*Le sentiment:* Que vous excelliez ou non à résoudre des problèmes, vous devriez quand même éprouver du plaisir à faire travailler votre intelligence. Quand vous vous concentrez sur une énigme au point d'en oublier comment vous vous sentez, vous n'atteignez pas un rendement intellectuel maximal. Si vous conservez toujours une perspective émotionnelle, quand vous solutionnez des problèmes, vous deviendrez plus lucide et vous vous sentirez mieux.

*L'image:* Aristote. Platon. Les philosophes grecs. Voici vos guides, des hommes qui ont été de grands penseurs, mais dont la principale préoccupation était l'humanité.

*La pensée:* Voici un bon exercice mental qui stimulera votre capacité de réflexion. Écrivez, dans votre carnet, dix phrases commençant par: "Je peux facilement résoudre..." Soyez très attentif à ce que vous pensez de vous-même tout en les complétant. Pensez à vos points forts.

Ces guides vous aideront à devenir, sur le plan intellectuel, l'être dont vous aviez rêvé, mais que vous n'aviez jamais laissé paraître au grand jour.

# Troisième semaine — dix-septième jour
# Pour un rendement physique maximal

Source éventuelle de plaisir, le conditionnement physique prend souvent une forme de devoir: "Je devrais faire plus d'exercice, mais..." "Je devrais aller courir un peu, mais..." "Je devrais faire un peu de gymnastique, mais..." "Je devrais perdre du poids, mais..." Ces constantes pressions sont parfois plus nocives qu'une mauvaise condition physique proprement dite. C'est pourquoi rien ne justifie que vous vous torturiez l'esprit à cause de la course à pied, du ski ou de la natation. Pour vraiment porter fruits, l'exercice physique doit, d'abord et avant tout, être une activité agréable.

Il est primordial de bien comprendre qu'une bonne condition physique n'est qu'un des éléments d'une bonne forme globale. Mieux vous comprendrez que chacun des domaines que nous étudions avec vous fait partie d'un tout indivisible, plus il vous sera facile d'envisager celui-ci dans sa véritable perspective. N'hésitez jamais à utiliser vos forces, surtout quand vous prenez plaisir à les voir se développer. Si le conditionnement physique est l'une d'elles, profitez-en pour renforcer un secteur plus faible. Inversement, si c'est là l'une de vos faiblesses, prenez le temps d'apprendre les habiletés qui vous permettront de développer ce secteur dont vous pourrez fort bien finir par retirer énormément de plaisir.

Une mauvaise condition psychologique est un obstacle à une bonne forme physique. Celle-ci implique davantage que des poumons et un coeur en bon état; il s'agit essentiellement d'un état d'esprit: "Je suis en train de changer ma vie par mes actions. C'est un choix qui m'appartient." Si vous oourez pour vous débarrasser d'un stress émotionnel, vous n'atteindrez jamais le poteau d'arrivée. Le psychisme est d'une telle complexité qu'il vous faut accorder toute votre attention à chacun des secteurs de votre vie, sous peine de voir un potentiel négligé se manifester subitement, transformé en problème.

Nous voulons vous amener à prendre davantage conscience de votre corps et de vos mouvements, de telle sorte que vous commencerez à vouloir faire l'exercice dont vous avez besoin pour rester en forme. Au fur et à mesure que votre attitude s'améliorera à cet égard, vous constaterez que vous l'utiliserez dans tous les secteurs de votre vie.

## Quel résultat avez-vous obtenu au moment de votre examen de routine?

## La condition physique

|  | OUI | NON |
|---|---|---|
| 1. Votre condition physique s'améliore-t-elle? | ___ | ___ |
| 2. Votre poids est-il adéquat, compte tenu de votre âge et de votre état de santé? | ___ | ___ |
| 3. Possédez-vous une vitalité physique, une présence énergique et rayonnante de santé? | ___ | ___ |
| 4. Êtes-vous souple? | ___ | ___ |
| 5. Avez-vous une bonne opinion de votre aptitude à vous maintenir physiquement en forme? | ___ | ___ |
| 6. Les autres ont-ils une bonne opinion de votre condition physique? | ___ | ___ |
| 7. Votre coordination est-elle bonne? | ___ | ___ |
| 8. Êtes-vous satisfait de la façon dont vous utilisez, actuellement, vos capacités physiques? | ___ | ___ |
| 9. Votre attitude vis-à-vis du conditionnement physique s'est-elle améliorée avec les années? | ___ | ___ |
| 10. Possédez-vous les capacités requises pour être en aussi bonne forme que vous le souhaiteriez? | ___ | ___ |
| TOTAL | ___ | ___ |

*Si vous avez obtenu de 8 à 10 oui, vous êtes un athlète.* Étudiez attentivement les questions auxquelles vous avez répondu négativement et réfléchissez aux moyens d'y substituer une réponse affirmative.

1. **Conscience** — Soyez constamment conscient de votre corps. Essayez d'apprendre à vous en servir pour penser, parler, sentir. Il vous guidera et vous protègera. Si vous lui laissez ce rôle, c'est tout votre équilibre émotionnel qui y gagnera.

2. **Sensations** — Lorsque vous courez ou faites des exercices, soyez attentif à vos sensations. L'exercice physique est moins un moyen de contrôler votre corps que d'en augmenter la vitalité. Assurez-vous que les exercices que vous faites suscitent plus de sentiments. Bien souvent, des gens se laissent tellement absorber par l'aspect purement physique du conditionnement qu'ils en deviennent imperméables aux sentiments. Et ils s'imaginent à tort se sentir mieux.

3. **Pour la vie** — C'est toute votre vie durant que vous devez faire de l'exercice. Adoptez le rythme et le niveau qui vous procureront un plaisir toujours plus grand, au lieu de viser un but lointain, extérieur. Laissez votre corps décider de son objectif. Et, plutôt que de tenter de devenir un marathonien de banlieue, faites du sport ou de l'exercice uniquement pour le plaisir de la chose.

*Si vous avez obtenu de 4 à 7 oui, vous êtes un sportif du dimanche.* Vous manquez de sérieux et courez au devant des problèmes. Malgré tous les succès que vous puissiez connaître dans votre sphère d'activité, vous resterez psychologiquement en mauvaise forme parce que vous l'êtes sur le plan physique.

En soignant votre forme, vous préserverez le siège même de votre vie, c'est-à-dire votre corps. Et si vous ne voulez pas mourir avant votre heure, vous devrez prendre garde à lui permettre de rester en santé et de "tourner à plein rendement". Les conseils suivants pourront vous y aider.

1. **Déshabillage** — C'est bien ça, déshabillez-vous complètement et examinez-vous devant votre miroir. De quoi avez-vous l'air? Êtes-vous satisfait de votre apparence? Faites la liste des parties de votre corps qui vous plaisent et de celles dont vous êtes mécontent. Passez ensuite aux trois prochaines étapes pour tâcher de modifier votre physique afin d'en être totalement satisfait.

2. **Mouvement** — Le mouvement est à la base du conditionnement physique. Vous n'avez besoin ni de caleçons de course ni d'entraîneur pour commencer à bouger davantage. Promenez-vous dans votre logement en exagérant vos mouvements. Faites en sorte de devenir un maniaque du mouvement. Forcez-vous, au moins cinq fois par jour, à bouger avec plus d'emphase que d'habitude.

3. **Action** — Procurez-vous un bon manuel d'exercices et mettez-vous à l'oeuvre. Mais assurez-vous que cette activité s'inscrive dans le cadre de votre nouveau comportement psychologique. Soyez conscient de ce que vous êtes en train de faire, puisque vous avez choisi d'agir et de persévérer.

4. **Satisfaction** — Habituez-vous à retirer de la satisfaction de vos exercices. Trouvez, parmi tous les sports ou exercices possibles, ceux qui vous conviennent le mieux, qui correspondent exactement à votre personnalité.

*Si vous avez obtenu de 1 à 3 oui, vous n'avez pas dépassé le stade du spectateur.* Commencez immédiatement à remédier à la situation en vous mettant debout. Secouez vos bras et vos jambes, élevez le ton de votre voix. Il y a en vous une force inerte qui ne demande qu'à être convertie en énergie cinétique.

1. **Engagement** — Vous faîtes, jusqu'à un certain point, un mauvais usage de votre temps et de votre énergie. Vous avez probablement essayé plus d'une fois de vous secouer, mais en vain. Dressez la liste de toutes les choses pour lesquelles vous engagez votre énergie et votre temps,

vous empêchant ainsi de maintenir votre conditionnement physique.

2. **Association** — Trouvez-vous un partenaire. Il n'y a guère que quelques oiseaux rares qui sont prêts à s'imposer les affres de l'entraînement solitaire.

3. **Calendrier d'entraînement** — Établissez, en collaboration avec votre partenaire, un calendrier d'entraînement. Préparez-le avec la plus grande minutie afin de pouvoir le respecter sans défaillance. Au moment des exercices, ne vous laissez distraire sous aucun prétexte. Considérez qu'il s'agit de la plus importante de vos activités. Si vous avez conçu votre calendrier en tenant compte du temps dont vous disposez et de vos besoins, cela ne devrait pas présenter de difficultés.

4. **Pacte** — C'est la carotte pour faire avancer l'âne. Il est à peu près certain que vous avez déjà voulu faire de l'exercice régulièrement, mais que vous n'avez pu tenir le coup. Mais, maintenant, la situation est différente puisque vous êtes deux. Concluez un pacte: celui qui sautera une séance devra déposer une certaine somme dans un compte d'épargne conjoint. Lorsque vous aurez atteint votre objectif, prenez quelques jours de congé grâce à ces économies pour vous détendre à la campagne ou pour faire du ski, du tennis, de la natation ou du surf, par exemple. De cette façon, vous travaillez l'un et l'autre, pour la bonne forme des deux.

## Question-clé

*Êtes-vous satisfait de la façon dont vous utilisez, actuellement, vos capacités physiques?* Ceux qui décident de sortir de leur léthargie s'imaginent souvent qu'il leur suffira, pour devenir en forme, de collectionner survêtements, cordes à sauter, chronomètres, etc. Il vaut beaucoup mieux commencer à exercer les capacités que vous possédez déjà. Repensez votre attitude. Commencez par adopter un régime de vie plus sain au lieu de vous attaquer immédiatement au mille mètres. La conscience de votre bonne forme physique que vous y gagnerez vous incitera à rester en mouvement, et à modifier votre attitude vis-à-vis de bien des choses. Ça vous aidera à tonifier votre vie. Se garder en forme n'est pas simplement une question d'exercices; c'est, à proprement parler, un style de vie.

Dès que l'exercice vous sera devenu une habitude quotidienne, notez vos progrès dans votre carnet et sur un calendrier; ainsi, au début de chaque mois, inscrivez votre poids, votre pouls et remarquez comment vous vous sentez de façon générale. Cela vous permettra de savoir où vous en êtes. Il est toujours difficile de progresser si le but fixé, quoique concret, est à l'extérieur de vous. Mais cela le devient beaucoup moins lorsqu'on s'attache essentiellement à exploiter son potentiel.

## Les guides du rendement physique maximal

*Le sentiment:* Entraînez-vous à devenir conscient d'une nouvelle partie de votre corps, les unes après les autres. Exercez-vous de telle sorte que vous soyez toujours en train de développer une partie faible de votre corps, non pas pour développer vos muscles mais pour être en forme.

*L'image:* Ce n'est pas tant le fait d'être en forme qui importe, mais plutôt celui de le devenir. Pensez à votre corps comme à un instrument extrêmement complexe dont vous aurez à vous servir durant toute votre vie et que vous devrez, pour cela, conserver en bon état. Développez l'attitude suivante: la mise en forme, c'est pour la vie.

*La pensée:* Pensez en termes de conditionnement physique. Déterminez vos objectifs en disant: "J'ai l'intention de devenir..." Quand vous aurez acquis la conviction que vous avez tout ce qu'il faut pour être en forme, cela voudra dire que vous maîtrisez désormais les plus importantes des habiletés dont vous puissiez jamais avoir besoin.

Commencez immédiatement à vous intéresser à votre condition physique et inspirez-vous de ces guides pour déterminer le but que vous voulez atteindre ainsi que les moyens d'y parvenir.

## Troisième semaine — dix-huitième jour
## Pour un rendement moral maximum

L'adoption d'un comportement moral et éthique constitue un élément important de la mise en forme psychologique. Lorsque vous avez une personnalité mal équilibrée, vous vous lancez dans des actions qui le sont tout autant. Par contre, si vous vous sentez bien dans votre peau et fonctionnez à un haut niveau d'efficacité psychique, vous agissez conformément à la morale et à l'éthique. Le comportement de l'individu est le fruit d'une cohésion intérieure et non d'une attitude spirituelle ou religieuse.

### Quel résultat avez-vous obtenu
### au moment de votre examen de routine?

**Les valeurs morales**                        OUI    NON

1. Peut-on vous faire confiance?               ___    ___

2. Vous considérez-vous responsable de vos
   actes?                                       ___    ___

3. Votre sens de l'éthique s'est-il amélioré
   avec les années?                            ___    ___

4. Êtes-vous honnête? ____ ____

5. Êtes-vous loyal et équitable? ____ ____

6. Respectez-vous les valeurs morales des autres? ____ ____

7. Votre éthique est-elle flexible? ____ ____

8. Avez-vous une bonne opinion de votre comportement et de vos convictions morales et éthiques? ____ ____

9. Les autres ont-ils une bonne opinion de votre comportement et de vos convictions morales et éthiques? ____ ____

10. Êtes-vous satisfait de votre comportement éthique et moral? ____ ____

TOTAL ____ ____

*Si vous avez obtenu de 8 à 10 oui, vous êtes un champion moral.*Qui plus est, votre aptitude morale et éthique fait partie intégrante de votre comportement au lieu d'être quelque chose auquel il vous faut soigneusement réfléchir avant d'agir.

1. Dressez la liste, courte et très précise, de vos croyances morales et éthiques.

2. Continuez-vous de les mettre en pratique ou ne sont-elles plus qu'un vestige du passé? Vous est-il déjà arrivé de les remettre en question, de vous interroger sur leur utilité et leur valeur? Si vous ne l'avez encore jamais fait, mettez-y vous dès maintenant.

*Si vous avez obtenu de 4 à 7 oui, vous êtes un moraliste du dimanche.* Vous êtes en proie à un conflit intérieur dont vous ne soupçonnez pas toute l'ampleur.

1. Établissez la liste de toutes les qualités morales et éthiques que vous aimeriez avoir.

2. Demandez-vous dans quelle mesure leur absence influe sur d'autres secteurs de votre bien-être psychologique (amitié, amour, travail, etc.)

3. Commencez à parler d'un nouveau système de valeurs fondé sur ce que vous ressentez. Il faudrait que ce système change au même rythme que vous-même, mais non pas pour vous accommoder.

*Si vous avez obtenu de 1 à 3 oui, vous êtes un spectateur moral.* Votre aptitude morale et éthique est presque inexistante. Vous ne mettez pas à profit votre propre sens de ce qui est bien ou non pour déployer au maximum votre potentiel psychologique.

1. Faites la liste des éléments qui constituaient le système de valeurs de vos parents.

2. Réfléchissez à ce que chacune de ces valeurs comportait de bien ou de mal, à ses limites et à ses qualités.

3. Biffez celles auxquelles vous ne croyez plus.

4. Imaginez que vous n'avez aucun système de valeur et que vous vivez dans un monde où vous êtes totalement libre d'agir à votre guise et où tous les moyens vous sont bons pour parvenir à vos fins. Poussez votre fantaisie jusqu'au bout. Que ressentiriez-vous?

5. Restez dans le domaine de l'imaginaire, mais voyez-vous maintenant comme quelqu'un qui fait son chemin dans la vie et possède un solide code moral et éthique, bien adapté à sa personnalité. Qu'est-ce qui vous paraît le plus souhaitable?

6. Établissez votre propre code moral et vos critères d'un comportement éthique de telle sorte qu'ils vous permettent de vous sentir mieux, de vivre mieux et de réussir davan-

tage. Concevez-les à partir de votre propre expérience. Ensuite, parlez-en à vos amis et lisez-leur ce que vous avez écrit. Demandez-leur ce qu'ils en pensent.

7. Concluez un pacte avec vous-même. Essayez de mettre votre code en pratique, quotidiennement. Observez ce que vous ressentez et soyez persévérant.

Bien des gens sont effrayés à l'idée d'avoir leur propre code d'un comportement éthique. Ils préfèrent de beaucoup obéir à des règles qui leur sont extérieures — qu'elles relèvent du presbytérianisme, du catholicisme, du judaïsme ou de l'Islam —, ignorant que des valeurs qui deviennent des règles restreignent leur évolution. Toute valeur significative doit apparaître comme un guide et non comme une contrainte. Néanmoins, si tant de gens refusent de concevoir leur propre code moral et de s'y conformer, c'est essentiellement parce qu'ils *deviendraient responsables* et qu'ils auraient à se rendre des comptes à eux-mêmes, de même qu'à leur entourage. Le fait est que lorsqu'on viole une règle établie par un autre on n'y attache pas grande importance. Par contre, il est impossible d'en faire autant quand il s'agit de la sienne.

Votre propre cohérence augmente avec votre sens moral. On peut s'appuyer sur vous, vous faire confiance et vous respecter. Finalement, tout votre comportement acquiert un biais moral et éthique et, au lieu de vous contenter d'être un suiveur, vous devenez un chef de file.

## Question-clé

*Vous considérez-vous responsable de vos actes*? Cette simple question est peut-être la plus difficile de toutes celles qui vous ont été posées dans ce chapitre. Assumer vos responsabilités implique que vous savez ce que vous faites parce que vous avez décidé de le faire. Néanmoins, on ne peut être responsable que dans la mesure où on en a conscience. Plus vous développerez cette conscience, plus il vous deviendra naturel de prendre vos responsabilités. Faites la liste de tout ce dont, dans votre vie, vous acceptez d'être tenu responsable et de ce dont vous refusez la paternité. Cette différenciation vous rendra plus apte à faire des choix.

## Les guides du rendement moral maximal

Ces guides vous aideront à intégrer votre sens moral à votre comportement

*Le sentiment:* Quelles que soient les circonstances, vous devriez vous sentir assez bien de ce que vous avez fait pour ne pas le renier. Il ne s'agit pas de vous montrer inflexible, mais plutôt de signifier que vos actions reposent sur une honnêteté émotionnelle.

*L'image:* Bien des exemples nous viennent à l'esprit, depuis les chefs spirituels jusqu'à Abraham Lincoln. Mais, dès qu'on parle de morale, vous êtes votre meilleur modèle. Votre comportement est-il conforme à ce que les autres attendent de vous? Vivez à partir de l'image de bonté et de droiture qui était vôtre au moment de votre naissance.

*La pensée:* Chaque fois que vous agissez, demandez-vous ceci: "Est-ce que je me sens *bien* de faire ce que je fais maintenant?"

Prenez soin de votre système de valeurs. C'est un atout qui n'a pas de prix.

# Troisième semaine — dix-neuvième jour
# Pour un rendement onirique maximal

Connaître un rendement maximal, quand il s'agit du sommeil, signifie être capable de s'endormir rapidement et de plonger dans un sommeil profond et réparateur, de telle sorte que, au réveil, on se sente reposé et en pleine forme. D'autre part, l'absence de rêves de percée fait qu'on ne dispose pas de toutes ses forces psychologiques au moment de commencer la journée. Les rêves passifs, chargés de symboles, d'anxiété et d'appréhension, envahis par des étrangers et où le rêveur tient un rôle de victime, indiquent un comportement onirique inapte. Nous travaillons sur cette activité psychique depuis plus de dix ans et nous avons prouvé qu'il est possible de faire des rêves où l'on se montre actif, où on se sent bien, qui sont peuplés d'amis et dépourvus d'à peu près tout symbolisme, des rêves tels qu'on se réveille en se sentant bien. C'est ce que nous appelons les rêves de percée.

Ce qui importe, ici, c'est de faire en sorte que la qualité optimale de vos rêves et de votre sommeil devienne une habileté permanente au lieu d'être simplement une expérience sporadique. Vous devriez pouvoir dormir et rêver de façon à tirer le maximum de vos expériences nocturnes. Cela s'avère possible lorsque votre moi intime et votre moi extérieur ne forment plus qu'un. Quand il y a un décalage entre les deux, par contre, vos rêves sont obscurs et votre sommeil agité. Selon les statistiques, plus de soixante pour cent de la population se plaint de mal dormir, à un moment ou à un autre.

Nous estimons que l'aptitude psychologique d'une personne se reflète dans ses rêves. Autrement dit, votre comportement, durant la journée, est très proche de celui que vous avez en rêvant, et vice versa. *Nous appelons ce phénomène l'hypothèse du parallélisme.*

Les rêves vous permettent d'évaluer dans quelle mesure vos exercices de mise en forme psychologique portent fruits. Au fur et à mesure que votre état psychique général s'améliore, vous devriez constater un changement dans la nature de vos rêves. Vous saurez que vos exercices sont bien faits dès que ce changement s'amorcera. De plus, celui-ci devrait être immédiat. Quand la vie vigile change, il en va de même de la vie onirique.

Vos rêves sont le reflet de votre processus d'apprentissage tout autant que de la façon dont vous vous y prenez pour résoudre vos problèmes. Et vous pouvez appliquer à l'état de veille les nouveaux modes de pensée que vous mettez en pratique dans vos rêves. Plus vous rêvez et dormez de façon satis-faisante, plus vous vous approchez du moment où vous aurez complété le cycle de la mise en forme psychologique — du sommeil à l'état vigile, et de l'état vigile au sommeil. Désormais, vous serez à la fois maître et disciple de votre bonne forme psychologique, celui qui choisit et qui guide en même temps que celui qui agit et qui suit.

## Quel résultat avez-vous obtenu au moment de votre examen de routine?

### Le sommeil et les rêves                    OUI    NON

1. Vous servez-vous de vos rêves pour mieux comprendre et changer votre vie?            ____   ____

2. Avez-vous les habiletés nécessaires pour comprendre vos rêves et en tirer parti?      ____   ____

3. Êtes-vous satisfait de votre vie onirique?      ____   ____

4. Vous sentez-vous généralement bien quand vous rêvez?                            ____   ____

5. Vous souvenez-vous d'au moins trois rêves par semaine?                             ____   ____

6. Discutez-vous de vos rêves avec vos amis et connaissances au moins une fois par semaine?                                 ____   ____

7. Vous sentez-vous reposé et en forme quand vous vous réveillez?                    ____   ____

8. Dormez-vous profondément?                  ____   ____

9. Vous endormez-vous facilement et naturellement, sans prendre de drogues ou d'alcool? ⎯⎯ ⎯⎯

10. Êtes-vous satisfait de votre aptitude à dormir? ⎯⎯ ⎯⎯

TOTAL ⎯⎯ ⎯⎯

*Si vous avez obtenu de 8 à 10 oui, vous êtes un rêveur champion.* Avec quelques brefs exercices d'adaptation, vous pourrez obtenir, de façon permanente, un rendement maximal de votre sommeil et de vos rêves. Votre résultat laisse voir que votre moi intime et votre moi extérieur sont en train de se rapprocher l'un de l'autre. Plus vous accepterez d'agir à l'état de veille et plus vous deviendrez actif dans vos rêves. Il est important que vous poursuiviez le cycle de la mise en forme psychologique (de la vie éveillée aux rêves à la vie éveillée). Les exercices qui suivent vous aideront à fortifier votre personnalité onirique.

1. Examinez cet aspect de votre personnalité. Jusqu'à quel point vous montrez-vous, dans vos rêves, actif, expressif, sensible, lucide et capable de maintenir des contacts? Une faiblesse dans l'une ou l'autre de ces catégories signifiera que vous avez encore quelques efforts à accomplir. N'oubliez pas que votre comportement en rêve est souvent le frère de celui que vous adoptez à l'état de veille. Relevez les similitudes entre les deux.

2. Prenez vos rêves au sérieux. Rappelez-vous que vous êtes un *maître-rêveur*. Prêtez l'oreille à ce que vous vous révélez sur votre propre compte.

3. Formez votre groupe de rêveurs. Une fois par semaine, réunissez-vous avec quelques proches ou quelques amis et confiez-vous vos rêves.

*Si vous avez obtenu de 4 à 7 oui, vous êtes un rêveur amateur.* Votre moi intime et votre moi extérieur sont tellement loin l'un de l'autre qu'ils se rejoignent uniquement à travers la symbolique de vos rêves. Il vous faut donc commencer à faire face à la nature symbolique de leur communication. La nuit, c'est votre moi intime qui prend le dessus et qui vous informe sur le véritable fonctionnement de votre personnalité. Voici, maintenant, quelques directives sur ce que vous devez faire et éviter de faire à propos de vos rêves.

### À éviter

1. N'essayez pas d'interpréter vos rêves. Ne cherchez pas à voir en chaque symbole une signification sexuelle ou psychologique.

2. N'essayez pas de dominer vos rêves en leur imposant, au moment de vous endormir, un contenu préfabriqué.

3. Pour le moment, ne tenez pas un journal sur vos rêves. Vous le ferez plus tard, dans le cas des plus importants d'entre eux, lorsque vous saurez vraiment en tirer parti.

4. Bannissez de vos lectures tous les ouvrages décrivant quarante mille rêves et leur signification.

### À faire

1. Lorsque vous vous réveillez, le matin, et que vous voulez vous souvenir de vos rêves, demandez-vous: "Qu'est-ce que j'éprouve?" Les rêves sont l'image de nos sentiments; c'est pourquoi vous devez d'abord retrouver ceux-ci et les images émergeront naturellement lorsque vous vous souviendrez de votre sentiment.

2. Quand vous ne pouvez vous rappeler un rêve, inventez-en un en vous inspirant de ce que vous ressentiez au réveil. Concevez-le de façon très simple, avec des images et des dialogues.

3. Parlez, chaque jour, de votre rêve et de ce que vous éprouviez en vous réveillant.

4.  Prenez des dispositions pour pouvoir dormir bien et selon un horaire régulier, de façon que votre organisme puisse bénéficier de tout le repos dont il a besoin. Des recherches ont démontré que nous avons besoin de dormir, en moyenne, sept ou huit heures par nuit. Cela varie, toutefois, selon les individus et leurs exigences spécifiques. Voyez ce qu'il en est dans votre cas et respectez votre horaire.

*Si vous avez obtenu de 1 à 3 oui, vous êtes un spectateur de vos rêves.* Une proportion importante de votre vie vous échappe. C'est pendant la nuit que votre moi intime et votre moi extérieur ont maille à partir. Il est temps pour vous d'élucider et de mieux comprendre ce qui se passe durant votre sommeil, dans votre vie onirique.

Vous souvenir de vos rêves est la première étape. Remontez votre réveil pour qu'il sonne une demi-heure plus tôt que d'habitude. Et, dès que vous ouvrez les yeux, concentrez-vous sur ce que vous ressentez. Écrivez tout ce que vous pensez et éprouvez, même dans un style télégraphique.

Ce résultat minimal indique que, à l'état de veille, votre personnalité est loin d'utiliser toutes ses ressources. C'est un élément dont vous devrez tenir tout particulièrement compte quand vous étudierez votre sommeil et vos rêves pour évaluer vos progrès.

Nous allons, maintenant, voir avec vous les vingt-cinq phrases les plus importantes qu'il vous ait jamais été donné de lire. Réfléchissez à cinq de vos principales activités et, chaque jour, rédigez, dans votre carnet de rêves, cinq phrases conçues selon les modèles suivants:

Je voudrais être plus actif quand...
Je voudrais m'exprimer davantage quand...
Je voudrais me sentir davantage quand...
Je voudrais me montrer plus lucide quand...
Je voudrais faire plus de contact quand...

C'est ce que nous appelons des exercices de rappel. Plus vous les ferez, plus vous vous rappelerez votre moi intime. En vous rappelant son existence, vous commencerez à vous souvenir de vos rêves et serez davantage en mesure de comprendre le fonctionnement de votre personnalité onirique.

Lorsque vos rêves vous seront devenus une réalité, vous pourrez passer à ce second exercice, conçu pour vous aider à en tirer parti:

Si je m'étais montré plus actif dans ce rêve, alors...

Si je m'étais exprimé davantage dans ce rêve, alors...

Si je m'étais senti davantage dans ce rêve, alors...

Si je m'étais montré plus lucide dans ce rêve, alors...

Si j'avais multiplié les contacts dans ce rêve, alors...

En vous posant ces cinq questions chaque fois que vous vous souvenez d'un rêve, vous permettrez à votre personnalité onirique de s'exercer davantage, ce qui se traduira par un renforcement de celle-ci et une augmentation radicale de vos résultats lors de votre prochain examen de routine.

## Question-clé

*Vous sentez-vous généralement bien quand vous rêvez?* Cette question est d'une importance capitale. C'est en y répondant que vous saurez s'il y a ou non harmonie entre votre moi intime et votre moi extérieur. Il va de soi qu'aucun monstre ne vous poursuit dans la vie de tous les jours. Les conflits que vous percevez dans vos rêves se déroulent entre vos deux moi. Plus vous serez en mesure d'y faire face et de les résoudre, plus vos rêves deviendront lumineux et bénéfiques. Une situation conflictuelle, dans votre monde onirique, signifie que vous avez les capacités de devenir plus paisible. C'est pourquoi vous ne devez pas vous inquiéter lorsque vos rêves revêtent la forme de cauchemars. Servez-vous-en pour évaluer votre potentiel dynamique que vous transformerez en énergie cinétique dès que vous aurez acquis les habiletés nécessaires. Vos rêves sont une centrale électrique.

Cette question porte également sur la qualité de votre sommeil. Quand vous vous sentez bien dans un rêve, vous éprouvez une impression de détente grâce à laquelle vous pouvez jouir d'un sommeil réparateur. Dans le cas contraire, c'est-à-dire lorsque vos rêves ont un contenu négatif, votre organisme en subit le contrecoup. C'est la même chose lorsque vous êtes malade: vos maux physiques se répercutent dans vos rêves. Si vous dormez profondément et vous sentez reposé au réveil, cela veut dire que vous vous détendez pendant la nuit. Et c'est cette détente qui vous permet de jouir davantage de votre sommeil.

## Les guides du rendement onirique maximal
## (à utiliser durant la journée)

*Le sentiment:* Il s'agit d'arriver à vous sentir reposé et en paix avec vous-même, plus spécialement le matin lorsque vous ouvrez les yeux et le soir, avant de vous endormir.

*L'image:* Parlez de vos rêves. Cet exercice vous permettra à la fois de les sortir de l'obscurité et d'exercer votre personnalité à l'état de veille. Plus vous en parlerez, plus vous comprendrez ce que vous essayez, chaque nuit, de vous révéler.

*La pensée:* Demandez-vous ceci: "Dans quel sens voudrais-je voir mes rêves changer?" Discutez avec d'autres des diverses façons d'être que vous aimeriez adopter dans vos rêves. En communiquant vos idées, devenez conscient pendant le jour de vos désirs et de vos changements.

Vous pouvez modifier votre vie nocturne. N'en soyez pas la victime. Commencez dès maintenant à intervenir activement au niveau de votre sommeil et de vos rêves.

## Récapitulation de la troisième semaine

Profitez du week-end pour revoir tout ce que vous avez accompli, cette semaine. Reprenez les exercices qui vous ont donné du fil à retordre et adaptez-les à vos possibilités. Examinez également comment chaque jour s'enchaîne avec le précédent. En principe, vous devriez avoir maintenant une vision beaucoup plus claire de vos forces, de vos faiblesses et de vos habiletés. Vous êtes en train d'apprendre à utiliser toutes les dynamiques de votre personnalité et de réconcilier votre moi intime et votre moi extérieur.

Nous vous conseillons très vivement de vous appuyer sur les habiletés que nous vous avons enseignées pour élaborer un programme de mise en forme personnel et permanent. Rappelez-vous que vous devrez rester psychologiquement en forme durant toute votre vie.

Vous savez maintenant, parce que vous l'avez vécu, que la mise en forme psychologique est un *processus* qui permet de se sentir infiniment mieux dans tous les domaines, qu'il s'agisse du travail, du jeu, de l'amitié, de l'amour ou de la sexualité. Le changement au niveau de vos émotions, de votre vie intellectuelle, de votre corps, de vos valeurs et, enfin, de votre sommeil et de vos rêves ainsi que le processus de ce changement sont contrôlés par les cinq dynamiques de la personnalité: l'expression, le sentiment, l'activité, la lucidité et le contact.

Apprenez à connaître vos forces et à les utiliser pour en bâtir de nouvelles à partir de vos faiblesses. Mettez-les en pratique dans tous les secteurs de votre vie, afin de parvenir à un rendement maximal. Jouissez de vous sentir en forme, grâce à des exercices réguliers et à une évolution constante.

# Troisième partie

# Comment changer
ses problèmes
en forces

# Chapitre 9

# Une nouvelle façon d'envisager vos problèmes

Bien des gens croient que, pour pouvoir utiliser leur potentiel au maximum, ils doivent exceller en quelque chose. Ils doivent avoir une seule qualité, tellement exceptionnelle qu'elle attire l'attention sur eux. Ils se trompent lourdement. C'est en apprenant à bâtir soi-même sa vie que l'on découvre la plénitude de son potentiel. Et c'est justement parce que cette découverte est à la portée de tout le monde que la mise en forme psychologique est tellement passionnante.

Dans les chapitres qui suivent, nous aborderons certains des problèmes les plus fréquents. Notre objectif est de vous apprendre à considérer les difficultés psychologiques selon l'optique de la mise en forme.

# L'optique de la mise en forme

Tout problème auquel fait face un individu n'est, en réalité, rien d'autre que la recherche d'une solution. Par exemple, les alcooliques ne boivent pas parce qu'ils souhaitent devenir alcoolique. Ils se sont mis à boire parce que cela représentait à leurs yeux une façon de résoudre, dans l'immédiat, un problème précis. Et, alors qu'ils se sentaient totalement désemparés avant de vider leur premier verre, ils ont découvert que l'alcool leur faisait du bien. Avec, comme résultat, qu'ils se trouvent maintenant aux prises avec un nouveau problème: celui de l'alcoolisme.

Que se passe-t-il quand une personne se met à boire? Des études sur la physiologie du cerveau ont démontré que l'alcool s'attaque principalement aux centres inhibiteurs du cortex. C'est ce qui explique l'impression de soulagement éprouvée par les intoxiqués (d'un point de vue technique, il est exact que l'alcool supprime le contrôle cortical au niveau du système limbique). Malheureusement, cette façon de libérer les sentiments a également pour effet de diminuer la lucidité et la coordination motrice, d'où les crimes et les accidents.

La personne qui boit essaye indirectement: 1) d'augmenter ses sentiments; 2) de développer ses facultés d'expression; 3) de multiplier ses possibilités de contact.[1] Mais elle a opté pour une solution dont les conséquences sont catastrophiques.

Ceci dit, l'alcoolisme n'est pas son véritable problème. Celui-ci réside en elle-même et, comme pour la plupart de ceux qui connaissent des difficultés, son moi intime et son moi extérieur se livrent une lutte acharnée. Son moi intime a des sentiments et des besoins que le moi extérieur ne sait comment satisfaire. Les problèmes que l'on vit ne sont rien d'autre que le reflet de ces conflits intérieurs.

---

1) Ceci permet de mieux comprendre la popularité de l'Association des Alcooliques anonymes. L'une des règles des AA exige que les alcooliques nouent des contacts avec les autres membres et expriment ce qu'ils ressentent.

# Origine des problèmes

Nombreux sont ceux qui en arrivent à se confondre avec leurs problèmes et qui se définissent en fonction de ceux-ci: "je suis timide" ou "je suis déprimé" ou encore "je suis gros". Mais nous ne sommes pas que nos problèmes. Fussent-ils les nôtres. Si tel était le cas, nous ignorerions alors que nous en avons un. Nous considérerions l'obésité, la timidité ou la dépression comme un état naturel. Les difficultés surviennent à partir du moment où nous sommes dépourvus des habiletés nécessaires pour combler le fossé qui s'est creusé entre notre moi intime et notre moi extérieur. Leur apparition signifie que notre moi extérieur fonctionne mal et que notre moi intime le sait. C'est donc quand les gens ne possèdent pas les moyens de les réunir qu'ils se retrouvent dans de mauvais draps. Et, ce qui est loin d'améliorer la situation, ils choisissent, pour tenter de combler ce fossé, de se jeter tête baissée dans d'autres problèmes. Or, plus celui-ci est large, plus il y a de la place pour les problèmes.

La véritable solution réside en la fusion du moi intime et du moi extérieur. Bien sûr, il arrive à tout le monde d'avoir des pensées et des comportements aberrants, mais ceux-ci ne deviennent des problèmes que lorsqu'il y a un manque d'harmonie entre les deux moi. Leur rapprochement ramène les difficultés à leur véritable dimension.

Dans les prochaines pages, nous étudierons le fonctionnement des problèmes: l'état de frustration deviendra la manière dont on se frustre, la privation devient frustration, la timidité cèdera la place à la façon de se retenir, les inquiétudes deviendront la façon dont vous vous inquiétez. Nous ferons de vos problèmes statiques des processus. Car il est bien plus facile de renforcer ou de modifier un processus que de résoudre une difficulté, d'autant plus que, bien souvent, à peine en a-t-on réglé une que dix autres surgissent. Mais lorsque vous aurez compris les processus qui régissent vos problèmes, les solutions apparaîtront d'elles-mêmes et se multiplieront.

# Genèse des problèmes

Les individus se créent des problèmes personnels parce qu'ils n'ont pas les habiletés pour maintenir un fonctionnement adéquat de leur moi extérieur. Or, ce sont les dynamiques de la personnalité, que nous avons déjà étudiées (soit l'expression, l'activité, le sentiment, la lucidité et le contact), qui déterminent ce fonctionnement. Sans elles, vous aurez beaucoup de mal à conserver toute son efficacité à votre moi extérieur et il vous sera tout aussi difficile de le rapprocher de votre moi intime.

Pour pouvoir changer vos problèmes en forces, il vous faut, tout d'abord, bien comprendre ce principe fondamental: Tout problème psychologique contient une force latente que vous n'avez pas besoin de développer puisqu'elle existe déjà au fond de vous-même.

Cela signifie que chaque problème est relié à des habiletés de la personnalité qui ont atteint un développement relativement poussé et, en même temps, à d'autres habiletés qui ont été totalement laissées en friche. Par exemple, il est certain que l'inquiet chronique possède une sensibilité aiguë, mais il a négligé d'approfondir sa lucidité qui l'aurait aidé à faire la différence entre un sentiment et une inquiétude fondée avec d'autres qui ne le sont pas. Et il n'a pas, non plus, développé sa dynamique d'activité grâce à laquelle il aurait su quoi faire eu égard à ses sentiments.

Si vos habiletés ne sont que partiellement développées, il vous est impossible de bien fonctionner à cause du déséquilibre qui existe entre votre moi intime et votre moi extérieur. La mise en forme psychologique vous permet de découvrir celles de vos forces et habiletés qui sont cachées et inexploitées, d'une part, et de les utiliser dans une perspective nouvelle, d'autre part. Durant toutes ces années où vous avez laissé votre problème prendre de l'importance, vos forces, elles aussi, se sont intensifiées. Réfléchissez à cette assertion. Cela fait des années que vous pratiquez vos problèmes, que vous pratiquez d'être inquiet et de blâmer. Il est facile de comprendre comment, avec un aussi long exercice, vous avez pu développer de multiples habiletés.

Le truc consiste à utiliser votre habileté selon une nouvelle perspective, de façon à dépister les forces qui se dissimulent derrière vos problèmes. À ce moment-là, vous pourrez la laisser travailler pour vous et non plus contre vous.

## Une démystification qui s'impose

Dans les prochains chapitres, nous verrons plusieurs des idées fausses que les gens entretiennent à propos des phobies, de la frustration, de l'inquiétude et autres troubles similaires. Mais il en est trois, d'un caractère plus général, qui reviennent automatiquement dès qu'on parle de problèmes psychologiques.

*Les gens en santé n'ont pas de problèmes psychologiques.* Rien n'est plus faux. En réalité, semblables difficultés sont parfaitement normales et naturelles. Aucun être humain ne parvient à l'âge adulte doté de toutes les forces psychologiques nécessaires. L'apparition d'un problème signifie essentiellement que vous avez besoin de développer une nouvelle force psychologique.

*Tout le monde a des problèmes; ce n'est pas la peine de s'en faire pour ça.* Ce cliché est le contraire du précédent, mais il a le même effet paralysant parce qu'il vous incite à vivre avec vos faiblesses sans même penser à les changer. S'il est exact que tout le monde a des problèmes, cela n'implique nullement que nous devrions les ignorer, pas plus que les forces qu'ils dissimulent. Apprendre à utiliser ses forces cachées et développer de nouvelles forces font plus que permettre de résoudre des problèmes: ceci augmente notre bien-être intérieur.

*Tous les troubles psychologiques sont imputables au contexte social.* N'espérez pas voir les choses s'améliorer tant que vous n'aurez pas décidé de faire quelque chose pour vous-même. Non seulement pouvez-vous susciter d'importants changements en vous-même, tout autant qu'à votre travail ou dans votre milieu familial, mais, en plus, vous y prendrez plaisir.

# Enquêtes

Pour chacun des principaux problèmes abordés ici, nous avons interrogé entre deux et trois cents personnes choisies parmi celles qui participent à nos sessions de formation et qui essayent activement d'améliorer leur condition psychologique. Leurs réponses vous permettront de voir ce que les autres pensent de leurs problèmes. Nous vous suggérons de noter dans votre calepin, au fil de votre lecture, tout conseil qui vous semble approprié, compte tenu de votre situation. N'hésitez pas à faire vôtres toutes les idées contenues dans ce livre et à les mettre en pratique avec vos amis ou à votre travail. Outre le fait que votre vie s'en trouvera améliorée, c'est de cette façon que vous commencerez à agir.

Le jogging mental vous aidera à voir au-delà de vos problèmes et à découvrir de nouveaux aspects de votre personnalité. Ce faisant, vous constaterez que votre identité acquiert, peu à peu, une tout autre dimension à partir, justement, de vos difficultés. Plus vous vous laisserez aller à explorer celles-ci et à toucher du doigt vos forces et vos faiblesses, plus votre condition psychologique s'améliorera rapidement. La mise en forme psychologique est un processus actif qui prend sa source dans ce que vous connaissez mieux que tout: les forces cachées derrière vos problèmes.

## La clé des problèmes personnels

Une personnalité en bonne forme est la clé pour qui cherche à résoudre avec succès ses problèmes. Toute situation pénible ou embrouillée lui est un stimulant. Au lieu de vous acharner à trouver la solution pour l'un ou l'autre de vos problèmes, commencez plutôt à découvrir les habiletés que vous possédez ou qui vous font défaut dans le domaine correspondant. Selon la philosophie de la mise en forme, il s'agit pour vous de devenir un spécialiste de la bonne forme. Cela signifie que vous ne pouvez pas attendre de personne la solution par excellence au dernier-né de vos problèmes. La meilleure solution consiste à vivre d'une nouvelle façon en faisant appel à toutes les dynamiques de votre personnalité.

# Chapitre 10

# L'inquiétude:
# s'en faire moins et se
# concentrer davantage

L'une des gloires nationales du demi-fond participe à une course prestigieuse. Sa stratégie a porté fruits jusqu'ici et il est sur le point d'aborder le dernier virage. Il jette un coup d'oeil par-dessus son épaule: un adversaire le talonne. De beaucoup plus près qu'il ne l'aurait cru. Plus question, maintenant, de remporter la victoire sur un plateau. Cette idée déclenche en lui une décharge d'adrénaline, il hésite une fraction de seconde et "passe en cinquième vitesse" comme il le décrira plus tard aux journalistes. Il sème son adversaire et pulvérise le record du mille.

Aurait-il réfléchi une demi-seconde de plus, cet athlète aurait vu la victoire lui échapper. Au lieu de cela, la situation l'a poussé à donner le meilleur de lui-même. Vous pouvez tirer parti de vos inquiétudes d'une façon similaire. Quand quelque chose vous tracasse, vous éprouvez une vague de sentiment. Si vous utilisez cette poussée de sentiment pour passer en cinquième vitesse psychologique, vous vous sentirez un vainqueur. Mais si, par contre, vous passez en première vitesse, votre inquiétude se changera en problème. Une préoccupation qui s'éternise est comme une course qu'on n'aurait pas terminée. On est privé de la satisfaction d'avoir fait de son mieux et d'avoir été jusqu'au bout; il n'est pas, non plus, question de penser à se reposer pour jouir du moment présent.

Voici le témoignage de Fred dont la vie tout entière semble s'être déroulée sous le signe de l'inquiétude.

### L'inquiétude, un gaspillage d'énergie

J'aimais travailler. Toutefois, j'avais beau me lancer avec enthousiasme et conviction dans n'importe quel projet, je ne tardais guère à voir mon dynamisme m'abandonner en moins de temps qu'il n'en faut pour le dire. Et, inévitablement, c'était en proie à la plus vive inquiétude que je m'efforçais de terminer ce que j'avais entrepris.

Tout d'abord, je m'interrogeais sur la qualité même de mon travail. Je m'en faisais surtout parce que j'ignorais si je m'y prenais "bien". Évidemment, cela m'amenait à me demander ce qui se passerait si je n'arrivais pas à terminer ma tâche à temps. Je me plongeais dans une incessante évaluation de mon travail comme s'il s'était agi de celui d'un autre, et mes efforts les plus sincères se trouvaient anéantis par cette appréciation d'un étranger qui n'avait d'autre existence que celle que lui prêtait ma propre imagination.

Ceci dit, mon inquiétude avait des racines beaucoup plus profondes que mes seules pensées emplies d'hésitation. Je m'étais mis dans la tête que j'étais différent des autres, que je ne pouvais pas faire les mêmes choses qu'eux, que j'étais, fondamentalement, un incapable.

Mes inquiétudes revêtaient la forme de pensées qui m'empêchaient de donner le meilleur de moi-même. Elles sapaient ma volonté d'agir à un point tel que ce que j'accomplissais ne me conduisait nulle part. En fin de compte, il n'y a pas grande différence entre se ronger les sangs et se tourner les pouces: dans un cas comme dans l'autre, on ne fait à peu près rien et le résultat est inexistant.

Fred continue toujours de regarder par-dessus son épaule, c'est pourquoi il ne peut mettre à profit les forces qui résident en lui. L'inquiétude va plus loin que le simple fait de ne pas agir; en réalité, elle équivaut à agir contre soi-même.

Pour notre part, nous voulons, dans l'optique de la mise en forme psychologique, vous apprendre à considérer vos inquiétudes sous un nouvel angle afin de cesser de tourner en rond et de vous mettre à faire du jogging mental. Cela ne signifie pas que, désormais, l'angoisse vous deviendra étrangère, mais plutôt que vous saurez comment la faire passer du stade de l'hésitation à celui de l'action.

## La véritable nature de l'inquiétude

Il faut bien comprendre que l'inquiétude, comme telle, n'existe pas. En réalité, il s'agit uniquement d'un processus psychologique actif: s'inquiéter. Quand une personne est un inquiet chronique, cela veut dire qu'elle essaye, psychologiquement, d'exercer sa personnalité — sans se rendre compte à quel point pareil exercice est inefficace. Or, à force de s'inquiéter, on finit par s'habituer à cet état et par tolérer l'absence de solutions. En principe, un exercice psychologique devrait en faire naître d'autres, nouveaux et plus dynamiques. Mais l'inquiet, lui, est passé maître dans une activité dépourvue de tout objectif extérieur — il n'y a jamais suffisamment d'action pour lui permettre de vérifier si cet exercice l'aide à se sentir mieux. Ce dont on est sûr, par contre, c'est que l'inquiétude empêche le moi intime et le moi extérieur de devenir psychologiquement en forme.

## Les forces cachées et les faiblesses de l'inquiétude

S'il importe de laisser éclater ses inquiétudes au grand jour, c'est parce que cela permet de canaliser vers des buts positifs, toute l'énergie psychique jusque-là utilisée à des fins négatives.

La force cachée au fond de l'inquiétude consiste en une forme naturelle de concentration. Celui qui apprend à se concentrer de façon systématique ne tarde pas à dépasser celui qui ne se livre jamais à cette activité mentale. La méditation est une bonne forme de concentration. Quand on médite, on se concentre sur quelque chose de neutre ou de positif, comme le mantra ou la vénération que l'on a pour son gourou. Mais lorsqu'on cède à l'inquiétude, l'objet de la concentration est négatif, qu'il s'agisse de la crainte d'un échec, d'une maladie ou encore de la peur d'un accident. Il n'y a donc pas lieu de s'étonner en constatant que la méditation aide certains de ses adeptes à se sentir mieux alors que l'inquiétude engendre un profond malaise. Le seul point commun entre ces deux processus est l'énergie nécessitée par la concentration. Quand vous vous rendrez compte que vous possédez une force de concentration incroyable et, qui plus est, que vous pouvez l'utiliser dans un but positif, cela voudra dire que vous avez découvert la force qui demeurait cachée au fond de l'inquiétude.

Les faiblesses inhérentes à l'inquiétude sont trompeuses. S'inquiéter, c'est essentiellement retenir ou supprimer une réaction complète face à une situation donnée. On pourrait comparer cela à un moteur de voiture qui s'emballerait alors que le levier de changement de vitesse est au point mort. L'inquiétude nous transmet deux messages en même temps: "soyez sur vos gardes" et "ne bougez pas".

Ce n'est pas sans raison que les personnes inquiètes persistent dans cette attitude. Peu à peu, elles en sont arrivées à s'identifier au processus lui-même. Cela fait des années qu'elles en affinent les subtiles nuances, les moindres modulations, les nombreux motifs qu'elles ont de s'y abandonner; bref, elles se confondent avec le sujet de leur inquiétude. Nous fondant sur la théorie de la mise en forme psychologique, nous soutenons que personne n'est tenu de se définir à l'intérieur d'un cadre aussi étroit.

Ceux qui ignorent tout de cette théorie sont souvent incapables d'envisager les conséquences de leur inquiétude. Ses répercussions à long terme leur échappent. Or, avec le temps, l'inquiétude devient une source de tension. Au tout début, il s'agit d'une sorte d'exercice naturel et inachevé; mais, en s'enracinant, elle se change en habitude, laquelle, en fin de compte, entraîne une détérioration de la personnalité. L'inquiet demeure étranger à la satisfaction qu'on éprouve lorsqu'on utilise toutes ses énergies à des fins efficaces et positives. Il ne pense qu'à ce qui se passe autour de lui et n'a jamais le temps d'évaluer la portée de sa carence intérieure. Par contre, le jogging mental aide l'individu à franchir la distance qui sépare le négatif du positif, les faiblesses des forces, l'inquiétude de la concentration.

## Enquête — Les inquiets parlent de l'inquiétude

Nous avons interrogé des participants, pendant une session de mise en forme psychologique, et plus de quatre-vingts pour cent d'entre eux ont reconnu s'inquiéter plusieurs fois par jour. En outre, au moins quatre-vingt-dix pour cent ont admis que, à certaines époques de leur vie, ils avaient été incapables de mettre un terme à leur inquiétude. Ils ont également fait état de divers symptômes psychosomatiques que nous énumérons ici en ordre décroissant, selon leur intensité: respiration difficile, fatigue, nervosité, diarrhée, douleurs et courbatures, migraines.

## Témoignages

Lorsque nous leur avons demandé comment se manifestait leur anxiété, certains des participants nous ont répondu ce qui suit:

> Je ne cesse de ruminer mes problèmes et deviens de plus en plus tendue.
>
> Jane

> Je m'en faisais à propos de tout et de rien, y compris lorsqu'il m'arrivait quelque chose de bien. Jamais je ne me sentais satisfaite parce que, ou bien je pensais à l'avenir et m'en inquiétais, ou bien je revoyais le passé et cédais à l'anxiété.
>
> Janice

> Je me demandais surtout si j'allais me tirer d'affaire au moment des examens ou de la présentation d'un exposé. L'éventualité d'un échec me terrifiait. J'avais cessé de m'occuper de moi-même; j'étais incapable de penser à autre chose.
>
> Lisi

> Les soucis se bousculent dans ma tête. Ils s'engendrent mutuellement et ne me laissent pas un instant de répit. J'ai commencé à pratiquer le zen parce que, en principe, il permet de se libérer de ses pensées. Lorsque je suis très inquiète j'ai mal à la tête. J'éprouve souvent une légère douleur, une

sensation de raideur, aux tempes et derrière les yeux.

Judy

Je m'inquiétais constamment de l'opinion des autres à mon sujet — me considéraient-ils comme un solitaire? — et j'essayais tout le temps de dissimuler ce sentiment en faisant semblant d'être très occupé.

Michael

J'étais incapable d'échapper à l'anxiété.

Alan

Lorsque je commence à me faire du mauvais sang, on dirait que je ne peux plus m'arrêter. Mes soucis paraissent animés d'une vie qui leur est propre. Je ne peux m'empêcher de les retourner dans ma tête. Toute mon attention est concentrée sur la cause de mes inquiétudes.

Bill

Je passais tout mon temps à m'interroger sur ce que je faisais et sur ce que je devrais faire. J'étais rongée par la crainte d'agir trop vite ou trop lentement, ou encore à mauvais escient; quand je me trouvais en compagnie d'autres personnes, je me méfiais de ce que je pourrais dire, j'avais l'impression de ne pouvoir exprimer que des stupidités.

Karen

Tout m'était un sujet d'inquiétude: ma santé, mon état affectif ou la crainte de voir le gouvernement s'en prendre à moi. Je me disais qu'il devait bien y avoir une réponse au mystère de la vie et craignais de ne jamais la trouver. J'étais extrêmement seul;

jamais je n'avais confié à quelqu'un les raisons précises de mon inquiétude.

Bob

J'ai passé des jours et des jours à m'en faire à propos d'absolument tout ce qu'on peut imaginer. Je pourrais décrire ce phénomène comme un bourdonnement à basse fréquence qui résonnait constamment dans ma tête.

Wendy

## Conclusion: de la course sur place au jogging mental

S'inquiéter équivaut à disputer une course en courant sur place, c'est-à-dire à n'aboutir nulle part. Lorsque vous commencez à faire du jogging mental à partir de vos soucis, ceux-ci se changent en besoins. Aussi étrange que cela puisse paraître, chaque inquiétude est un besoin déguisé ou, en d'autres termes, un besoin privé de l'énergie psychologique qui lui permettrait d'émerger. Vous ne pouvez vous inquiéter de quelque chose qui n'aurait aucune signification pour vous.

Une fois que votre personnalité commence à tirer le maximum de ses possibilités, vous pouvez saisir la différence entre ce que vous voulez et ce que vous êtes. Vouloir protéger ses enfants est un besoin positif. Vous pouvez vous concentrer sur lui, l'exprimer, agir en conséquence; vous pouvez vous montrer lucide à cet égard, vous pouvez sentir ce besoin; et vous pouvez établir un contact avec vos enfants. Toutes ces actions engendrent un bien-être. Mais lorsque vous arrêtez d'utiliser toutes les dynamiques de votre personnalité, le plus élémentaire des besoins devient une source d'inquiétude. Grâce au jogging mental, il vous est possible de ramener chacune de vos inquiétudes à son véritable état, celui d'un besoin.

# Chapitre 11

# La timidité:
# un trésor en réserve

Le studio de télévision est plein à craquer. L'orchestre interprète le thème musical de l'émission. On fait signe au public d'applaudir et l'animateur fait son entrée, un sourire sur les lèvres. Il commence son monologue. Chaque soir, il fait rire entre quinze et vingt millions de téléspectateurs. Qui pourrait se douter qu'il s'agit d'un grand timide?

Du point de vue de la mise en forme psychologique, la timidité est un trait de caractère positif. Des athlètes peuvent accomplir d'extraordinaires performances devant quatre-vingt mille partisans enthousiastes, mais, devant le micro du reporter, ils oublient jusqu'à leur nom. Serait-ce qu'ils sont stupides? Absolument pas. Ils sont tout simplement timides. La timidité est un processus psychologique extrêmement actif. Elle vous permet de savoir à tout moment si vous vous sentez à l'aise avec votre moi intime et votre moi extérieur. Lorsque vous vous sentez confortable avec vous-même, lorsqu'il n'y a pas de conflit entre vos deux moi, vous ignorez la timidité. C'est pourquoi beaucoup de gens réussissent dans les sports ou sur les planches: leur moi extérieur joue un rôle qu'ils ont approfondi depuis des années. La timidité est une forme d'excitation intérieure. Vous en faites l'expérience lorsque vous devenez excité à un moment où il y a désaccord entre votre moi intime et votre moi extérieur. C'est pourquoi la timidité est qualifiée d'"excitation gelée" dans le vocabulaire de la mise en forme psychologique.

La timidité manifestée par la plupart des gens tient au fait qu'ils ne savent pas comment diriger et exprimer leur excitation. Or s'ils laissent cette réaction se changer en habitude, il leur faudra, au bout de très peu de temps, de moins en moins de stimulation pour céder à la timidité. En fait, l'incident le plus anodin deviendra rapidement un motif suffisant.

### Le cas de Sally

Je m'étais toujours considérée comme une personne timide. Les groupes nombreux me faisaient peur et j'essayais, autant que faire se peut, de les éviter. J'étais convaincue que tout le monde espérait quelque chose de ma part, un sourire sur ma jolie figure, une épaule accueillante, une oreille compatissante. Je ne me sentais jamais vraiment en sécurité avec les autres, exception faite de mes rares amis. J'étais beaucoup plus à l'aise quand j'étais seule. Du reste, je préférais être seule — pour écouter de la musique, pour lire, regarder la télévison ou faire le ménage. Je n'éprouvais aucun sentiment de solitude ou de malaise lorsque je me retrouvais en tête à tête avec moi-même. Le seul problème engendré par ma timidité était cette peur incontrôlable qui m'envahissait chaque fois que je me trouvais au milieu d'un groupe. J'étais littéralement incapable de nouer des liens. Je me sentais paralysée de la tête aux pieds.

Toute seule, par contre, j'avais pleinement confiance en moi-même, aucun danger ne me menaçait. C'est ce sentiment de sécurité qui disparaissait dès que je devais rencontrer d'autres personnes. Mon insécurité était alors la seule chose dont j'avais conscience.

La timidité comporte une qualité compensatrice: elle vous permet de rester en contact avec votre moi intime, rend possible l'introspection instantanée. Ce coup d'oeil jeté en vous-même vous confirme que vous êtes davantage que le simple reflet du monde extérieur. Grâce à la timidité, vous êtes certain de posséder une vitalité intérieure, même si vous n'avez pas la moindre idée de la façon dont vous pourriez commencer à l'extérioriser.

Le pire tort que vous pourriez vous faire serait d'essayer de supprimer votre timidité. Le fait que vous manquiez d'assurance ne signifie nullement qu'il y a en vous quelque chose de déficient. Vous avez passé des années à acquérir une personnalité fondée sur votre timidité. Et cela vous a été profitable. C'est pourquoi nous ne voulons pas vous voir y renoncer, mais bien plutôt l'utiliser comme point de départ pour votre jogging mental. Nous voulons que votre timidité vous soit un moyen d'accéder à la mise en forme psychologique.

## La véritable nature de la timidité

La timidité est un processus psychique extrêmement actif. Votre personnalité réagit à tout ce qui se passe dans votre vie. Vous avez appris à considérer comme un comportement adéquat le fait de vous dérober devant les événements et c'est seulement par la suite que vous avez compris que vous ne souhaitiez pas forcément être timide.

Si vous décidez de changer la nature de votre timidité, vous avez tout le potentiel pour ce faire parce que votre moi intime connaît l'être que vous pouvez devenir. Tout ce qui vous manque, ce sont les habiletés de personnalité pour avancer au lieu de reculer. Quand les circonstances provoquent en vous une réaction affective, vous disparaissez au lieu d'aller de l'avant. La timidité implique, de par sa nature, l'apprentissage des habiletés dont vous avez besoin pour que chaque situation vous devienne une occasion de progresser.

Ne perdez jamais de vue que votre timidité est, en réalité, une réaction de votre personnalité face aux circonstances. Toutefois, cette réaction est incomplète. La première étape consiste à évaluer ce qui se passe, à écouter son moi intime, mais la seconde n'est jamais réalisée à cause de l'extrême faiblesse du lien qui unit celui-ci au moi extérieur. Plus vous apprenez à compléter vos réactions et plus votre timidité cède la place à un comportement sans ambiguïté. Serait-ce, à bien y penser, que les personnes timides savent quelque chose qu'elles préfèrent taire?

## Quelques clichés sans fondement

Les personnes timides, tout comme les autres d'ailleurs, s'appuient souvent sur des clichés sans fondement pour justifier leur attitude.

*La timidité est le signe d'une grande profondeur.* Ce cliché nous amène presqu'à croire que la timidité est préférable à la franchise. Comme les personnes timides sont peu portées à se lier, on en a conclu qu'elles ont une vie intérieure très intense. Mais cette opinion, pourtant très répandue, ne repose sur rien.

*Les gens timides sont hypersensibles.* Il est bon de se rappeler que, quand on se sent mal dans sa peau, on a facilement tendance à distribuer des étiquettes à tort et à raison. L'une des plus courantes est cette hypersensibilité dont seraient affligés tous ceux qui manquent d'assurance. Mais tout le monde est sensible, tout le monde a des côtés vulnérables. La timidité peut s'emparer de n'importe qui, à un moment ou à un autre. Et s'il en est qui ont l'air d'y échapper, c'est simplement parce qu'ils se servent de leurs autres forces. Ils ne font pas de la timidité leur unique mode de communication.

*Les gens taciturnes ont une forte personnalité.* La femme peu loquace qui en impose, le macho impassible sont des stéréotypes inventés par le cinéma. Bien qu'elles puissent avoir d'elles-mêmes une perception plus positive que les autres, les personnes timides ne se sentent pas automatiquement dotées d'une grande force de caractère. On est fort lorsqu'on se sert de tous ses atouts. Pour qu'une personne timide commence à se sentir vraiment forte, il faut tout d'abord qu'elle ait entrepris de mettre en valeur tout son potentiel.

*Les femmes sont plus timides que les hommes.* Ce n'est pas vrai du tout. L'un et l'autre sexes sont, à cet égard, à peu près au même niveau. En fait, notre enquête nous a permis de constater que les hommes seraient, selon leurs propres dires, légèrement plus timides que les femmes.

*La meilleure chose à faire avec un timide, c'est de le laisser dans son coin.* Les personnes timides ont besoin de l'appui de leur entourage. On peut les aider en les amenant à parler de choses concrètes d'abord, puis d'idées et de sentiments.

## Les forces et faiblesses secrètes de la timidité

Le fait que l'individu réagisse intérieurement à chacun des événements qui jalonnent sa vie constitue la force secrète de la timidité. La faiblesse consiste en ce qu'il ne possède que cette force. Étant donné que la personne timide est dépourvue des habiletés qui lui permettraient de réagir en faisant intervenir toute sa personnalité, elle ne peut que se replier sur elle-même. Néanmoins, elle voit, entend et vit ce qui se passe. Simplement, elle ignore comment exprimer ce qu'elle pense et ressent.

Faute d'avoir suffisamment développé les forces qui lui permettraient d'extérioriser ses réactions, le timide finit par s'en prendre à son principal atout, sa timidité. Et pour éviter de succomber à sa timidité, il essayer par tous les moyens d'étouffer son excitation intérieure.

## La force cachée

Alan était professeur dans une université. Chaque fois qu'il s'adressait à une classe nombreuse, il se sentait calme et parfaitement maître de lui-même. Il racontait des blagues et émaillait son cours d'anecdotes personnelles. L'évolution de sa carrière correspondait à son attente. Hors de sa classe, toutefois, il avait l'impression d'être possédé du démon. Dès l'instant où il descendait de l'estrade, sa timidité le reprenait avec une telle force qu'il avait du mal à s'empêcher de prendre ses jambes à son cou. Son front se couvrait de minuscules gouttes de sueur, son cœur battait la chamade, son regard se rétrécissait. Si un élève s'approchait de lui pour bavarder un peu, il arrivait tout juste à articuler quelques mots. Il n'avait absolument aucune difficulté à donner son cours, mais dès que celui-ci prenait fin, c'était le drame.

Alan avait tout tenté pour essayer de se guérir de sa timidité. Il avait tâté de l'auto-hypnotisme, puis des tranquillisants, mais ces derniers l'empêchaient d'avoir les idées claires pendant ses cours. Tous ses efforts avaient été vains parce qu'il luttait contre l'une de ses plus grandes forces, qui lui permettait de rester en contact avec son moi intime.

Alan n'a jamais réussi à surmonter sa timidité. Par contre, il a commencé à faire du jogging mental. Nous lui avons appris à s'exprimer davantage et à se contenir moins souvent. Un jour, alors qu'il était en train d'illustrer magistralement une théorie, il s'interrompit et fixa ses élèves: "Je veux que vous sachiez tous que j'aime ce que je fais. Je suis passionné par mon cours. Je veux que vous compreniez ce que je vous enseigne. J'aime mon métier."

Depuis, il continue de passer outre aux restrictions imposées aux professeurs à propos de ce qu'il convient de dire ou de taire. Il est en train d'apprendre à cesser de faire de la course sur place avec son excitation et a commencé à pratiquer le jogging mental.

Les personnes timides ont tendance à conserver pour elles-mêmes ce qu'elles pensent et à se parler intérieurement; or elles agissent à l'encontre de leurs propres intérêts chaque fois qu'elles se refusent à partager leurs réflexions et à extérioriser leur excitation. Le timide a des milliers de choses à dire. En fait, il est bavard comme une pie. Pourtant, chaque fois qu'il tait ce qu'il pense, il empêche ses muscles atrophiés de se développer. Et le jogging mental est justement l'exercice psychologique par excellence pour faire travailler ces muscles.

## Résultats de deux enquêtes sur la timidité

En collaboration avec ses collègues de l'université Stanford, le professeur Zimbardo a mené auprès de quelque cinq mille personnes une enquête sur la timidité. Quatre-vingts pour cent de celles-ci ont déclaré avoir été "très timides" à une certaine époque de leur vie. Les résultats de leur étude ont amené les chercheurs à conclure que quatre Américains sur dix souffrent de timidité — ce qui équivaut à quatre-vingt-quatre millions de personnes!

L'une des découvertes les plus intéressantes que nous ayons faites dans le cadre de notre propre enquête est le fait qu'un très grand nombre d'individus — hommes et femmes — font quotidiennement, sous une forme ou sous une autre, l'expérience de la timidité. Cinquante-trois pour cent de ceux qui ont participé à cette étude ont déclaré se sentir intimidés, à des degrés divers, plus d'une fois par jour. Et soixante-dix-neuf pour cent nous ont appris qu'ils avaient été, pendant une certaine période de leur vie, en proie à une extrême timidité, laquelle avait parfois duré des années!

Nous avons, entre autres questions, demandé à ces personnes si elles estimaient être en mesure de modifier leur timidité, ce à quoi 92,3 pour cent ont répondu par l'affirmative. En outre, 88,5 pour cent ont déclaré pouvoir aider d'autres personnes à en faire autant. Ces statistiques nous ont permis de comprendre toute la lucidité et la volonté de changement qui existent au-delà de l'apparence même de la timidité. Cela n'a rien de surprenant si on considère que les participants ont presque unanimement dénoncé l'éducation familiale comme la cause première de leur manque d'assurance.

C'est d'abord en compagnie d'un ami du sexe opposé que leur timidité est la plus forte et, *en second lieu*, avec un camarade du même sexe. Au niveau des situations, enfin, c'est quand ils se trouvent au milieu d'un groupe important qu'ils perdent tous leurs moyens.

Quant aux principaux symptômes physiques engendrés par la timidité, ils sont au nombre de trois: une raideur de tout le corps (71%); la nervosité (58%); et un manque de coordination motrice (38%).

## Témoignages

Chaque fois que les circonstances m'obligent à retenir l'attention de quelques personnes, je cède à la panique au point d'en oublier parfois ce que je voulais dire, ou encore j'ai l'impression que je n'arriverai jamais à l'exprimer. Et je voudrais pouvoir disparaître sans laisser de traces.

Élizabeth

La présence des autres me mettait extrêmement mal à l'aise. Il ne fallait pas grand-chose pour me faire perdre tous mes moyens et me rendre muet. Je ne souhaitais qu'une seule chose: pouvoir m'enfuir le plus loin possible.

Ken

J'avais peur de parler avec mes collègues de travail. Je me réfugiais dans mon bureau où je me tenais coi, évitant tout contact humain.

David

J'avais beaucoup de mal à regarder les autres dans les yeux. Je m'étais mis dans la tête que je ne valais pas la peine d'être connue et que tout le monde m'était supérieur.

Patty

Pour éviter d'être blessée ou percée à jour, j'évitais tout contact avec les autres.

Déborah

Je craignais autant d'aborder les autres que de les voir m'adresser la parole. J'avais peur de passer pour une idiote et de déclencher les rires. Il m'arrivait souvent de rester complètement ahurie quand on me parlait et de ne plus savoir quoi dire. En outre, j'étais convaincue que personne ne m'écouterait.

Diane

Jusqu'au début de la vingtaine, j'étais très timide. Je ne pouvais même pas bavarder au téléphone. Si j'avais quelque chose de personnel à dire à quelqu'un, je préférais écrire une lettre.

Marty

J'étais beaucoup trop timide pour dire quoi que ce soit, au point de ne même pas pouvoir demander mon chemin.

Paul

Je me sentais tellement terrifiée que je pouvais sourire et parler mécaniquement, mais sans ressentir la moindre chose.

Barbara

## Conclusion: une solution inédite

La personne timide refoule ses sentiments avant même d'avoir livré sa pensée. Cette bouffée de chaleur et cette impression de virer à l'écarlate qui accompagnent souvent une réaction de timidité sont la manifestation du repli sur soi. C'est votre organisme qui se charge d'exprimer intérieurement ce que vous n'osez pas dire. Le simple fait de reconnaître cet état de chose signifie que vous êtes en train de découvrir toute la puissance qui se dissimule derrière cette réaction.

La première étape à franchir, dans le contexte de la mise en forme psychologique, c'est d'admettre que vous refoulez *quelque chose*. Vous avez des idées, des réactions et des sentiments que vous contenez. Pourtant, vous n'êtes pas dépourvu de valeur et c'est ça qu'il vous faut reconnaître. Admettez-le seulement pour vous tout d'abord, si vous le voulez, mais admettez-le.

La question que vous devez vous poser est la suivante: "Est-ce que je tiens vraiment à étouffer tout ce qu'il y a de valable en moi?" La personne timide paraît moins riche qu'elle ne l'est en réalité. Admettez ouvertement aux autres "J'ai quelque chose de valable en moi."

Afin de pouvoir exploiter tous les sentiments et toute la lucidité que cache votre timidité, vous devez vous intéresser davantage à votre moi extérieur, ce qui englobe toutes les petites choses que *vous* avez à dire, toutes les impressions que *vous* ressentez. Commencez à parler de vous-même. Ceci vous aidera à acquérir en peu de temps plus d'assurance et d'autonomie. Dès lors, vous trouverez tout à fait normal de retenir l'attention des autres et vous accepterez qu'on vous remarque parce que, à vos propres yeux, vous serez quelqu'un d'unique.

Bien des gens s'imaginent à tort que l'extraversion est l'opposé de la timidité. Il n'en est rien. C'est la bienveillance qui en est le contraire. Vous n'avez nullement besoin de vous mettre à parler fort ou de développer un esprit grégaire pour surmonter votre timidité. La solution fondamentale consiste à devenir votre propre ami. Ensuite, vous n'aurez aucun mal à en faire autant vis-à-vis des autres.

Tandis que l'amitié que vous vous portez s'intensifie, vous vous découvrez une nouvelle identité. C'est parce que votre attitude permet à votre moi intime d'émerger et de fusionner avec votre moi extérieur. Vous n'avez pas à étouffer votre excitation intérieure; au contraire, vous apprenez à l'apprécier et à en tirer parti. Le jogging mental vous fournit l'occasion de devenir et de rester psychologiquement en forme. Désormais, vous ne risquez plus d'être l'esclave de vos contraintes.

La timidité est quelque chose dont on peut être fier; elle signifie qu'on est beaucoup plus riche intérieurement qu'on ne l'aurait soupçonné. En un sens, on peut dire que vous vous êtes conduit en avare vis-à-vis de vous-même. Votre richesse intérieure est infinie; c'est pourquoi vous avez toute latitude d'exprimer, quotidiennement, vos idées, vos sentiments et votre excitation interne.

# Chapitre 12

# La solitude: d'une vie en privé à une vie personnelle

Elle pratique la natation depuis l'âge de six ans. Si elle nage, c'est parce qu'elle veut participer à des compétitions. Elle vise les championnats nationaux et internationaux, elle veut gagner. Et son plus grand rêve, c'est d'être acceptée au sein de l'équipe olympique. À cause de son entraînement, elle dispose de très peu de temps pour se consacrer à ses amis ou pour avoir des amoureux. À bien des égards, elle mène une vie solitaire, mais elle sait que c'est à cause de la natation.

Être seul parce qu'on se donne corps et âme à une activité et être seul parce qu'on se tient à l'écart des autres sont deux choses totalement différentes. Toute personne qui ne profite pas de sa solitude pour amorcer ou développer des contacts ne peut aspirer à devenir un athlète sur le plan psychologique.

### Judith

Elle aurait voulu être une grande actrice et se voyait déjà blottie sur les coussins d'une Rolls Royce conduite par un chauffeur en livrée. Mais ça, c'était quand elle avait vingt-cinq ans. Maintenant, elle en a trente, fait de la danse, écrit des poèmes, compose de la musique. Son appartement est complètement nu, exception faite d'un piano. Elle travaille comme une forcenée, vit avec trois chats, mais n'a pas d'amis. Elle a peur et des violeurs et de la pilule anti-conceptionnelle. Le danger lui semble omniprésent. Elle s'est déjà fait avorter sept fois et, pourtant, aucun homme ne partage sa vie. Néanmoins, si vous vous hasardez à lui dire qu'il y a quelque chose qui cloche, elle vous sautera à la gorge en affirmant qu'elle fait ce qu'elle veut. La solitude lui pèse, mais elle ne l'admettra jamais. Psychologiquement, elle est au bord du désespoir. Tous les six ou sept mois, elle téléphone à une ancienne camarade de classe et, d'une voix fragile qu'elle voudrait ironique, essaye de plaisanter: "Tu sais, je te téléphone seulement lorsque je touche le fond."

Notre nageuse se sert de son entraînement pour voir si elle peut ainsi parvenir à ses fins. Mais elle sait, en même temps, que ses victoires et ses records sont éphémères. Elle ne se tiendra sur la première marche du podium que pendant un bref moment. Et elle sait que ses victoires se changeront en souvenirs. Mais la personne solitaire, elle, n'a pas de victoires à son actif.

La solitude comporte des risques sérieux, tel celui de mourir avant son heure. Les recherches ont démontré que les décès prématurés sont infiniment plus nombreux parmi les personnes veuves, divorcées, séparées ou célibataires, que parmi les autres. D'autre part, le docteur James Lynch soutient, dans son ouvrage *The Broken Heart*, que les gens qui vivent seuls sont davantage exposés aux crises cardiaques, cancer du poumon, congestion cérébrale, cirrhose et tuberculose; enfin, l'incidence des suicides est plus élevée dans leur cas. Or le nombre de gens qui optent pour la solitude, de même que le nombre et le pourcentage de ceux qui vivent seuls augmentent sans cesse.

Le docteur Bruce Welch, psychiatre attaché à l'université John Hopkins, a constaté une modification des structures chimiques et hormonales chez des humains et des animaux que l'on avait isolés: "On observe chez eux, déolare-t-il, une plus grande incapacité à vivre en société, à nouer des liens avec leurs congénères et à les maintenir. C'est l'amorce d'un cercle vicieux où, du fait de leur solitude, ils deviennent apathiques, sont de plus en plus rejetés et voient leur isolement s'accroître d'autant. Il y a alors rétroaction, la solitude engendrant une solitude encore plus grande."

Aucun athlète n'accepterait de suivre un entraînement qui le rendrait moins apte à la compétition. C'est pourtant ce que fait la solitude. Et cela n'a absolument rien de romanesque. Nous allons donc vous aider à découvrir la force qui se cache derrière la solitude et à l'utiliser afin de devenir, psychologiquement parlant, un athlète.

## La solitude est une habileté

La solitude n'a rien d'inné, tant s'en faut. C'est une habileté psychologique que l'individu développe pour assurer sa survie, l'une des rares qu'il peut perfectionner entièrement de lui-même, sans aucun apport extérieur. Certains en ont même fait un domaine où ils excellent. Néanmoins, à l'instar de toute autre dynamique de la personnalité employée de façon isolée, elle ne permet pas de parvenir à un épanouissement total.

Tout bien considéré, personne *ne peut se passer* des autres. Judith, dont nous avons parlé au début du chapitre, avait maîtrisé l'art de la solitude à un âge particulièrement précoce. Elle avait à peine huit ans que sa mère avait été déjà internée à de nombreuses reprises à cause de son alcoolisme chronique et de son tempérament suicidaire. En outre, elle avait tenté par deux fois de tuer Judith avant que celle-ci eût atteint ses dix-huit ans. Cette capacité de vivre seule, développée par la jeune fille, était donc une force psychologique incontestable; elle lui était indispensable pour pouvoir survivre. Elle n'était devenue une faiblesse que parce que Judith ne possédait pas d'autres habiletés qui auraient pu l'étayer.

La solitude vous permet de bien vous connaître. Elle vous permet de rester maître de vous-même et des événements. Et elle fait naître en vous une conscience profonde de votre identité. Vous êtes donc en mesure de vous apprécier même lorsque personne, parmi votre entourage, ne s'en soucie.

Cette force perd son aspect constructif quand elle se réduit à une attente passive, qui est l'expression négative du désir. Vous arrêtez de vouloir, alors que votre désir est votre lien avec le monde réel. Même si la solitude vous donne la confirmation de votre existence et l'occasion de vous rapprocher de votre univers intérieur, c'est le désir qui donne le contact avec la réalité.

## Genèse de la solitude

Les enfants sont parfois portés à s'isoler pour mieux préserver leur propre intériorité. Cela se produit surtout lorsque la conscience qu'ils ont de leur moi intime est beaucoup plus forte et plus positive que celle qu'ils ont de leur moi extérieur. Les solitaires ont une connaissance assez faible de leur moi extérieur, de la façon dont ils sont perçus par les autres.

C'est lorsque les réactions des autres face à votre moi extérieur correspondent à ce que vous éprouvez en votre for intérieur que vous acquérez un sens de plus en plus poussé de votre identité. Vous pouvez alors vous dire:

"Je suis ce genre de personne."

"C'est cette qualité que les gens apprécient en moi."

"Les autres sont rebutés par ce côté de mon caractère."

À partir du moment où vous avez un sens précis de vous-même, vous vous sentez bien à l'idée de rencontrer d'autres personnes.

Si les rôles que nous adoptons durant l'enfance répondent à un besoin, ils peuvent, en même temps, nous imposer une identité qui n'est pas forcément celle que nous voudrions avoir. Par exemple, si Judith pouvait comprendre *comment* elle crée sa propre solitude, elle serait alors en mesure, en s'appuyant sur cette connaissance, de changer sa vie. C'est là la clé de la mise en forme psychologique. Les processus dont nous nous servions, étant enfants, pour donner un sens à notre univers sont toujours à notre disposition si nous voulons rendre celui-ci plus harmonieux, et nous ne devons pas hésiter à les mettre en oeuvre. Judith a besoin de développer les secteurs atrophiés de sa personnalité et de sa vie.

Les solitaires du genre de cette jeune femme ne sont pas timides. Mais ils sont incapables d'établir des contacts qui seraient du même ordre que la relation qu'ils entretiennent avec leur moi intime. La solitude peut vous aider à vous concentrer sur vous-même. Par contre, si vous n'y prenez pas garde, elle peut vous maintenir au point mort, vous empêcher d'évoluer.

# La véritable nature
# de la solitude

Nous avons dit plus tôt que les personnes qui se tiennent à l'écart développent une certaine intimité avec leur moi intérieur. Il s'agit là d'une habileté aussi bien que d'une force. Pour notre part, nous estimons que cette habileté est d'une importance vitale. Néanmoins, elle a besoin de la compétition pour s'affirmer. C'est seulement après s'être entraîné pour une épreuve particulière et juste avant que celle-ci ne débute qu'un athlète prendra le temps de s'asseoir et de s'y préparer mentalement. Mais le solitaire a renoncé à la compétition. Toutefois, s'il se met à faire du jogging mental, il pourra alors développer entièrement sa capacité d'avoir une vie intime.

Lorsque vous vivez en ermite, vous vous enfoncez peu à peu dans une relation exclusive avec vous-même. Mais si vous "partagez votre solitude", vous pouvez également partager votre intimité d'une façon extrêmement dynamique. Plus vous le faites et plus votre personnalité y trouve son avantage. Si une intimité essentiellement centrée sur vous-même peut se changer en narcissisme, cette intimité devient de l'amour lorsqu'elle se développe entre vous et quelqu'un d'autre. L'amour stimule et renforce votre personnalité.

## La solitude est un signal

La solitude se révèle une force lorsque l'intimité, la sincérité et l'honnêteté envers vous-même peuvent vous servir de baromètre pour évaluer la qualité des relations que vous établissez avec les autres. De ce fait, vous commencez à mieux savoir ce que vous attendez de votre entourage et vous pouvez refuser les rapports superficiels. Grâce à la solitude, vous êtes parfaitement conscient du niveau de relation que vous recherchez. Lorsque vous nouez des contacts correspondant à ce niveau, vous êtes à même de mieux comprendre toute la beauté et toute la puissance de votre solitude.

Si Judith pouvait utiliser sa capacité de vivre en solitaire pour se lier davantage, elle constaterait qu'elle est capable d'entretenir des relations qui respectent complètement ce sentiment de confiance, d'autonomie et d'intimité qu'elle éprouve quand elle est seule.

Selon la théorie de la mise en forme psychologique, nous considérons la solitude comme un signal qui vous avertit lorsque vous commencez à vous éloigner des autres. Si vous éprouvez une telle impression de séparation, c'est que vous êtes seul.

La solitude est une maladie sociale pour laquelle il existe un remède spécifique: l'amitié. Le fait de vivre en reclus signifie que vous êtes en quête de quelque chose de plus intense. Cela veut dire que vous êtes vivant.

## Quelques clichés sans fondement

L'idée qu'on se fait généralement de la solitude a engendré quelques mythes qu'il convient de corriger.

*La solitude est mauvaise, c'est un signe de faiblesse psychologique.* Ainsi que nous avons essayé de le démontrer, la solitude peut s'avérer un processus positif et d'une grande puissance. Elle constitue une forme d'auto-thérapie, un temps d'arrêt pendant lequel les gens approfondissent ce qu'ils pensent d'eux-mêmes et de l'univers. Elle vous fournit l'occasion de réfléchir, de vous retrouver, lorsque tout va trop vite autour de vous; c'est une sorte de répit affectif.

*La solitude est indispensable pour pouvoir créer.* C'est là l'un des plus grands mythes parmi tous ceux qu'on a inventés à propos de la créativité: celui de l'artiste marqué par le destin et dont le talent ne peut s'exprimer que dans la solitude. L'artiste qui est capable de se faire des amis est également capable de dominer et sa vie et son art.

*La solitude vous dote d'une personnalité forte et profonde.* Il est vrai que c'est un puissant outil psychologique, surtout entre les mains de ceux qui savent s'en servir à bon escient; par contre, elle aura un effet destructeur sur ceux qui s'abandonnent à elle, pieds et poings liés.

*Si vous ne pouvez être seul, c'est que vous ne vous aimez pas.* C'est un mythe très subtil, une rationalisation remarquable de la part de ceux qui sont incapables d'avoir des amis intimes et de les conserver. Mais le fait d'être seul ne signifie nullement que vous vous aimez. C'est lorsqu'une personne accepte de se montrer sous son véritable jour qu'on peut juger de l'amour qu'elle se porte. La solitude ne constitue pas une force incommensurable, loin de là. Au contraire, vous acquérerez de nouvelles forces si vous pouvez vivre avec les autres et vous montrer tel que vous êtes.

Les personnes solitaires admettent rarement leur situation pour ce qu'elle est. Elles préfèrent affirmer: "Je ne suis pas seul, je suis plutôt une nature secrète." "J'aime mieux faire cavalier seul dans la vie." "Je suis un loup solitaire."

Si vous voulez savoir si votre solitude constitue ou non une faiblesse de votre personnalité, répondez aux cinq questions suivantes:

|  | OUI | NON |
|---|---|---|
| 1. Vous retrouvez-vous seul alors que vous souhaiteriez vivement ne pas l'être? | ____ | ____ |
| 2. Renoncez-vous à désirer voir des gens parce que vous croyez que ça ne sera pas possible? | ____ | ____ |
| 3. La peur vous pousse-t-elle à refuser des invitations? | ____ | ____ |
| 4. Vous êtes-vous résigné à passer toute votre vie dans la solitude? | ____ | ____ |
| 5. Vos amitiés relèvent-elles plus du domaine de l'imaginaire que de celui de la réalité? | ____ | ____ |
| TOTAL | ____ | ____ |

Si vous avez répondu affirmativement à au moins deux de ces questions, vous êtes vraiment *très* seul. La première chose à faire, pour devenir psychologiquement en forme, c'est de reconnaître ce qu'il en est.

# Les forces et faiblesses cachées de la solitude

Nous vous avons déjà révélé la force qui se dissimule à l'intérieur de la solitude, c'est-à-dire l'intimité que vous nouez avec votre moi intérieur. La solitude est une forme naturelle de jogging mental; c'est par elle que votre moi intime peut s'exercer et accroître sa vitalité. Mais elle recèle également une faiblesse qui tient au fait que cette intimité intérieure finit par revêtir, à vos yeux, plus d'importance qu'elle ne le devrait; du même coup, vous en arrivez à oublier qu'il est possible de se sentir intime et personnel avec les autres plutôt que seul.

Pour éviter de se scléroser, votre moi intime a besoin d'être mis à l'épreuve et d'émerger au grand jour. La solitude est une forme d'activité intériorisée, privée de sa contrepartie: l'activité extérieure.

Votre personnalité est tellement portée à rechercher l'équilibre entre vos deux moi qu'elle se retourne contre votre moi intime. Vous vous attaquez alors à vous-même pour tenter de réduire l'importance du moi intérieur et rétablir ainsi l'équilibre. Cette attaque constitue également le moyen choisi par votre personnalité pour vous amener à agir sur le plan extérieur. Il s'agit littéralement de vous entraîner hors de vous-même.

Lorsque vous vivez en solitaire, votre système psychologique accumule de l'énergie qui doit être dépensée. Si vous ne possédez pas les habiletés qui vous permettraient de l'utiliser dans le monde extérieur, vous n'avez d'autre choix que de l'intérioriser, ce qui finit par provoquer un conflit interne. Par ailleurs, si vous dirigez votre énergie vers l'extérieur, vous devenez plus personnel et intime avec les autres et c'est alors toute votre personnalité qui s'en trouve renforcée. Vous profitez de cette faculté que vous avez d'être vous-même pour faire du jogging mental entre vos deux moi.

## Résultats de l'enquête sur la solitude

Plus de soixante-quinze pour cent des personnes interrogées ont admis qu'il ne se passait pas un jour sans qu'elles se sentent seules. Un peu plus de soixante-treize pour cent nous ont dit que leur solitude avait persisté durant des années. Mais quatre-vingt-dix-neuf pour cent s'estimaient capables de s'en sortir, tandis que quatre-vingt-dix-sept pour cent ont ajouté qu'elles pourraient aider d'autres personnes à en faire autant. Lorsque nous leur avons demandé quelle était, à leur avis, la cause de leur solitude, plus de soixante-dix pour cent l'ont imputée à l'éducation familiale. Au niveau des symptômes physiques, les quatre réactions suivantes sont celles qui ont été citées le plus souvent: la fatigue (soixante-douze pour cent); l'immobilité physique (soixante-neuf pour cent); la torpeur (quarante-cinq pour cent); et des douleurs et courbatures diverses (quarante pour cent).

## Témoignages: les solitaires parlent de la solitude

Une fois que tout le monde était endormi, je m'installais à la fenêtre de ma chambre, tard dans la nuit, et me mettais à pleurer. Je rêvais que j'avais un amoureux, que nous nous mariions et que je connaissais le bonheur.

Dana

Je me tenais constamment à l'écart de tout le monde. Mais, parfois, quand j'avais bu un verre de trop, j'arrivais à me confier, je parlais abondamment et ma solitude s'atténuait.

Nannell

Parlé à personne. Suis restée dans ma chambre à lire des livres sur la façon de mieux vivre.

Elke

Je me suis toujours sentie extrêmement seule. Comme si je m'étais enfoncée au plus profond de moi-même et que plus personne ne pouvait me voir. D'aussi loin que je me souvienne, j'ai toujours éprouvé cette impression. On dirait que je n'aime pas montrer qui je suis.

Cathy

J'avais vraiment un sale caractère. Je n'aimais personne et m'en souciais encore moins. Pour moi, tout le monde était stupide et insensible. Je me sentais très tendue, la plupart du temps.

Carole

J'étais constamment en proie à la tristesse. Je chantais dans le noir. J'avais envie de pleurer. Je jouais du piano au milieu de la nuit. Je grimpais aux arbres.

Sherry

Malgré toutes mes tentatives pour échapper à ma solitude, j'y retombais toujours. Il m'arrivait de me sentir heureux pendant un très court laps de temps, puis je me retrouvais seul, une fois de plus.

George

J'ai grandi dans un milieu impitoyable où il fallait sans arrêt jouer des poings. Je me sentais très seul et très isolé. Je croirais volontiers que je me suis toujours senti ainsi.

Bob

Je vivais seule, à l'écart de tout le monde, et préservais jalousement mon intimité. J'essayais de me dissimuler l'ampleur de ma solitude et de me convaincre que je n'avais besoin de personne et que j'étais très bien toute seule. Je passais beaucoup de temps à rêvasser, en m'imaginant que j'étais entourée de monde et que j'avais des amis. Je lisais beaucoup et regardais souvent la télévision. J'avais pris l'habitude d'attendre que les gens viennent vers moi et je les repoussais s'ils essayaient de s'approcher.

Diane

À l'époque, je n'avais pas compris que j'étais seule. J'avais seulement l'impression que quelque chose allait de travers.

Ellen

### Le cas de Deborah

Durant des années, Deborah s'était imaginée qu'il y avait en elle quelque chose qui n'allait pas; elle se croyait différente. Même au milieu de ses amis, il lui arrivait de se sentir seule. Mais elle n'en avait jamais parlé. Cela signifiait simplement, à son avis, qu'elle n'avait pas d'amis intimes et qu'il lui fallait donc établir de nouveaux contacts, vivre des situations nouvelles.

Cela la passionnait pendant un moment, mais le sentiment familier de sa solitude ne tardait pas à revenir et le cycle était réamorcé. Finalement, elle décida de modifier son comportement. Chaque fois qu'elle se sentait seule, désormais, elle en parlait à ses amis. Et ceux-ci prenaient le temps de l'écouter et de bavarder avec elle. Elle ne les abandonna plus. Elle avait découvert que rien ne "clochait" en elle, qu'elle n'était pas différente.

Deborah a cessé de mener une vie solitaire. Elle a commencé à partager sa vie avec ses amis. Elle sait maintenant que s'il lui arrive de *penser* que quelque chose ne va pas chez elle, c'est parce qu'elle ne confie pas ce qu'elle ressent. Et quand elle *partage* ses sentiments, surtout à propos de la solitude, elle s'aperçoit que ses amis sont légion.

## Conclusion

La personne qui est psychologiquement en forme se sert de sa solitude comme d'une faculté qui lui permet de conserver une juste vision des choses, tout en veillant à ne pas se laisser imposer une réalité déformée. L'homme est un animal social et c'est le contact qui donne toute sa signification à la profondeur des sentiments éprouvés dans la solitude.

Lorsque la solitude devient aussi active qu'intense, elle provoque des remous dans vos eaux psychologiques. Dès lors, vous cessez d'être placide et profond. Vous devenez profond comme l'océan, vous bougez, vous vivez. C'est là le résultat du jogging mental fait à partir de la solitude. Vous y gagnerez une nouvelle perception de votre identité, une profondeur intérieure qu'il vous sera loisible de partager avec ceux qui vous entourent.

Du moment que votre solitude conserve la main haute sur votre identité, vous ne possédez plus que la moitié d'une identité. Mais vous pouvez utiliser cette moitié pour faire un premier demi-pas au niveau du jogging mental. Ce faisant, votre identité passera d'une dimension intérieure à une dimension publique, l'une et l'autre demeurant à la fois personnelles et intimes.

# Chapitre 13

# De la culpabilité à l'innocence

Tout le monde s'est déjà senti coupable. Mais très peu de gens font l'expérience de la "culpabilité positive", qui est un exercice psychologique stimulant et régénérateur par opposition à la culpabilité négative qui, elle, est déprimante et démoralisatrice.

La culpabilité négative se manifeste lorsque vous avez perdu le contact avec votre moi intime, ce qui oblige votre moi extérieur à se débrouiller seul pour atteindre les buts que vous lui avez fixés. Selon la logique de la culpabilité négative, tout ce que vous faites est mauvais, sans exception.

À l'opposé, la culpabilité positive correspond à la conscience de soi. Elle signifie que vous assumez vos actes. Vous restez conscient de les avoir décidés et voulez les accomplir de votre mieux. Votre sentiment de culpabilité vous sert alors de guide, sa logique voulant que tout ce que vous faites est bien, même si ce n'est pas parfait. Dès l'instant où vous pouvez rétablir le contact entre votre moi intime et votre moi extérieur, vous devenez capable d'utiliser avec profit votre culpabilité positive.

Négative, la culpabilité vous pousse à vous reprocher vos erreurs, tandis que lorsqu'elle est positive vous êtes davantage enclin à vérifier si vous exploitez vraiment tout votre potentiel. Quand ce n'est pas le cas, elle vous signale que vous êtes loin d'utiliser toute votre énergie et vous précise dans quelle mesure vous pouvez effectivement en faire plus.

La culpabilité positive est l'instrument de base du rendement maximal, une façon, en quelque sorte, de vous interroger sur ce que vous voulez réaliser. Quand elle est négative, elle vous empêche de progresser. Elle vous éloigne de la zone du rendement maximal pour vous cantonner dans celle de l'hésitation, du manque de confiance en soi et de la discordance. Néanmoins, dès que vous commencez à faire du jogging mental, vous constatez que, naturellement et sans efforts, elle change d'aspect et devient positive. Simultanément, vous vous sentez rassuré sur votre propre compte et apprenez à utiliser votre potentiel au maximum. Le conflit entre votre moi intime et votre moi extérieur relève désormais du passé.

Certaines personnes s'imaginent qu'il leur serait impossible de vivre sans la culpabilité. Mais nous ne vous demandons pas d'y renoncer; nous voulons, tout simplement, que vous modifiez sa nature pour qu'au lieu d'être négative elle devienne positive.

## La véritable nature de la culpabilité

Jusqu'ici, nous avons surtout présenté la culpabilité positive comme l'envers de sa dimension négative. Mais il existe un autre aspect qui mérite réflexion. La culpabilité se manifeste uniquement à la suite de quelque chose. Elle accompagne à peu près n'importe quel sentiment. Vous pouvez avoir passé un moment merveilleux et si vous ne savez pas comment l'exprimer, vous risquez fort de vous sentir fautif parce que la culpabilité est le résidu du sentiment. Effectivement, la culpabilité se développe pour compléter l'expression de soi. Quand les athlètes n'ont pas donné le meilleur d'eux-mêmes, ils se sentent coupables de leur rendement. Il en va de même pour nous, chaque fois que nous n'avons pas fait de notre mieux. La culpabilité est ce qui reste après coup.

Nous nous sentons coupables chaque fois que nous n'allons pas au bout de nos possibilités, et c'est pour ça que la culpabilité positive est tellement importante. Elle nous renseigne sur-le-champ: utilisons-nous autant d'énergie que nous le voudrions? Une réponse négative signifie que nous n'avons été qu'à mi-chemin de notre expérience. C'est par l'expression que nous pouvons échapper à la culpabilité, celle-ci étant la preuve que nous n'exprimons pas ce que nous ressentons.

En répondant aux cinq questions suivantes, vous pourrez voir si, en règle générale, vous connaissez de la culpabilité son aspect positif ou son aspect négatif:

|  | OUI | NON |
|---|---|---|
| 1. Avez-vous tendance à vous excuser même si vous n'avez pas tort? | ___ | ___ |
| 2. Ressassez-vous ce qui a été de travers pendant des jours et des jours? | ___ | ___ |
| 3. Essayez-vous toujours de changer votre façon d'agir lorsqu'elle ne plaît pas aux autres? | ___ | ___ |
| 4. Vous faites-vous un point d'honneur de tenter de deviner ce qui pourrait plaire ou déplaire aux autres? | ___ | ___ |

5. Êtes-vous porté à retourner dans votre tête des situations pour lesquelles aucun changement n'est possible? ____ ____

TOTAL ____ ____

Si vous avez répondu par l'affirmative à au moins deux de ces questions, vous avez incontestablement besoin d'apprendre à utiliser votre sentiment de culpabilité d'une façon plus positive. Le résultat obtenu à ce petit test par Marilyn démontre qu'elle était passée maître dans l'art de la culpabilisation négative.

### L'histoire de Marilyn
### ou comment j'ai appris
### à me sentir coupable à coups
### de nombreuses expériences pénibles

À l'exception de quelques rares circonstances précises qui me sont restées en mémoire, la compagnie de ma mère m'a, durant toute mon enfance, toujours été désagréable. Je détestais qu'elle me touche ou m'embrasse. Cela me hérissait. Lorsque je rentrais de l'école, j'essayais de me faufiler jusqu'à ma chambre et j'étais ravie si, par hasard, elle faisait la sieste parce que cela m'évitait d'avoir à lui adresser la parole.

Quand j'étais petite — et même pendant mon adolescence —, notre maison était le théâtre de terribles disputes qui opposaient surtout ma mère et mon frère. Quoique je fus la plus jeune, j'essayais toujours d'arbitrer leurs différends. Je faisais de mon mieux pour arrondir les angles, parce que j'aurais voulu voir tout le monde heureux dans ma famille. Mais moi, je ne l'étais pas.

J'ai toujours rêvé d'avoir une mère qui aurait été différente. Je comparais la mienne avec les autres. J'aimais énormément la mère de ma meilleure amie et je passais le plus de temps possible chez elles parce que je m'y sentais bien. Il n'y avait jamais de disputes.

Lorsque j'avais douze ans, ma mère vint, un jour, me rendre visite à la colonie de vacances. Après son départ, mon amie s'exclama: "Bon sang, on ne peut vraiment pas dire que tu es très aimable avec ta mère." Sa remarque provoqua chez moi un profond malaise et je décidai de me conduire un peu mieux avec ma mère. Les sentiments que j'éprouvais à son égard et la façon dont je la traitais me culpabilisaient beaucoup. J'ignorais ce qu'elle avait bien pu me faire pour que je la déteste autant.

Je faisais vraiment de mon mieux pour me montrer gentille. Mais il m'arrivait de m'asseoir en face d'elle et de m'imaginer que je lui faisais du mal. Chaque fois que nous nous étions disputées, je finissais toujours par aller la retrouver dans sa chambre pour m'excuser. Ensuite, je me sentais un peu mieux, mais je recommençais bientôt à la détester, mes fantasmes reprenaient le dessus et la culpabilité m'envahissait de nouveau. L'idée que j'étais un monstre, une mauvaise fille incapable d'aimer, me torturait. J'étais convaincue que je ne pouvais aimer personne et que, en plus, je risquais de contaminer ceux qui m'approchaient.

Ma mère passait son temps à nous critiquer, mon frère et moi. Mes cheveux étaient trop longs, mes jupes trop courtes, je ne voyais pas assez souvent telles ou telles personnes et j'en rencontrais d'autres bien trop fréquemment. Pourquoi ne pouvais-je donc pas me conduire comme une telle? Elle prenait surtout plaisir à me comparer avec des camarades qui "faisaient quelque chose pour leur mère". Cela ne faisait qu'ajouter à ma culpabilité.

Marilyn n'a jamais compris que son comportement était la conséquence d'un long entraînement qui s'était étalé sur de nombreuses années. Et, malheureusement, la culpabilité négative ne lui avait été d'aucun profit. Même si elle avait voulu changer, elle ne possédait pas, de toute façon, les habiletés qui lui auraient permis de commencer à faire du jogging mental à partir de la culpabilité positive.

La culpabilité est une forme d'interaction incomplète autant vis-à-vis de vous-même que vis-à-vis des autres. Si quelqu'un essaye de vous amener à vous sentir coupable, cela veut dire qu'il attend quelque chose de plus de votre part. La signification est la même lorsque c'est vous qui vous imposez ce sentiment: il vous manque quelque chose. Vous faites l'expérience de la culpabilité négative chaque fois que vous passez sous silence ou ne faites pas ce que vous voulez. Cette expérience est toujours reliée à un événement passé.

Pour sa part, la culpabilité positive se rattache au moment présent. En l'exprimant, votre interlocuteur vous fait part de ce qu'il veut, suffisamment à temps pour vous permettre de réagir en conséquence. Et lorsque c'est vous qui éprouvez ce sentiment, vous prenez immédiatement conscience de ce que vous voulez et vous êtes prêt à passer à l'action. Les circonstances sont encore les mêmes. La culpabilité positive concerne ce qui est en train de se passer.

## Quelques clichés sans fondement

*La culpabilité est une bonne chose, elle aide les gens à se dominer.* Habituellement, la culpabilité n'intervient pas au moment où les gens agissent; elle les fait simplement se sentir mal à l'aise, pendant que, de toute façon, ils font ce dont ils ont envie.

*La culpabilité est bonne pour vous.* La culpabilité ne vous rend ni plus fort, ni meilleur, ni plus sage. Elle n'a d'autre effet que de vous rendre malheureux à cause de ce que vous faites.

*Si vous vous sentez fautif, c'est que vous avez fait quelque chose de mal.* Le sentiment de culpabilité que vous ressentez signifie uniquement que vous avez saisi toute l'ampleur de votre potentiel.

*C'est la culpabilité qui fait le plus souffrir les gens.* Personne ne souffre de se sentir coupable, mais bien plutôt de ne dire ni oui ni non. La culpabilité est un terrain neutre où l'on éprouve ni bonheur ni malheur.

*Ce sont les autres qui me font me sentir coupable.* Il est vrai que, lorsque vous étiez enfant, on vous a appris à culpabiliser. Mais, maintenant, vous vous en chargez tout seul. Comment, désormais, quelqu'un pourrait-il vous imposer un tel sentiment?

## Une force cachée

Dans le précédent chapitre, nous vous avons expliqué qu'il faut voir dans la solitude l'indice qu'une personne a besoin et désire une plus grande intimité. La force cachée de la culpabilité lui vient de ce qu'elle agit comme un baromètre quant à vos possibilités. Lorsque vous éprouvez un sentiment de culpabilité, vous prenez conscience de celles de vos possibilités que vous avez ignorées et laissées en friche.

Si vous faites vraiment de votre mieux, vous ne pouvez vous sentir coupable. Et si vous le savez, rien ne peut alors vous ébranler. Par contre, vous risquez de céder à la culpabilisation chaque fois que vous ne tirez pas le maximum de vos possibilités.

Voici comment la culpabilité peut se manifester selon qu'elle vous affaiblit ou qu'elle vous renforce.

| Aspects faibles | Aspects forts |
|---|---|
| Je ne fais pas ce que vous voulez | Je pourrais |
| Je ne devrais pas | Je veux quelque chose de plus |

Tout ça, c'est de ma faute
Je devrais devenir meilleur
Pourquoi n'y ai-je pas
pensé?
J'aurais dû être mieux in-
formé
Je continue d'y penser
Personne ne m'aimera
C'est faux
C'est mal

Je veux quelque chose de
différent
Ce point m'apparaît mainte-
nant sous un tout autre jour
Je veux faire mieux
Je veux changer
Je veux plus de responsabi-
lités
Je veux qu'on m'aime
Je veux me sentir bien
Je veux changer ceci

# Deux enquêtes sur la culpabilité

Il y a quelque temps, *Psychology Today* faisait état d'une recherche selon laquelle 32% des hommes et 36% des femmes interrogés avaient reconnu "s'être sentis souvent coupables quand ils étaient petits".

Lorsque nous avons, à notre tour, interrogé à ce sujet les participants à nos sessions de mise en forme psychologique, 33% des hommes et 26% des femmes ont dit qu'un sentiment de culpabilité les envahissait plusieurs fois par jour, alors qu'ils étaient parvenus à l'âge adulte. Au total, 79% d'entre eux nous ont appris qu'ils étaient passés par des périodes de culpabilisation qui avaient duré, selon les cas, des jours, des semaines, des mois et même des années. Les trois grandes réactions physiques qu'ils avaient alors éprouvées étaient les suivantes: rigidité de tout le corps (85%); fatigue (47%); et nervosité (49%). Ces symptômes, de même que quelques autres, reflètent tous un corps qui se retient.

## Témoignages

Je voulais me punir d'avoir mal agi, et ce, physiquement.

John

Si je ne respectais pas des règles de bienséance du genre "il faut se montrer aimable", je ne savais plus à quel saint me vouer. Pendant des années, je me suis senti coupable d'avoir quitté la maison et de ne pas m'être inscrit à l'université.

Gary

Quand j'ai perdu mon bébé, j'ai cru que c'était parce que je ne faisais pas "de mon mieux" dans la vie, ou que Dieu me punissait d'avoir fait, à un moment ou à un autre, quelque chose de mal.

Elizabeth

Je me sentais coupable de vouloir poursuivre mes études alors que mon père n'avait pas les moyens de me les payer.

Lynn

Convaincu que j'aurais pu modifier le cours des événements, je me sentais responsable de la mort de ma mère.

Mark

Ma mère jouait les éternelles offensées et réagissait comme si je la brutalisais. J'ai toujours cru que j'étais un être cruel et que tout ce que je faisais portait préjudice aux autres.

Richie

J'étais complètement démolie et me percevais comme le plus sinistre personnage que la terre ait jamais porté. J'étais incapable de regarder quelqu'un en face.

Dana

J'avais pris l'habitude de croire que tout était de ma faute. On me l'avait assez souvent répété quand j'étais petit... Si quelque chose allait de travers au travail ou même si, en exagérant un peu, un embouteillage se formait, j'étais certain d'en être la cause.

Alan

# Conclusion

Quand vous en êtes rendu à vous décorer systématiquement de la médaille de la culpabilité, cela veut dire que vous avez renoncé à la compétition. Vous évaluez toutes les situations selon le point de vue du perdant psychologique, vous voyez tout en noir. Vous vous laissez dominer par la culpabilité négative et vos possibilités d'agir et d'être vous-même s'en trouvent réduites d'autant. La culpabilité positive augmente le rythme de votre jogging mental. Elle vous permet de progresser et d'exploiter votre potentiel. Grâce à elle, et votre entourage s'en rend compte, vous savez parfaitement ce que vous voulez dans tous les domaines.

## Deux exercices de jogging mental spécialement conçus pour la culpabilité

*Premier exercice.* Se sentir coupable n'a rien de très amusant. Dans cet exercice, il s'agit d'exagérer votre sentiment de culpabilité à tel point qu'il en devienne ridicule. Commencez par vous dire "je me sens coupable de..." et enchaînez avec une confession.

"Je m'accuse de ne pas avoir..."

"que je n'aurais pas dû..." "que je n'ai pas fait..." etc.

Passez à l'étape suivante: "Je m'accuse d'être le pire ... (fils, père, travailleur, etc.)". Quand vous serez arrivé à ce point, vous devriez commencer à voir tout ce que votre culpabilisation comporte de grotesque. Et votre mélodrame vous apparaîtra comme un simple vaudeville, sans plus.

*Deuxième exercice.* Établissez un graphique de votre innocence ou de votre culpabilité. Vous estimez-vous généralement coupable jusqu'à preuve du contraire ou vous considérez-vous innocent tant que votre culpabilité n'a pas été prouvée? La plupart des gens qui souffrent d'un très fort sentiment de culpabilité se conduisent comme s'ils étaient effectivement fautifs, en attendant de voir reconnaître leur innocence. Soyez votre propre avocat et défendez-vous d'avoir commis quoi que ce soit de répréhensible. Enfin, chaque fois que vous vous apercevez que vous êtes en train de plaider coupable, faites marche arrière et protestez de votre innocence.

# Chapitre 14

# Le blâme: une histoire incomplète

C'est le championnat national de basketball universitaire. Les deux meilleures équipes de tout le pays sont en train de s'affronter. Elles sont à égalité et le jeu en est un de défensive homme à homme. L'entraîneur décide d'une nouvelle stratégie; il explique à chacun de ses joueurs quel sera son rôle et leur fait cette recommandation: "Surtout, faites bien attention de ne pas commettre de faute au bénéfice de l'équipe adverse." Il reste à peine cinquante-huit secondes de jeu. L'arrière vedette tente d'enlever le ballon à un adversaire dans un geste spectaculaire et, ce faisant, commet une erreur. L'autre joueur fonce et marque un point. L'entraîneur demande une brève pause dont il profite pour déclarer à son arrière: "J'aurais préféré que tu ne fasses pas ça, mais cela peut arriver au meilleur d'entre nous. Nous avons amplement le temps de rattraper ta faute." Le jeu reprend, l'arrière vise le panier et se fait bousculer, ce qui fait gagner trois points à son équipe. Le temps est écoulé, la partie est terminée. Le joueur qui, cinquante-huit secondes plus tôt, était l'artisan de la défaite se retrouve maintenant celui de la victoire. Il est le héros du match.

En fait, c'est à l'entraîneur que revient tout le mérite. Il aurait pu accabler son joueur de reproches à cause de sa stupide erreur, mais, de toute évidence, celui-ci était déjà en train de se traiter de tous les noms. Au lieu de ça, il lui a clairement déclaré: "j'aurais préféré que tu ne fasses pas ça" et lui a ensuite remonté le moral pour que l'arrière puisse donner le meilleur de lui-même.

Les blâmes constituent véritablement la première moitié de l'enseignement. Mais quand on blâme quelqu'un, on oublie, la plupart du temps, qu'on espère quelque chose de sa part. Pareille attente est une bonne chose en soi. Néanmoins, lorsqu'elle est déçue et qu'on se laisse aller à des reproches, on ne fait que s'éloigner encore davantage de ce qu'on espérait.

Lorsque vous blâmez quelqu'un à juste titre, même quand c'est vous-même, vous éloignez votre moi intime, qui est blessé, désappointé et reste sur sa faim, de votre moi extérieur qui semble en possession tranquille de la vérité. Si vous ne donnez qu'une demi-réponse, vous n'obtiendrez jamais ce que vous voulez. La réponse de votre moi intime ressemble à ceci: "je suis blessé" ou "je suis déçu" ou encore "j'en veux bien davantage"; mais elle est inadéquate parce qu'elle ne va pas plus loin que celle de votre moi extérieur: "tu es en retard", "tu te trompes" ou "tu n'aurais pas dû faire ça". C'est essentiellement lorsque votre réponse est l'expression simultanée de vos deux moi que vous avez atteint le statut de guide.

La combinaison des deux réponses — intime et extérieure — se révèle un puissant instrument didactique. Si vous prenez le temps de vraiment confier à votre interlocuteur ce que vous voulez et comment vous vous sentez, il y a de fortes chances pour que celui-ci vous rende la pareille.

Bien des gens s'en veulent d'être toujours en train de blâmer pour un motif ou pour un autre, parce que c'est un comportement on ne peut plus négatif. Mais ils sont incapables de s'en empêcher. Nous avons vu des mères qui participaient à nos sessions s'effondrer et se mettre à pleurer et à sangloter, tandis qu'elles parlaient de la façon dont elles blâmaient constamment aussi bien leurs enfants que leur mari ou elles-mêmes. Et, animées par le désir de rendre la vie plus agréable autour d'elles et d'exprimer ce que ressent leur moi intime, elles sont impuissantes à changer de comportement.

Chaque fois que vous formulez des reproches, votre moi intime utilise votre moi extérieur, mais d'une façon détournée, d'où l'inefficacité de cette tactique. C'est ainsi que vous en arrivez à croire que le blâme constitue la seule façon de vous rapprocher de votre moi intime, sans, toutefois, comprendre que vous essayez constamment d'exercer celui-ci. C'est pourquoi vos tentatives de vous dominer sont si souvent infructueuses. Vous voulez permettre à votre moi intime d'émerger pour fusionner avec votre moi extérieur et croyez que c'est par le blâme que vous y parviendrez.

## La vraie nature du blâme

Le blâme constitue un phénomène psychologique intéressant parce que vous vous contentez de réagir partiellement à une situation donnée et que le fait de ne pas utiliser tout votre potentiel provoque chez vous un malaise.

L'étude de votre comportement à la lumière de la théorie de la mise en forme psychologique ne peut que vous aider à progresser, tandis que les blâmes entravent votre évolution. Ils empêchent l'interaction: "Tu as tort et j'ai raison." Pourtant, chacun des deux accusateurs ne souhaite rien d'autre que de dépasser le stade des remontrances. L'entraîneur de notre exemple savait comment s'y prendre. Et parce qu'il avait su tendre la perche à son joueur, il avait démontré qu'il pratiquait le jogging mental à partir du blâme.

Nous sommes convaincus que tout le monde veut faire de son mieux. Et celui qui se trompe prouve ainsi qu'il a besoin d'acquérir d'autres habiletés afin de pouvoir agir correctement. Quand on vous blâme, vous réagissez. Mais si vous avez fait quelque chose de mal, ce qui arrive à tout le monde, vous souhaitez, plus que toute autre chose, qu'on vous explique les conséquences de votre acte et comment agir différemment. Tout apprentissage qui vous permet d'exprimer simultanément votre moi intime et votre moi extérieur constitue un excellent exercice pour votre personnalité. Il ne peut que vous aider à intensifier vos forces et à devenir psychologiquement en meilleure forme.

## Quelques clichés sans fondement

*Les gens n'ont que ce qu'ils méritent.* Telle est la principale justification du blâme. Ceux qui y ont recours ont tendance à croire qu'ils se limitent à dire la vérité, sans plus. Mais c'est loin d'être un motif suffisant. Il est indispensable de laisser intervenir ses sentiments.

*Si quelque chose va de travers, ce doit tout de même bien être la faute de quelqu'un.* Les accusateurs semblent vivre dans un univers psychologique aussi précis et immuable que la physique newtonienne: on doit pouvoir tenir quelqu'un responsable de tout acte posé. Mais, parfois, les choses vont mal sans que ce soit la faute de qui que ce soit; elles vont de travers, tout simplement. En outre, une situation qui serait fautive aux yeux d'une personne peut très bien paraître inattaquable aux yeux d'une autre.

*Il y a toujours deux manières de faire quelque chose: la bonne et la mauvaise.* Il est certain que cette idée fausse simplifie grandement la vie, sans compter qu'elle fournit matière à discussion. Les gens qui pensent ainsi accompagnent souvent leurs reproches de phrases du genre de celle-ci: "C'est pour ton propre bien", "tout le monde sait ça" ou "je veux seulement t'enseigner ce qui est bien."

*Si vous ne blâmez pas quelqu'un, vous n'aurez d'autre choix que de vous blâmer vous-même.* Il est exact que, pris de court, les accusateurs finissent souvent par se blâmer eux-mêmes. Mais il est faux de croire qu'ils sont obligés de chercher un coupable.

## Les forces et faiblesses cachées du blâme

La force cachée du blâme réside dans l'intense sentiment qu'il suscite. Il est indéniable que les accusateurs veulent ardemment quelque chose et qu'ils observent attentivement tout ce qui se passe. Mais il est rare qu'ils expriment leurs désirs ou parlent de ce qui les préoccupe le plus. Ils préfèrent aborder les situations de biais.

Tout accusateur, quel qu'il soit, souhaite de toutes ses forces se sentir à l'aise. Toutefois, il va, fréquemment, se contenter de n'importe quel sentiment, du moment que celui-ci est prononcé. D'autre part, l'accusateur finit généralement par se trouver un coupable. Il a autant besoin de mettre la main sur un bouc émissaire que ce dernier a besoin de quelqu'un pour le clouer au pilori,

### L'histoire de Jane

Une jeune femme dans la vingtaine se plaignait d'être incapable de maintenir une relation avec un homme: "Je passais mon temps à reprocher à celui avec qui je me trouvais — ou avec qui j'aurais voulu être — de ne pas me rendre mon amour. J'essayais désespérément de retenir quelqu'un et, en même temps, ne voyais qu'une seule raison à mon échec; c'est que tous ces types que je fréquentais l'un après l'autre "avaient peur d'être aimés, peur d'une relation intime, étaient incapables d'aimer", etc., etc. Si seulement il pouvait consentir à apparaître, je connaîtrais enfin le bonheur et aurais atteint mon but. J'essayais avec acharnement de les convaincre, à tour de rôle, de la justesse de mon point de vue et de leur démontrer qu'ils faisaient fausse route. J'étais incapable de comprendre pourquoi ces relations n'étaient qu'une succession de batailles ou pourquoi ces types voulaient toujours disparaître alors que je ne demandais qu'à aimer et être aimée. Néanmoins, je savais que ce n'était pas de ma faute. Déjà, à l'école secondaire, quand mon ami du moment agissait autrement que ce à quoi je m'attendais, j'étais portée à penser qu'il me faisait un tort terrible."

Jane a réussi à adopter un nouveau comportement au niveau de sa façon de parler, d'établir des contacts, de se conduire avec les autres — et pas seulement avec ses amoureux, mais avec tout le monde en général. Elle a appris à ne plus tenir les autres responsables de son infortune et à partager ses sentiments — besoin, déception, blessure, excitation, etc. L'un des exercices qu'elle avait été tenue de faire consistait à passer une demi-heure, un soir, en compagnie de son amoureux et à lui révéler la place qu'il tenait dans sa vie, combien elle l'aimait, ce qui se passait en elle quand elle lui faisait des reproches et s'éloignait alors de lui, et ce qu'elle deviendrait sans lui. Elle a ainsi découvert qu'elle cherchait essentiellement à ressentir son amour, que c'était ça qui lui faisait défaut. Privée de son sentiment d'aimer, elle s'était mise à blâmer tout le monde.

Jane a compris que l'attention qu'elle porte aux autres constitue la force cachée derrière son attitude réprobatrice. Elle se souciait sincèrement de ses amoureux. Mais, ce qui importe encore davantage, elle se préoccupait de son propre sentiment dont la force ne lui avait pas échappé. À mesure qu'elle apprenait à s'exprimer pleinement et à vivre avec ce sentiment intense elle devenait psychologiquement en meilleure forme.

Nombreux sont les pères et les mères qui restent aveugles devant la rancoeur qu'éprouvent leurs enfants pour toutes ces années de reproches incessants. Si vous blâmez un enfant, soit qu'il se blâmera à son tour en en rajoutant, soit qu'il vous blâmera et engagera la bataille. Dans aucun des deux cas, les parents et l'enfant n'auront obtenu ce qu'ils désirent.

## Enquête

Le pourcentage, dans ce cas-ci, a été assez élevé; en effet, 78% des participants ont admis distribuer des blâmes au moins une fois par jour, tandis que, pour 52% d'entre eux, cela se répétait "plusieurs fois par jour". Et ce, même si 61% des personnes interrogées ont affirmé qu'elles se sentaient capables, comme résultat de la session, de se laisser aller moins souvent à un tel comportement.

Une autre donnée surprenante concerne la durée de cette attitude. 75% des sujets ayant reconnu qu'ils avaient eu tendance à "blâmer excessivement" à une époque ou une autre de leur vie, 52% de ceux-ci ont avoué que cela avait duré des années.

La sensation d'être oppressé est le principal symptôme physique mentionné à propos du blâme; 99% des participants en ont fait état. Les trois autres plus importants sont: la migraine (37%); la fatigue (36%); et la nervosité (36%).

### Témoignages

J'imputais la responsabilité de mes problèmes sexuels à mes parents. Et je considérais que ces difficultés étaient à l'origine de ma solitude et de mon état dépressif. J'aimais pouvoir blâmer quelqu'un; on aurait dit que ça me permettait de moins me détester.

Steven

J'en voulais à mes parents de ce qu'ils m'avaient fait. Mais je gardais le silence sur les raisons de ma rancoeur. Je refusais de leur parler ou de leur laisser voir que j'étais consciente de leur existence.

Wendy

J'avais l'impression que c'était de "leur" faute si je me sentais ainsi et que je ne serais pas satisfait tant qu'"'ils" ne se sentiraient pas aussi mal que moi ou que je ne les aurais pas fait payer pour ce qu'"'ils" m'avaient fait.

Bob

J'étais incapable d'entretenir des liens amicaux avec les gens. Je finissais toujours par leur découvrir un défaut quelconque et ils cessaient aussitôt d'être mes amis. J'allais ensuite tenter de convaincre d'autres personnes de ne pas les aimer.

Bob

J'en voulais à ma femme, à l'état-major, au Président et à tous ceux qui n'avaient pas été au Viet-Nam à cause de ce que j'y avais subi, de mes amis qui étaient restés sur le champ de bataille et de ce qui m'avait manqué à la maison.

John

Je retenais la colère qui bouillait en moi, mais j'avais pris en horreur les flics, les profs, les parents, les dirigeants politiques et ma femme.

Joël

J'étais malheureuse avec mon amoureux, mais je continuais de le voir. Néanmoins, j'étais devenue très agressive à son égard et j'estimais que c'était à cause de son incompétence que je me sentais malheureuse. Je pouvais piquer des crises de colère terribles (je lançais des oreillers et tout ce qui me tombait sous la main); ensuite, je me sentais coupable de ne pas le comprendre et voulais faire la paix.

Mary

Quand je me sentais malheureux, je mettais ça sur le dos de ma femme. Mais cela ne changeait rien à mon état ni à ma passivité. Je me souviens que j'ai passé des mois à me lamenter sur mon sort. Bien entendu, cela n'avait donné aucun résultat.

Ron

# Conclusion

Lorsque les accusateurs commencent à développer leur sens du contact, ils font l'expérience de quelque chose de nouveau: la vulnérabilité. Ils s'aperçoivent qu'ils espèrent énormément de la relation qu'ils entretiennent avec la personne qu'ils avaient coutume de blâmer. Ils découvrent qu'ils ont beaucoup de choses réelles, flatteuses et vulnérables importantes ou non, à dire. L'amertume inhérente au blâme cède la place à la douceur de l'amour et du contact.

Nous voulons vous apprendre une nouvelle expression: "devenir meilleur". Une grande sollicitude, un désir et la vulnérabilité sont les caractéristiques cachées du blâme. Quand vous transposez ces mots dans des actions, vous devenez meilleur. Celui qui blâme n'a pas encore acquis cette habileté. Nous estimons que vous avez le droit d'améliorer votre propre vie, vos relations, votre univers. Vouloir devenir meilleur est un processus dynamique selon lequel vous prenez conscience de ce que vous voulez changer et vous vous attaquez à la tâche. Lorsque vous vous améliorez, vous faites du jogging mental. En même temps, vous favorisez la fusion de votre moi intime et de votre moi extérieur, pour votre propre bénéfice. Vous luttez pour atteindre votre propre potentiel. Le blâme est un moyen inefficace d'enrichir votre vie. Devenir meilleur signifie que vous vous préoccupez de votre bien-être et de celui des autres. Pendant que vous faites en sorte de devenir meilleur, vous ignorez quelle est votre destination finale. Vous voyez ce que vous voulez changer, le reconnaissez pour ce que c'est et exprimez ce que vous ressentez à cet égard. Ce n'est pas un jeu qui se termine avec un vainqueur et un perdant. C'est uniquement la liberté qu'engendre le jogging mental. Quand vous constatez que vous êtes suffisamment disponible pour faire du jogging mental toute votre vie durant, c'est que vous devenez meilleur, mais si vous vous apercevez que votre univers devient de plus en plus étroit et fermé, c'est que vous êtes en train de blâmer. Donnez à votre désir de vous améliorer la chance de se concrétiser.

# Chapitre 15

# La frustration: vous mettre en branle

"Il a réussi! Il a pulvérisé le record du monde! Jenner est le nouveau champion olympique!" Tout le monde a entendu parler de Bruce Jenner, vainqueur du décathlon aux Jeux olympiques de 1976. Mais personne ne semble se souvenir que, pendant des années, il était animé du désir de gagner, mais n'en avait pas les habiletés. Sa frustration ne différait en rien de celle que vous-même pouvez connaître.

Nous avons trouvé dans un ouvrage de psychologie cette définition de la frustration: "(...) le résultat presque inévitable d'un conflit entre les besoins de l'individu et les contraintes imposées par la société." Mais que se passe-t-il lorsque la frustration ne découle pas des contraintes sociales?

Tout d'abord, cessons de qualifier la frustration de problème. Celle-ci dissimule une force positive que nous appellerons la capacité de "tendre vers quelque chose." L'individu frustré souhaite davantage qu'il ne possède; il veut un avenir, il veut donner un sens à sa vie.

Il est absolument impossible de vivre sans tendre vers quelque chose. L'une des formes les plus naturelles et les plus intenses de l'exercice de la personnalité consiste à se frustrer soi-même afin de se mettre en branle. Et lorsque nous avons compris que ce n'est pas tant la réussite elle-même que nous recherchons, mais l'engagement qu'elle implique, la frustration cesse d'être une énigme et nous savons alors comment la mettre à profit.

Quand vous décidez de déclencher vous-même votre frustration, vous mettez en branle un processus qui vous fournit l'énergie nécessaire pour rechercher de nouvelles solutions, mettre à l'épreuve les nouvelles forces de votre personnalité et explorer de nouveaux domaines. La frustration est l'indice d'une insatisfaction.

*Le génie de la frustration.* On voit parfois des personnes frustrées se concentrer tellement sur ce qui *leur fait défaut* qu'elles deviennent des spécialistes dans l'art de ne jamais l'obtenir. Dès lors, les croyances qu'ils ont à leur sujet sont fondées non pas sur le fait de tendre vers quelque chose, mais sur le fait de s'arrêter.

### Le "drame" de Mickey

L'un de nos patients travaillait à écrire une pièce de théâtre depuis une vingtaine d'années. Elle était monumentale. Il y avait greffé les frustrations de toute sa vie et était incapable d'y mettre le point final. Ses faiblesses dans les autres domaines, tels la sexualité, l'amitié, le jeu, le travail, etc., ne l'intéressaient pas le moins du monde. Il était convaincu que s'il pouvait terminer sa pièce de théâtre, tous ses problèmes s'en trouveraient résolus d'office.

Son développement tout entier était dépendant de cette pièce de théâtre et nous entreprîmes de l'amener à la mettre en scène. Il résista en multipliant les prétextes, mais, finalement, ne put que se soumettre. Ce fut un échec total.

Après son insuccès, nous lui demandâmes d'écrire, à raison d'une par semaine, de courtes pièces de cinq à six minutes où il devait à la fois transposer ses sentiments et mettre en scène ses amis. Avant la fin de l'année, il avait changé toutes ses dynamiques afin de pouvoir mettre en scène ses pièces. Il bougeait, parlait, nouait des contacts et exprimait ses sentiments. Et quand l'année fut écoulée, il avait réussi à libérer l'énergie nécessaire pour transformer et son mode de relation et sa façon de travailler. Maintenant, il s'était mis en branle dans tous les domaines de sa vie.

L'histoire de Mickey vaut beaucoup mieux que son drame. Nombreux sont ceux qui engendrent leur propre frustration en se forgeant une image de ce qu'ils se proposent de devenir, alors qu'ils ne se mettent même pas à l'épreuve. C'était vraiment quelque chose d'étonnant que de voir cet homme donner enfin libre cours à son énergie affective, concentrée jusque-là dans son "grand drame". Certaines de ses courtes pièces frôlaient le désastre tandis que d'autres se méritaient un franc succès. Son public fondait en larmes ou riait à en perdre le souffle — les deux réactions étant, le plus souvent, simultanées. Débarrassé de sa frustration, Mickey utilisait toute sa capacité de tendre vers quelque chose. Au fur et à mesure qu'il prenait conscience de la satisfaction que lui procurait le sentiment d'*essayer d'écrire* et *d'essayer de créer*, il s'apercevait qu'il pouvait le retrouver dans tous les secteurs de sa vie restés en friche. Et il se mit à aimer "essayer".

C'est selon ce même principe que Bruce Jenner était devenu champion olympique bien avant la dernière épreuve du décathlon. Il l'était devenu dès le moment où il s'était servi de sa frustration pour intensifier ses efforts. Si Jenner a bien compris la leçon qu'elle comportait, il continuera de ressentir cette impression de triomphe qui découle de la volonté d'aller encore plus loin. Et c'est justement ce sentiment que chacune de vos frustrations vous permet d'éprouver.

## La véritable nature de la frustration

*Se frustrer* est une bonne chose tandis que la *frustration* ne l'est pas.

Se frustrer est un processus excitant. Notre moi intime évalue constamment nos objectifs et nos possibilités. Néanmoins, il lui faut exercer le moi extérieur pour que nous puissions devenir psychologiquement en forme. C'est pourquoi les objectifs qu'il nous fixe dépassent systématiquement de un demi-pouce la limite de nos possibilités.

L'acceptation du processus dynamique qui se déroule à l'intérieur et à l'extérieur de nous lorsque nous nous frustrons constitue la clé du jogging mental de la frustration. Se frustrer constitue un exercice psychologique aussi intense que profitable. Nous avons alors l'espoir de pouvoir accomplir des choses et nous savons que ce n'est pas la chose accomplie qui nous met en forme mais plutôt le fait "d'accomplir".

Se frustrer a un effet bénéfique. Nous avons alors une perception dynamique de notre identité. Nous devenons quelqu'un capable d'essayer et de réussir. Néanmoins, il n'est pas indispensable de triompher à tout coup, étant donné que votre victoire réside dans le fait même d'essayer. Quand votre moi extérieur accepte de se plier au besoin intérieur d'exercer et de renforcer votre personnalité tout entière, vous développez une nouvelle conscience. Vous commencez à goûter votre capacité de vous frustrer et à vous y fier, en même temps que vous l'utilisez pour améliorer votre jogging mental.

Le jogging mental est une façon d'aider votre moi intime et votre moi extérieur à travailler de concert. Vous n'avez pas besoin de vous rendre malheureux pour ça. Vous pouvez découvrir ce qu'on ressent quand on possède un moi intime conscient de l'objectif à atteindre et un moi extérieur qui accepte d'agir en conséquence. Cela ressemble au fait de découvrir qu'on a une armée d'amis.

## Quelques clichés sans fondement

Les gens qui sont frustrés et ont arrêté d'évoluer font généralement leurs les idées fausses relatives à la frustration et les érigent en règles de conduite.

*La frustration, c'est ce qu'on ressent quand on n'obtient pas ce qu'on veut.* Cette notion est complètement erronée. Vous pouvez fort bien vous sentir triste et déçu — mais quand vous faites de votre mieux pour obtenir quelque chose, vous vous servez, en réalité, de votre frustration. C'est le fait de vouloir ardemment telle ou telle chose qui vous aide à vous sentir bien.

*Vous pouvez vous défouler physiquement lorsque vous êtes frustrés.* C'est une erreur qui porte souvent à conséquence. Il est vrai que vous pouvez vous décharger de la tension et de l'anxiété qui accompagnent la frustration, mais vous n'en viendrez jamais à bout si vous ne tenez pas également compte de l'aspect psychologique.

*Si vous obtenez ce que vous voulez, vous serez entièrement satisfait.* Chaque fois que vous êtes parvenu à vos fins, vous n'en restez pas là; au contraire, au bout d'un moment, vous vous tournez vers quelque chose de nouveau. La satisfaction vient non pas du fait d'avoir résolu un problème, mais bien plutôt de l'effort accompli en vue d'y arriver.

*Si je n'ai pas pu obtenir ce que je voulais, c'est à cause de quelque chose, de quelqu'un ou de telle ou telle situation.* "S'il n'y avait pas eu... j'aurais réussi." Si vous vous reconnaissez dans cette attitude, c'est que vous vous privez d'une expérience merveilleuse — l'expérience de savoir que vous êtes à la fois la cause, l'élément moteur et le bénéficiaire de tous vos actes. Il est donc hors de question que vous puissiez échouer. En fait, vous ne connaissez l'échec que lorsque vous restez les bras croisés. Et vous serez inévitablement en proie à la frustration tant que vous ne parviendrez pas à faire l'expérience de vous frustrer vous-même comme une façon de chercher des réponses et des solutions nouvelles et d'éprouver de nouveaux sentiments.

## Comment la frustration devient une force

La frustration n'est jamais complètement une faiblesse, étant donné qu'elle avertit l'individu d'une insatisfaction et que c'est justement là ce qui fait sa force.

La frustration est ce qui vous envahit lorsque vous entrevoyez une lueur au fond du tunnel. L'absence de solution est incompatible avec un sentiment de frustration. Et vous ne pouvez éprouver celui-ci tant que vous ignorez si vous pourrez atteindre votre but. Faut-il en déduire que vous allez trouver ou obtenir exactement ce que vous souhaitez? Non. Il n'y a rien de simpliste dans la perspective de la mise en forme psychologique. Quand vous vous frustrez, cela veut dire que vous désirez quelque chose et travaillez soit à l'obtenir, soit à résoudre les problèmes qui l'entourent. Vous êtes en train de vous doter d'un avenir et d'une ligne de conduite.

Il est possible de vivre sans frustration, mais il est impossible de ne jamais se frustrer soi-même. Si la capacité de se frustrer n'existait pas, nous n'aurions aucun sens ni du moment présent ni de l'avenir. C'est grâce à elle que nous pouvons progresser et devenir en forme.

Lorsque vous avez compris que c'est vous-même qui choisissez de vous frustrer et que c'est ce processus qui vous procure l'énergie nécessaire pour chercher de nouvelles solutions, mettre à contribution les nouvelles forces de votre personnalité et explorer de nouveaux secteurs de votre vie, vous avez compris du même coup certains des principes fondamentaux de la mise en forme psychologique.

C'est lorsque nous n'obtenons pas ce que nous voulons que les faiblesses inhérentes à la frustration font jour. Nous

nous mettons dans la tête que nous en demandons trop et que notre frustration découle de notre incapacité à satisfaire notre désir. Mais ce n'est pas vrai. Si vous vous frustrez vous-même, c'est parce que vous en avez besoin. Néanmoins, lorsque vous ne possédez d'autre force que votre frustration, vous entreprenez de vous saboter en vous privant systématiquement du moindre succès. Et, afin de préserver cette unique force qu'est votre frustration, vous multipliez les obstacles à votre réussite.

Bon nombre de ceux qui cherchent en vain à réussir s'imaginent qu'ils y arriveraient s'ils pouvaient seulement jouir d'un peu de répit. Ils sont alors leur propre dupe, si l'on tient compte du fait qu'ils réussissent déjà fort bien au niveau de leur frustration. En réalité, c'est le succès lui-même qui les effraye parce qu'il remettrait en question la perception qu'ils ont d'eux-mêmes et qu'ils ont mis des années à acquérir.

Lorsqu'une personne apprend à faire du jogging mental avec sa frustration, elle apprend à créer et à solutionner plutôt que d'attendre (des solutions). C'est là que réside la différence entre le fait de savoir utiliser son énergie psychologique et celui de se laisser guider par le hasard. Tandis que vous décidez, en toute connaissance de cause, de faire usage de votre énergie pour votre propre bien, vous arrêtez de frustrer avec vos échecs et vous commencez à accumuler les victoires.

## Résultats de l'enquête sur la frustration

Des 250 personnes que nous avons interrogées à propos de la fréquence de leurs frustrations, 75% nous ont répondu que c'était un sentiment qu'elles éprouvaient quotidiennement, et même plusieurs fois par jour dans le cas de 43% d'entre elles.

Nous leur demandâmes également si, à un moment ou à un autre de leur vie, elles s'étaient senties extrêmement frustrées; plus de 90% ont répondu affirmativement, 52% ajoutant que cela avait duré des années.

Les principales réactions physiques dont elles ont fait état sont: une rigidité de tout le corps (91%); de la nervosité (71%); et de la fatigue (62%); les migraines, douleurs et courbatures diverses atteignaient un total de 40%.

## Témoignages

En lisant ces commentaires émanant de plusieurs personnes, tâchez de remarquer à quel point la frustration les empêche de se mettre en branle.

> Je reste là à m'imaginer ce que je veux et cela me semble inaccessible. Je ne sais vraiment pas par quel bout commencer.
>
> Bob

> J'étais convaincue de mon incapacité à effectuer le moindre changement autour de moi. Je me sentais inutile — incapable d'accomplir quoi que ce soit. Il me semblait impossible d'évoluer tant que les choses autour de moi ne changeraient pas.
>
> Carolyn

> J'étais en proie à un profond mécontentement. Rien de ce que je faisais ne pouvait me satisfaire — même ce que je réussissais. Je ne me sentais pas du tout bien dans ma peau.
>
> Mary

> La poursuite d'une carrière constituait ma plus grande frustration. La plupart du temps, je ne savais plus où j'en étais. Je me sentais inutile et inefficace, tout en craignant de courir à l'échec.
>
> Jerry

J'aurais voulu avoir des amis, mais je ruminais le fait que je n'en avais pas et acquérais peu à peu la conviction que je n'en aurais jamais.

Nancy

J'étais très malheureuse et très négative. Dans l'espoir de pouvoir changer, j'avais essayé un peu de tout, comme le yoga, le chant, la drogue; j'intellectualisais tout et m'astreignais constamment à suivre des régimes.

Jeannie

Je m'étais mis dans la tête que je ne serais jamais une bonne mère, que mes enfants ne pouvaient donc pas être heureux et qu'ils en souffraient. Je me croyais incapable d'avoir un comportement adéquat avec eux.

Ann

J'étais convaincue que rien ne répondrait jamais à mes aspirations, que tout échappait à mon empire et qu'il y avait toujours quelque chose qui clochait.

Laurie

Tout allait de travers — je continuais d'essayer — la colère me gagnait — je me concentrais sur ce qui me manquait.

Vincent

## Trois exercices de jogging mental spécialement conçus pour la frustration

La prochaine fois que vous vous sentirez particulièrement frustré, essayez l'un ou l'autre de ces trois exercices.

*Premier exercice.* Écrivez sur plusieurs feuilles de papier et en grosses MAJUSCULES les causes de votre frustration. Déchirez ensuite les feuilles en petits morceaux. Lancez vos confettis en l'air et regardez-les retomber doucement. Chacun de ces minuscules bouts de papier représente une pensée frustrante. Maintenant, ramassez-les un par un, mais en modifiant votre schème de pensée: au lieu de vous dire "je ne peux pas" ou "je n'ai pas", répétez-vous "je fais des efforts". Ne faites pas semblant; vous devez réellement admettre ce que vous essayez d'accomplir.

*Deuxième exercice.* Tâchez de voir chacune de vos frustrations comme une piqûre d'épingle qui égratigne vos désirs. Si vous continuez de vous piquer vous-même, vous ne tarderez pas à vous dégonfler. Maintenant, imaginez-vous que, au lieu de vous darder de coups d'épingle, vous commencez à aller de l'avant. Chaque fois qu'une idée frustrante vous passe par la tête, massez vos mains; faites-le très doucement, afin de sentir tout ce que vous désirez pour vous-même, au-delà de vos frustrations.

*Troisième exercice.* Tracez une ligne droite terminée par une pointe de flèche, comme ceci: ——▶. Désormais, quand la frustration vous gagne, reconnaissez que c'est parce que vous tendez vers quelque chose. Inscrivez dans votre carnet le nombre de flèches que vous tracez chaque jour. En outre, écrivez au-dessus de chacune ce qu'elle représente, de cette façon: "J'essaye de..."

# Conclusion

Ces trois exercices sont très bénéfiques. Grâce à eux, vous devenez conscient à la fois des efforts que vous faites pour prendre soin de vous et du but que vous visez. Le jogging mental vous donne la force de briser les barrières psychologiques qui vous empêchaient, jusque-là, d'admettre que vous essayez de mener une vie aussi riche que possible. En outre, vous commencez à découvrir combien le fait de travailler ensemble est vivifiant pour vos deux moi. Plus vous vous dotez de la liberté de résoudre, de créer et de réussir, plus vous constatez que ces solutions, ces créations et ces succès font naturellement partie intégrante de votre vie.

# Chapitre 16

# Le cafard: de la dépression à l'expression

Cela faisait des années que Dean Smith, un entraîneur de basketball de la Caroline du Nord, s'acharnait sur un problème tactique. Son équipe menait par trois points, mais les adversaires se trouvaient en excellente position. Comment conserver cette avance et remporter la victoire?

C'est ainsi que Smith a inventé l'attaque des quatre coins. Certains entraîneurs la qualifient de ralentissement. Smith a trouvé comment faire travailler le temps au bénéfice de ses joueurs. Il s'est aperçu qu'il pourrait remporter davantage de matchs s'il ralentissait littéralement le tempo jusqu'au moment où son équipe serait bien placée pour "faire" un panier. Pour juger de la valeur de sa méthode, il suffit de penser à tous les adeptes qu'elle s'est méritée.

La dépression psychologique est une forme de ralentissement. Pour bien des gens, elle implique une attitude essentiellement défensive. Mais ils se trompent. C'est un comportement créateur ou encore offensif.

Le fait d'être déprimé signifie que vous réagissez à une situation où votre moi extérieur a essuyé un échec. Votre moi intime entreprend donc de déprimer la portée des normes, règles et conceptions habituellement respectées par votre moi extérieur, changeant, de ce fait, la dépression en une forme de jogging mental. Il faut donc voir dans un état dépressif une tentative de rapprocher les deux moi.

Selon l'Institut national pour la santé mentale, la dépression est en voie de déclasser la schizophrénie aux États-Unis et de passer au premier rang des maladies mentales. Elle est responsable de l'hospitalisation de plus de cent vingt-cinq mille personnes, chaque année. Le rapport révèle la présence de signes de "dépression mentale profonde" chez 15% de la population.

Entre 25 et 40% des Américains souffrent, à un moment ou à un autre, de formes plus ou moins atténuées de dépression. Loin de nous l'idée de prétendre que celle-ci représente une habileté efficace, mais elle n'en demeure pas moins une habileté qui agit à des degrés divers; autrement, comment expliquer que les gens y aient recours. Cela permet de déduire que son inefficacité tient au fait que certaines habiletés sont mises à contribution, tandis que d'autres demeurent en friche.

## La véritable nature de la dépression

Hubert Benoît, un psychologue français relativement peu connu, a mis au point une série d'exercices visant à enseigner aux gens comment déprimer positivement. Pendant la première étape de sa méthode, il demande à ses patients d'écrire des phrases bien construites, mais dépourvues de sens. En voici un exemple: "Tout en me déplaçant sur une chaise, je vole en direction de la porte." À force d'écrire de telles phrases, vous commencez à vous rendre compte que votre vie trouve sa signification dans l'éducation acquise au sein de la société et non dans celle qu'on peut se dispenser soi-même. Les idées mises de l'avant par Benoît permettent de mieux comprendre le phénomène de la dépression. Pour que cela soit encore plus clair, nous le décomposerons en trois éléments.

1) *Tout d'abord, nous déprimons.* Ce faisant, nous supprimons toute pression. Or, lorsqu'il y a pression, il y a progrès et évolution. Dans le cas contraire, on se maintient au point mort, on s'abstient d'agir, on se replie sur soi. La question que nous posons dans le cadre de nos sessions de mise en forme n'est pas "Pourquoi êtes-vous déprimé?", "Qu'est-ce qui vous rend déprimé?" ou "En quoi consiste votre dépression?", mais bien plutôt: "Comment vous déprimez-vous?"

2) *Quand nous déprimons, nous mettons en suspens nos significations habituelles.* Lorsque nous sommes déprimés, nous refusons de croire que les événements se dérouleront selon nos prévisions. Nous ne feignons plus d'être convaincus que notre entourage désire sincèrement échanger avec nous. Nous cessons de débiter les platitudes conventionnelles.

La dépression nous sert de test pour évaluer notre expérience et notre existence. Nous nous retrouvons sans signification, convaincus que "rien n'a de sens". Et une fois qu'on a supprimé tout ce contenu, on se retrouve face à face avec son moi intime.

3) *Quand nous sommes déprimés, nous inventons de nouvelles significations.* La dépression permet à la personnalité d'évaluer ce qui a un sens en fonction de notre moi intime et ce qui n'en a pas. Si nous n'étions jamais déprimés, nous ignorerions ce que représente le fait de se sentir bien. Elle nous amène à un point où nous pouvons dire: "Je veux que ma perception des choses soit aussi positive et mes sentiments aussi agréables qu'ils sont négatifs et démoralisants lorsque je

suis déprimé." Nous nous servons de la dépression pour doter notre vie d'une nouvelle signification.

La dépression provoque une crise pendant laquelle vous êtes à même de tester les forces et faiblesses de votre personnalité, ainsi que de découvrir ce que vous êtes plutôt que ce que vous êtes censé être. Lorsque vous décidez de déprimer, vous affirmez quelque chose de capital: "Je suis infiniment plus important que toutes ces règles et normes sociales qui imposent de sauver les apparences, de parler d'une certaine façon, de ne jamais sortir des sentiers battus, enfin toutes ces balivernes répressives."

## Quelques clichés sans fondement

*La dépression fait partie intégrante d'un cycle auquel nul ne peut échapper.* Faux. On peut éviter d'être déprimé. Une fois que vous avez compris comment vous le devenez, vous disposez des outils nécessaires au renouvellement constant de votre perception de la vie.

*La dépression est un sentiment profond.* Faux, une fois encore. La dépression n'est rien d'autre qu'un affaissement des sentiments. C'est uniquement lorsque vous arrêtez de vous déprimer que vous pouvez recommencer à éprouver quelque chose. Tout sentiment vaut mieux que de déprimer ses sentiments.

*Quand la dépression vous attaque, vous n'avez pas le choix — vous êtes une victime.* Ce n'est pas vrai. Nous avons découvert, dans notre travail, que la dépression est un processus très actif.

Quand on est déprimé, on n'a qu'à attendre que ça se passe. Épuisement, fatigue, impuissance, telles sont les caractéristiques de la dépression. Si jamais vous vous sentez déprimé, l'une des meilleures solutions que vous puissiez adopter, c'est de bouger. Votre organisme a besoin d'être aidé afin de transformer la dépression en une expérience créatrice.

*On peut se sortir d'une dépression grâce à la chimiothérapie.* Les médicaments ne font pas disparaître la dépression. Ils peuvent l'*interrompre*, mais seule l'utilisation des dynamiques de la personnalité peut y mettre véritablement fin. Pour que la personnalité soit en mesure d'évoluer et de se déployer, il faut que l'expression et l'activité aient la possibilité de se manifester.

## Les forces et faiblesses cachées de la dépression

Vous pouvez tirer avantage de la dépression si vous êtes capable de reconnaître que ce que vous vivez comporte une certaine force. Le fait de se déprimer est un processus créateur, une forme de réalisation de soi. Lorsque vous suspendez toutes les significations imposées de l'extérieur, comme c'est le cas durant une dépression, *vous* devenez vous-même la signification. Cela vous permet de parvenir à une plus grande lucidité intérieure et d'élaborer une perception des choses, nouvelle et intime.

### Le cas de Paul

J'avais quitté la maison pour l'université le jour même de Noël. J'aurais été incapable de supporter ma famille une seule journée de plus. Lorsque j'arrivai à l'université, la résidence étudiante était déserte, mais je préférais me retrouver seul entre ces murs, que seul et rongé par ma haine envers mes parents. La tristesse qui m'envahit, tandis que je restais assis, me semblait douce.

Ce fut à ce moment-là que Win fit son apparition. Lui aussi était un type dépressif. C'était un compatriote. Bon sang que c'était agréable de rencontrer enfin quelqu'un d'aussi seul et déprimé que moi-même. C'était fantastique. J'élus domicile dans sa chambre et lui fit de la mienne notre salle de travail.

Nous dormions durant le jour et passions la nuit à bavarder et à étudier. Nous devenions de plus en proches à travers notre solitude et notre dépression.

Peu à peu, les mêmes forces qui m'avaient poussé à partir de chez moi commencèrent à m'amener à vouloir quitter mon ami. J'avais systématiquement choisi de ne rien dire lorsque celui-ci faisait quelque chose qui me déplaisait. Je préférais m'asseoir dans un coin et me déprimer. Cela m'était nocif de bien des façons. D'un point de vue affectif, nous nous laissions. Nous finîmes par avoir une terrible dispute. Je voulais qu'il demeure mon ami et, peut-être au fond de nous, étions-nous toujours liés. Mais, extérieurement, rien n'était plus pareil.

J'entrepris de voir le psychiatre de l'établissement qui m'accola l'étiquette de maniaque-dépressif. Ce dont je me souviens le plus, c'est d'être entré dans son cabinet, le coeur brisé et en proie à un désespoir immense. Je m'avançai et déclarai au bonhomme que je voulais me suicider. Il avait l'air très distant et me répondit: "Et alors, presque tout le monde veut se tuer." Je sus aussitôt que cet homme ne s'occuperait pas de moi, lui non plus. Qu'il ne pouvait pas me parler. "Et alors..." J'en pleurais intérieurement tandis que je m'installais sur une chaise.

"Et alors..." me dis-je en moi-même comme je le faisais depuis des mois et des années... parce que personne d'autre n'aurait mieux su me parler. Ils m'étiquettaient, me prescrivaient des médicaments, mais aucun ne prenait le temps de me parler et de s'intéresser vraiment à ma dépression. Et moi non plus je n'en prenais pas le temps.

Finalement, je pus rencontrer quelqu'un qui accepta d'écouter ma dépression et de lui parler. Quelqu'un qui représentait bien davantage à mes yeux que mon propre état dépressif. Parfois, il ne disait pas un mot, mais me laissait raconter toutes les choses déprimantes que je pouvais penser et ressentir; d'autre fois, il parlait un peu et je pouvais écouter autre chose que ma dépression.

Paul avait renoncé aux valeurs apprises dans sa famille et essayait de s'en créer de nouvelles. Il était en train de grandir.

La dépression comporte de nombreuses faiblesses. Jamais Paul n'avait rencontré quelqu'un qui aurait pu lui enseigner à voir en perspective pour lui aider à comprendre que, si son moi intime avait fabriqué cette image défaillante de son moi extérieur, c'était afin de lui permettre de se développer.

Paul excellait à démolir les significations, mais il était impuissant à en inventer d'autres. C'est pourquoi il avait fini par se voir comme moins important que son entourage, même si, durant tout ce temps, son moi intime devenait de plus en plus fort.

Selon la perspective de la mise en forme, il est absolument crucial que, chaque fois que vous déprimez une ancienne activité ou une signification adoptées de longue date, vous les remplaciez par de nouvelles. De cette façon, il vous sera possible de rétablir l'harmonie entre votre moi intime et votre moi extérieur.

*La dépression est la preuve que vous existez.* Durant votre dépression, vous supprimez tout ce qu'il y a de factice dans les clichés, les modes et les conventions, et vous examinez ce qu'il en reste. Et la vérité se fait jour: "En dépit de toutes ces pensées terribles et déprimantes, je suis vivant. Je suis la raison d'être."

Cette vérité acquiert de plus en plus de signification au fur et à mesure que vous évoluez. La dépression consiste en quelque sorte à faire un pas de côté, à s'écarter du cours habituel de votre vie. Et c'est à partir de cette perspective latérale que vous pouvez décider si la voie que vous suivez correspond vraiment à ce que vous voulez. Une fois de plus, vous prenez votre vie en main. La dépression vous fournit l'occasion de mettre au point un langage et une philosophie personnelle qui auront pour vous une réelle signification.

## Résultats de l'enquête sur la dépression: une surprise agréable

Nous avons, dans le cadre de nos enquêtes, cité un grand nombre de ceux qui ont participé à notre programme de mise en forme. Si nous vous avons fait part des résultats, c'est pour vous permettre d'en retirer, d'un point de vue global, des éléments de comparaison pour vous-même. Alors que la plupart des personnes interrogées avaient reconnu souffrir de frustration, d'inquiétude et autres, seulement 10% d'entre elles répondirent affirmativement lorsque nous leur demandâmes si, pour le moment, elles se sentaient déprimées, alors que 95% avaient vécu cet état à une certaine époque de leur vie. Il est fort possible que, lorsque vous acceptez de devenir plus actif, vous vous heurtiez à de nouveaux problèmes, mais s'il en est un que vous laissez derrière vous, c'est bien celui de la dépression.

Plus de 90% des participants ont déclaré que leur dépression entraînait une sensation de fatigue, 78% ont mentionné une rigidité de tout le corps et 58% ont parlé de torpeur. Ce sont ces trois caractéristiques psychosomatiques qu'on associe au fait de vous retenir. Plus vous vous laissez aller, moins vous vous sentez fatigué ou tendu et plus votre corps accroît sa sensibilité.

## Témoignages

Nous reprenons ici certaines des remarques faites par des personnes qui se qualifiaient elles-mêmes de "profondément déprimées", du moins à une certaine époque de leur vie.

Je rêvais énormément de devenir une vedette — et aussi de me pendre. Mais je n'ai jamais pris ni l'une ni l'autre de ces fantaisies au sérieux. J'étais surtout très seul et très malheureux.

Mark

Je m'imaginais que j'étais seul et tenu de tout faire par moi-même. J'essayais d'en tirer quelque fierté. Plus l'échec était manifeste, plus je m'acharnais. Je finis par prendre de plus en plus de tranquillisants pour arrêter de trembler et de vomir durant la journée, et je prenais du vin pour pouvoir dormir, la nuit venue.

Rick

Je déambulais comme un robot et ne faisais qu'imiter les gestes de la vie. J'étais convaincu de mon impuissance à m'aider. J'avais renoncé et ne conservais plus aucun espoir.

Steven

Pris trente livres en trois mois. Restais à l'écart des gens de mon âge. Me sentais très fatiguée. Avais du mal à étudier.

Lisi

Vivais en reclus, ne voulais voir personne, ne quittais mon appartement que pour aller travailler. Étais dans un état terrible, restais couché là à regarder la télé en attendant de me sentir mieux. Ne me souciais de rien. Vraiment seul.

Frank

Je me détestais et réfléchissais à la vie et au suicide. Je me demandais pourquoi tout le monde était fou.

Paul

J'étais passablement tranquille et craignais de me lier. Je croyais que quelque chose n'allait vraiment pas, chez moi comme chez les autres. Je me montrais soupçonneux et haineux envers les autres et envers moi-même. Je pensais énormément au suicide et, quand j'ai été un peu plus vieux, à me faire traiter.

Steve

# Comment tourner la
# dépression à votre avantage

Nous sommes profondément opposés au recours à la chimiothérapie pour soigner la dépression et qui est si fréquent chez certains psychiatres. À notre avis, le contraire de la dépression est l'expression. Ce que vous déprimez est une force. La dépression engendre une impression de fatigue parce que c'est terriblement épuisant que d'essayer de contenir quelque chose de puissant. La plupart des gens dénigrent leurs forces et leur collent n'importe quelle étiquette alors que, bien souvent, le véritable problème vient du fait qu'ils n'ont pas encore développé les habiletés nécessaires pour en tirer tout le parti possible.

L'un de nos collègues qui travaillait dans un centre d'urgence reçut, un jour, ce coup de téléphone:

LE PATIENT: Allô? Euh... J'ai besoin d'aide...

LE THÉRAPEUTE: Oui, de quoi s'agit-il?

P: Je suis déprimé. Depuis deux semaines. Je veux me tuer.

T: Qu'est-ce que vous déprimez?

P: Que dites-vous?

T: Qu'est-ce que vous déprimez?

P: Mais vous êtes dingue, vous ne m'avez pas compris? Je suis déprimé et je veux me tuer!

T: Peut-être est-ce le téléphone qui fonctionne mal. Je dis: que déprimez-vous?

P: (une pause) Qu'entendez-vous par là?

T: Exactement ce que je suis en train de dire.

P: Je ne sais pas ce que je déprime.

T: Vous le pensez vraiment?

P: Je téléphone pour obtenir un peu de réconfort et quelques conseils et vous vous montrez brutal et incompréhensif.

T: Est-ce là le contenu de votre dépression, que vous avez besoin de contact et de compréhension? Je le comprends très bien. J'éprouve les mêmes besoins. J'ai besoin de pouvoir parler à des gens et qu'ils m'aident à m'en sortir. C'est beaucoup trop dur, tout seul.

P: Vraiment? Je croyais que j'étais en train de devenir dingue.

T: Moi aussi, je pensais la même chose. Je veux savoir comment vous vous déprimez vous-même.

P: Que dites-vous? Avez-vous dit comment je me déprime moi-même?

T: Peut-être y a-t-il un mauvais contact.

P: Non, je vous entends bien. Eh bien, je n'en sais rien, sauf que j'ai arrêté de parler. Ma tête parcourt un mille à la minute.

T: Vous parlez, en ce moment.

P: Ça ne compte pas.

T: Moi, j'en tiens compte.

P: Ouais, moi aussi, j'en tiens compte.

Au cours de leur conversation, l'homme qui voulait se tuer admit qu'il possédait des forces, mais ne les utilisait pas. C'est seulement après avoir essayé de détruire ses forces de mille et une façons qu'il en était arrivé à l'idée de se supprimer. Quand il commença à reconnaître ses forces et à s'en servir, il ne pensa plus au suicide; bien au contraire, il se sentait beaucoup mieux. Dès qu'il eut compris ce qu'il déprimait — son besoin de contact et de compréhension qui, l'un et l'autre, sont des besoins psychologiques positifs et des forces en puissance —, son désespoir l'abandonna. Et dès qu'il eut compris comment il concrétisait sa dépression en arrêtant de parler et de bouger, deux forces qu'il lui fallait développer davantage, il sut qu'il disposait d'un fil conducteur dans sa vie. Bien entendu, ce ne fut pas une cure instantanée. Cela lui prit un certain temps avant de pouvoir intégrer ce qu'il éprouvait, de façon à mettre un terme à sa dépression.

Ce qu'il importe, toutefois, de se rappeler, c'est que sa dépression constituait un test de ses forces. Aucun test n'est à la fois plus difficile et plus aisé à passer que celui que nous élaborons nous-mêmes. Nous savons ce que nous connaissons et ce que nous ignorons. En fait, cet homme voulait vérifier si ces forces qu'il devait développer encore plus — de parler, de tendre la main et d'établir un contact — étaient plus puissantes que ses pensées négatives et auto-destructrices. Elles l'étaient.

## Exercice de jogging mental en cas de dépression grave

Une année, presque à la veille de Noël, nous avons été invités à l'émission télévisée "Good Morning America" pour parler de la "dépression des fêtes". (Les statistiques nationales *ne font pas mention* d'une incidence supérieure des hospitalisations pour cause de dépression, au moment de Noël et du Jour de l'An. Mais les gens ressentent encore plus leur état dépressif durant "le temps des fêtes".) L'animateur nous demanda: "Que devrait faire une personne qui se sent vraiment déprimée et n'a personne à qui parler?" Nous lui conseillâmes cet exercice de jogging mental: "Quand vous avez touché le fond et que vous n'avez personne avec qui bavarder un peu, faites de la gymnastique pour stimuler votre degré d'activité. Sautez en l'air comme un pantin qui jaillit de sa boîte, en comptant à haute voix. Ensuite, sortez de votre chambre et allez vous promener. Enfin, allez à un endroit où vous êtes sûr de rencontrer du monde, même si vous n'y connaissez personne. Bougez votre corps."

## Conclusion

Nous considérons aussi bien le désespoir que la dépression comme des tremplins de la mise en forme psychologique. La vie n'est pas tenue de suivre les cycles de la dépression. Pas plus qu'une dépression qui n'en finit plus ne signifie que vous devenez un être plus profond, plus créateur et plus compréhensif. Néanmoins, votre dépression peut vous aider à mieux vous connaître.

En tant qu'écrivain, nous ne pouvons résister à la tentation de vous suggérer un dernier truc pour changer votre dépression en une technique de mise en forme. C'est très simple. Il suffit de remplacer le "d" par un "x" et d'intervertir les lettres. Vous aurez alors le mot "expression". Vous pouvez cesser d'être déprimé en choisissant de vous exprimer. Vous n'avez nul besoin de comprendre ou d'aimer ça; il s'agit simplement d'un truc qui fonctionne.

# Chapitre 17

# Les phobies: des peurs bien organisées versus une vie bien organisée

Une phobie est la peur irraisonnée d'un objet, d'un événement ou d'une situation, fréquemment accompagnée d'un rituel compulsif que n'importe quel observateur trouverait ridicule. Mais pour la personne souffrant de phobie, ses craintes et son rituel sont on ne peut plus sérieux. Les phobiques sont fréquemment convaincus qu'ils mourront s'ils s'exposent à l'objet de leur peur.

Aussi étrange que cela puisse paraître, les phobies comportent l'avantage de renforcer les liens entre le moi intime et le moi extérieur. Quand une personne a une réaction phobique, cela veut dire qu'elle perçoit quelque chose à travers son moi intime et qu'elle y réagit d'une façon tout à fait disproportionnée. À bien des égards, le phobique ressemble au bagarreur ivrogne qui brandit ses poings quand il n'a pas d'adversaire. La réaction phobique constitue une tentative de maintenir l'équilibre entre le moi intime et le moi extérieur. Le premier a développé des forces que le second est incapable d'utiliser. On pourrait dire de la personne phobique qu'elle est comme un athlète psychologique qui aurait trop développé une partie seulement de son corps. Il continue son entraînement, mais n'utilise jamais cet atout en compétition.

Le phobique a besoin de réajuster sa perspective afin de pouvoir canaliser toute son énergie psychologique vers de nouveaux secteurs. Nous ne voulons pas dire qu'il devrait renoncer à son comportement; ce que nous souhaitons, c'est qu'il étende son habileté à d'autres domaines de sa vie. Or, cela lui serait impossible s'il abandonnait son comportement qui est aussi tenace qu'intense. En fait, il perdrait plus qu'il ne gagnerait. Mais une fois que le phobique a pris conscience de la force qu'il peut retirer de son comportement, il devient libre d'en adopter d'autres, plus satisfaisants.

## Le mécanisme des phobies

Les phobies sont si nombreuses que nous ne saurions plus où donner de la tête si nous voulions trouver les causes de chacune. En outre, les réponses varient selon les individus. Les phobies organisent et concentrent nos sentiments et nos activités. Elles sont un moyen inventé par ceux qui veulent *comprendre* leurs sentiments, mais n'ont pas les forces qui leur permettraient d'y parvenir d'une façon plus naturelle. L'histoire suivante le démontre très clairement.

## Les nombres — l'histoire de Jean

Ma mère est morte le 24 mai 1956; j'avais neuf ans. Je me suis toujours rappelé cet après-midi avec énormément d'acuité, même si, pendant des années, je ne me suis souvenue qu'obscurément du reste de mon enfance. Je crois que tout a commencé le soir même de sa mort. Ce soir-là, quand je suis allée me coucher, j'ai regardé le réveil, sur ma table de chevet, et les seuls chiffres que je pouvais vraiment distinguer étaient le 2 et le 4, 24, 24 mai.

Les jours passèrent et je finis par développer une véritable frayeur de ces chiffres. Je ne sais trop comment, j'en étais arrivée à croire que quelque chose de terrible se passerait chaque fois qu'ils se présenteraient dans ma vie; peut-être même provoqueraient-ils ma mort. Ils prirent l'apparence d'un maléfice et je faisais n'importe quoi pour les éviter. Je remarquais des 2 et des 4 partout. On aurait dit que je ne pouvais leur échapper.

J'en vins à essayer de toutes mes forces de ne jamais regarder une pendule dans l'après-midi. J'avais peur qu'elle n'indique, au moment où j'y jetterais un coup d'oeil, soit 2h20, soit 4h10 (lorsque les deux aiguilles se trouvent sur le 2 et sur le 4 en même temps). Peu à peu, j'avais acquis la certitude qu'une monstrueuse catastrophe me frapperait si jamais une pendule donnait exactement l'une ou l'autre de ces deux heures quand je la regardais. Je cessais donc de consulter montres et pendules et, pour plus de sûreté, ne demandais plus jamais l'heure à personne. S'il me fallait absolument la savoir, je regardais très vite, en proie à une peur intense, et conservais sur moi un objet portant le chiffre 3. Ce 3 était devenu mon talisman, le chiffre magique qui me protègerait d'un destin que je m'imaginais pire que la mort.

Cette crainte s'étendait aux petits détails quotidiens, même les plus insignifiants. Par exemple, si je passais à côté du bureau de mon père, dans le boudoir, et que j'y remarquais deux crayons, je m'empressais d'en trouver un autre et de le déposer à côté des deux premiers pour qu'ils soient au nombre de trois. Des incidents de ce genre se répétaient chaque jour.

Je me souviens de la fois où ma tante m'offrit une bague pour mon anniversaire. Lorsque j'ouvris l'écrin, je faillis m'évanouir de frayeur. La bague était sertie de quatre pierres de naissance! Je fis de mon mieux pour dissimuler ma panique devant tout le monde, mais je tremblais si fort que je suis certaine que ma tante s'en aperçut. J'inventai, je m'en rappelle, je ne sais trop quelle histoire, que la bague me blessait ou quelque chose comme ça, et elle me permit d'aller l'échanger. Celle que je choisis me plaisait beaucoup moins, mais c'était la seule avec trois pierres qui allait bien à mon doigt.

J'ai vécu ainsi pendant des années, sans jamais en parler à qui que ce soit. J'avais beaucoup trop peur d'exprimer à haute voix ce que je pensais de ces chiffres. Je sais maintenant que, à neuf ans, j'étais une petite fille terrifiée et solitaire, et que ma phobie s'était avérée l'unique moyen à ma portée pour expliquer la terreur qui m'avait envahie au moment de la mort de ma mère. Aujourd'hui, je suis une adulte et je sais qu'il n'y a rien de mystérieux dans le développement des phobies, mais je n'en continue pas moins de me sentir triste chaque fois que je repense à tout ça.

Jean avait organisé ses sentiments autour des chiffres. Elle aurait aussi bien pu le faire autour de chiens, de serpents ou d'ascenseurs. Elle avait mis un frein à la puissance de ses sentiments. Étant donné qu'elle était incapable de les exprimer et de les relier au décès de sa mère, elle s'était forgée de nouvelles significations. Ses sentiments étaient demeurés puissants, mais n'avaient pu se développer.

Il est important de bien comprendre que la mort de sa mère n'était pour rien dans l'apparition de la phobie de Jean. Celle-ci était une petite fille dont les sentiments étaient très forts et elle les exprimait du mieux possible. Elle est devenue si habile dans son rôle de phobique en essayant de ressentir la perte de sa mère, qu'elle continua d'appliquer cette habileté à tous ses sentiments, pendant des années.

La majorité des phobiques trouvent leur phobie si déplaisante qu'ils sont soulagés lorsqu'ils peuvent acquérir une habileté qui les délivre de leur propre méprise et les rend libre de jouir de *tous* leurs sentiments mal placés. Fait assez ironique pourtant, ils ont besoin de l'objet de leur phobie pour pouvoir maintenir leur comportement. S'il n'y avait pas de hauteurs, la personne souffrant d'acrophobie n'aurait rien à éviter. Il arrive que des athlètes développent des phobies positives. Ils ont besoin d'un aliment en particulier, s'asseoient sous n'importe quoi ayant une forme pyramidale ou ne jurent que par telle ou telle céréale. Ils essayent, ce faisant, de donner une signification positive à leurs succès. Par contre, lorsque le vent tourne, ils n'hésitent pas à changer de chaussettes, à troquer la pyramide contre un bracelet de cuivre ou à vérifier leur biorythme.

Ces phobies positives représentent une tentative de faire du jogging mental. Mais elles sont infructueuses parce que l'athlète a oublié que ce n'est pas à un rituel en particulier qu'il doit ses victoires, mais bien plutôt au rituel général de la mise en forme, qui consiste à faire quelque chose et à tenir compte des résultats.

Parallèlement, les phobies négatives sont une tentative de donner un sens à l'échec, en recourant,  pour ce faire, à un comportement ritualiste. Au moment où une personne est bien ancrée dans sa phobie, elle sait qu'elle ne réussit pas aussi bien qu'elle le voudrait. Mais au lieu de voir son échec comme la preuve d'une faiblesse ou d'une lacune, elle considère qu'il a jailli d'on ne sait trop quelle force mystérieuse.

Le phobique est un adepte du jogging mental, qui ignore où se trouve la piste. Sa phobie est une habileté incomplète. Un comportement positif, inlassablement repris, lui permet de se sentir bien. En outre, parce que ce comportement positif jouit d'une intensité supérieure aux autres éléments de la vie du phobique, son moi intime refuse de lâcher prise. Il préfère être phobique et actif plutôt que normal et passif.

À partir du moment où vous avez compris le mécanisme des phobies, vous cessez d'éprouver la moindre peur à leur égard. Vous apprenez à les consolider afin qu'elles deviennent des atouts pour la personnalité.

## Quelques clichés sans fondement

*Les phobiques savent quelque chose que les autres ignorent.* Il est vrai que les phobiques développent parfois une connaissance particulièrement poussée de l'objet de leur peur. Par exemple, certains acrophobiques sont très calés pour tout ce qui a trait aux écrasements d'avions et le fait que chaque passager ait 99.9999% de chances de s'en sortir, ne change absolument rien à leur conviction. Ils agissent comme si leur peur les dotait d'un savoir spécial au-delà des faits.

*Les phobies sont mystérieuses et inexplicables.* Ce n'est pas vrai. La plupart des phobiques peuvent raconter les événements terrifiants qui sont à l'origine de leur état. Ils connaissent tous les faits pertinents, mais cela, seul, ne peut modifier leur peur irraisonnée.

*L'immersion totale peut venir à bout des phobies.* Certains phobiques supportent parfaitement une immersion totale quand ils vivent une situation qui leur est interdite par leur peur, mais celle-ci ne disparaît pas automatiquement. Une évolution graduelle est de beaucoup préférable.

*Les gens finissent toujours par se guérir de leurs phobies.* Ces peurs peuvent persister durant des décennies. À moins que la personne phobique n'essaye effectivement de changer, elle risque fort de ne jamais s'en sortir. Et, qui pis est, elle commencera à craindre de montrer son état, ce qui se traduira par l'apparition d'une double phobie: la peur phobique et la crainte de la phobie.

*Les phobies sont fascinantes.* Certains phobiques se comportent comme si tout le monde devait se passionner pour leur peur. Mais, justement parce qu'elles sont restrictives, les phobies sont, fondamentalement, très ennuyantes. Sans elles, les phobiques auraient accès à une vaste gamme d'émotions.

*Il est terriblement difficile et douloureux de surmonter une phobie.* Les narcomanes qui sortent de Synanon, complètement désintoxiqués, racontent que c'est à peu près aussi douloureux qu'un mauvais rhume ou une grippe, ni plus ni moins. Il en va de même avec la phobie — vos sensations seront intenses, mais vous ne risquez pas d'y succomber. Elles auront, grosso modo, la même intensité qu'un tour dans les montagnes russes.

## Les forces cachées des phobies

Le phobique possède une extraordinaire faculté d'organisation et de planification, mais il finit toujours par exagérer dans les deux cas. Il essaye de comprendre et de structurer sa vie à un point tel que ça n'a plus de sens pour ceux qui l'entoure — ou même pour lui.

### Les couteaux: l'histoire de Jack

Lorsque j'avais vingt-deux ans, je passais une demi-heure chaque soir, avant d'aller me coucher, à mettre tous les couteaux de la maison hors de ma portée. Pourquoi faisais-je une chose aussi bizarre? Eh bien parce que, pendant environ deux ans, j'ai sincèrement cru que je pourrais tuer quelqu'un au milieu de la nuit, durant mon sommeil.

Le jour, je savais que ce que je faisais chaque soir était absolument irrationnel, que c'était même "fou".

Je me disais comment ma peur était irréelle et me promettais: "ce soir, je m'abstiendrai d'une telle stupidité". Mais quand l'heure du coucher approchait, je retrouvais cette sensation atroce aux creux de l'estomac et mes pensées se mettaient à tourbillonner: "Mais si jamais, pendant que tu dors et n'as aucune emprise sur tes impulsions, si jamais tu avais une crise de somnambulisme, allais chercher un couteau dans la cuisine et poignardais quelqu'un?"

J'étais convaincu que le sommeil m'empêchait de demeurer lucide, maître de moi-même et de mes impulsions. En dépit du fait que je savais rationnellement que ce que je faisais chaque soir était curieux, pour ne pas dire davantage, je ne pouvais résister au besoin de dissimuler les couteaux, une fois encore. J'allais dans la cuisine et ramassais tous les couteaux et autres objets coupants, comme les ciseaux et le pic à glace, et les entassais dans le fond de la machine à laver la vaisselle; ensuite, je remplissais celle-ci de verres, d'assiettes et autres, refermais la porte, puis celle de la cuisine que je verrouillais et devant laquelle je plaçais une chaise. Mon raisonnement était le suivant: si jamais je devais venir à bout de tous ces obstacles pour mettre la main sur les couteaux, je finirais sûrement par me réveiller avant et alors je retrouverais tout mon sang-froid.

J'avais honte de mon comportement et n'osais raconter à personne ce que je faisais. J'essayais de toutes mes forces (et avec succès) de me conduire comme un être parfaitement normal devant mes amis et ma famille, mais les pressions inhérentes à mon comportement phobique prirent finalement une telle ampleur et m'emplirent d'une telle crainte que, au bout d'un an et demi, je décidai de me faire traiter. Aujourd'hui, ce qui m'apparaissait, à l'époque, comme un "trouble émotionnel" complexe et insondable n'est plus qu'un mauvais souvenir.

## Des forces non-développées

Toutes les habiletés que peut posséder le phobique sont, peu à peu, subordonnées à l'organisation de son monde autour de sa peur. Le sentiment demeure non-développé parce qu'il est entièrement tourné vers la phobie. L'activité est aussi non-développée parce qu'elle est complètement au service de la phobie et, simultanément, perd la possibilité de se concrétiser dans les contacts. Le phobique a besoin qu'on l'aide à nouer des contacts. En utilisant cette nouvelle habileté, la personne se concentre davantage sur sa vie et du même coup, sa phobie disparaît.

La faiblesse de la phobie, c'est que la personne qui en est atteinte peut mettre tellement d'énergie dans le développement de cette seule force qu'elle cesse tout à fait d'utiliser ses autres atouts. En conséquence de quoi, les autres secteurs de sa personnalité commencent à s'atrophier et un cycle s'amorce, qui risque de se transformer en piège. Même si le moi intime se sent bien d'utiliser cette force, il veut aussi développer toutes ses forces potentielles. Le moi intime entreprend alors d'attaquer le comportement phobique et de déplacer l'intérêt, jusqu'alors fixé sur un objet (comme les serpents), vers la personne elle-même. Du coup, la personne commence à avoir peur d'elle-même et de ce qu'elle fait et ce, avec autant de force que lorsqu'il s'agissait d'un objet qui lui était extérieur. Le moi intime n'acceptera rien de moins. Il a besoin de briser le comportement restrictif, il a besoin de s'étendre. Si cela signifie qu'il devra s'en prendre à ce qu'il favorisait autrefois, il n'hésitera pas.

Nous tentons d'amener les phobiques à cesser de se punir et à commencer à faire leur la perspective de la mise en forme. La phobie est un moyen de s'intéresser davantage à soi-même en fondant son comportement extérieur sur une perception ou un sentiment intériorisé. Le phobique qui commence à saisir ce processus fondamental — l'accent mis sur son moi intime — cesse d'être pris au piège. Il a découvert sa principale force. Et s'il se met à faire du jogging mental, il pourra acquérir les habiletés qui lui permettront d'utiliser cette force afin de devenir un être plus efficace et plus épanoui.

## Résultats de l'enquête sur la phobie

Selon les données officielles, les phobiques qui ont besoin d'aide ou ont demandé à se faire traiter seraient une trentaine de millions. Au cours d'une enquête que nous avons menée auprès des 250 personnes qui participaient à un programme de mise en forme psychologique, nous avons constaté que 79% des répondants avaient déjà souffert de phobie. 34% de ce groupe ont ajouté qu'ils étaient quotidiennement ennuyés par leur phobie. Quand nous leur demandâmes s'ils ressentaient actuellement des sentiments phobiques, 59% acquiescèrent et 29% de ces derniers précisèrent que c'était, dans leur cas, quelque chose de quotidien.

Les symptômes psychosomatiques les plus fréquemment associés à une crise phobique sont une accélération du pouls (89%); un rythme cardiaque plus accentué (84%); transpiration (57%); et immobilité physique (53%).

Les phobies sociales (peur de rencontrer des gens) étaient les plus souvent mentionnées (21%); suivaient la zoophobie (12%), l'acrophobie, la claustrophobie et la peur du sexe (9% dans les trois cas). Une assez forte proportion (73%) des participants ont déclaré souffrir de plus d'une phobie en même temps.

## Témoignages

Si nous laissons les étiquettes de côté, voici quelques témoignages de gens ayant souffert de phobies.

Je craignais constamment de me faire tuer et l'idée de devoir aller quelque part me terrifiait. Quand je m'y résignais, je devenais extrêmement tendue et avais d'atroces migraines.

Dana

Lorsque j'étais à l'école secondaire, j'avais eu une mauvaise expérience avec la drogue. J'avais cédé à la panique et cru que ma dernière heure était arrivée. Des mois durant, j'ai éprouvé cette même impression quand je me retrouvais seule au milieu d'une foule; c'était une situation que j'évitais à tout prix (comme à la cafétéria de l'école, etc.).

Laurie

J'étais incapable d'aller me coucher parce que je craignais de mourir dans mon sommeil.

Jean

J'étais certain qu'il y avait quelqu'un de caché dans le placard, qui voulait me tuer. J'avais tellement peur que j'évitais de parler ou de faire le moindre bruit et que je ne tournais *jamais* le dos au placard.

Gary

Je craignais de ne plus pouvoir respirer une fois que je serais endormie ou même que cela se produirait avant que je ne dorme. Je me mouchais, prenais des "Vicks", me mettais quelques gouttes d'eau dans le nez, etc.; j'ai fait ça chaque soir, pendant des mois.

Rose

J'étais convaincu que j'avais le coeur malade et passais mon temps à en vérifier le rythme. Je n'ai jamais voulu croire les médecins quand ils m'assuraient que j'avais le coeur solide et que je n'avais pas en m'en faire.

Jack

Chaque fois que je m'approchais de quelqu'un qui souffrait d'une déformation physique ou était malade, je retenais mon souffle pour ne pas respirer le même air que cette personne et ne pas tomber malade.

Frank

J'avais une peur phobique d'avoir les mains sales. Je me les lavais fréquemment et craignais que des germes ne les souillent.

Alan

J'ai toujours eu peur des hauteurs. J'étais en proie à la panique et je figeais complètement chaque fois que je me trouvais à quatre pieds du sol.

Jean

J'étais acrophobique. Je me voyais en train de tomber, puis m'écrasant sur le sol où je mourrais aussitôt. Cette idée déclenchait une secousse dans tout mon corps et mon sens de l'équilibre s'en trouvait altéré.

Steve

J'avais peur de me faire enlever par des démons. Peur d'être possédée, peur des chiens, de l'obscurité, des démons dans le noir, de méchants hommes cachés dans le placard.

Kathy

Les grenouilles me terrifiaient. Mon père disait que si je jouais avec des grenouilles, mes mains se couvriraient de verrues et de pustules.

Robert

Pendant environ deux ans, j'ai fait d'atroces cauchemars à propos des rats et des serpents. Je m'imaginais qu'il y en avait dans ma chambre, tapis dans la
charpente ou sous le lit. J'enfilais le couloir à la
course et essayais d'atteindre mon lit d'un bond,
sans poser le pied sur le parquet. Je tirais le drap sur
ma tête pour essayer de les maintenir à l'écart; je
restais éveillé pendant de longs moments, m'imaginant, au moindre frôlement du drap, qu'ils étaient en
train de ramper sur moi. Je finissais par m'endormir
et rêvais qu'ils se contorsionnaient sur moi. Je me
réveillais en hurlant.

Barbara

J'avais une peur panique des araignées, à tel point
que je passais le plus clair de mon temps à craindre
qu'une ne me voit, même si moi je n'en voyais aucune. J'en étais arrivé à prévoir à quel moment j'en
apercevrais une — lorsque l'une d'elle entrerait dans
ma chambre.

Kathy

Après mon séjour à l'hôpital, j'avais la phobie de
respirer de l'éther ou même d'y penser. Je me sentais étourdi et devenais inquiet. Cette inquiétude se
répétait lorsque j'entendais un moteur (un moteur
est semblable à un respirateur). J'ai souffert de crises d'anxiété durant des années.

Ron

# Conclusion

Les phobies constituent une façon indirecte de vous amener à vous intéresser à vous-même, lorsque vous n'avez pas la capacité de le faire directement. Voici deux petits exercices de jogging mental qui, si vous les essayez, pourront vous aider à vous rendre compte que vous êtes centré sur vous-même.

## Deux exercices de jogging mental spécialement conçus pour les phobies

*Premier exercice.* Associez votre plat favori à des idées et images qui vous effraient. Par exemple, si vous aimez la crème glacée et avez peur des voitures, imaginez ces dernières avec des couleurs qui vous mettront l'eau à la bouche: "C'est une Cadillac aux fraises", "voilà une Chevy couleur de sorbet au citron", "tiens, une Porsche au chocolat". Consacrez toute une journée à rebaptiser les autos de cette façon. Ensuite, asseyez-vous un moment dans une voiture. Puis, pendant que le moteur tourne mais qu'elle reste immobile, régalez-vous d'un cornet. Enfin, allez faire une courte promenade en auto, juste le temps qu'il vous faudra pour terminer votre glace. En associant quelque chose qui vous plaît et quelque chose qui vous effraye, vous arriverez ainsi à vous conditionner. Si vous aimez suffisamment la crème glacée, vous pourrez commencer à surmonter votre peur.

*Deuxième exercice.* Trouvez-vous un compagnon de phobie. Ce pourra être un ami dévoué ou votre conjoint. Chaque fois que vous vous sentez envahi par cette crainte familière, essayez de rejoindre votre compagnon. Parlez de *n'importe quel autre sentiment* que vous aurez éprouvé ce jour-là. Notez, dans un calepin, les effets de cet exercice.

Même si on avait découvert un médicament susceptible de faire disparaître votre phobie à jamais, nous ne vous le prescririons pas. Votre phobie répond à un besoin. Nous voulions que vous l'utilisiez pour découvrir votre identité. Nous voulons que votre moi intime puisse connaître la peur ou la tristesse dans le cadre d'une situation phobique, de telle sorte qu'il puisse enseigner à votre moi extérieur comment vivre en faisant intervenir davantage les sentiments. Votre personnalité tout entière s'en trouvera renforcée.

Toutes les fois où nous avons interrogé des personnes qui étaient venues à bout de leur phobie, sans aucune aide, sur la façon dont elles s'y étaient prises, nous avons presque systématiquement obtenu la même réponse: "Je n'avais pas le choix, il me fallait le faire, alors je l'ai fait." Bien souvent, il s'agissait de personnes qui avaient réduit leurs activités au point de renoncer à leur emploi, à leurs loisirs ou à toute autre situation sociale qui les aurait obligées à affronter l'objet de leur peur.

Et puis, soudain, quelque chose survenait qui prenait à leurs yeux encore plus d'importance que leur phobie, et celle-ci était obligée de rendre les armes. Une fois que la personne phobique a pris la décision d'entreprendre quelque chose en dépit de ses terreurs, elle devient capable de mobiliser toutes ses forces. Elle peut alors mettre à profit ses capacités de concentration et d'organisation pour préparer ses nouvelles activités, en y consacrant autant d'attention et d'intérêt que lorsqu'elle organisait sa vie pour éviter les situations phobiques. Cette façon d'agir occasionne une expansion grâce à laquelle la sensation de peur en devient une excitation.

# Chapitre 18

# Du pouvoir de manger au pouvoir de désirer

Les problèmes de poids n'ont pas grand chose à voir avec la nourriture. Les gens qui ont des problèmes de cet ordre sont aux prises avec les dynamiques de leur personnalité qui concernent la perte et la prise de poids. On se sent bien quand on engraisse, et on se sent bien quand on maigrit. Dans le premier cas, le moi extérieur a carte blanche pour faire ce qu'il veut, tandis que, dans le second, c'est le moi intime qui prend le dessus. Il n'y a rien de tel comme le fait d'être un mangeur incontrôlé. L'alternance entre la perte et la prise de poids est un exercice psychologique qui contribue à renforcer d'abord le moi extérieur, puis le moi intérieur.

La personne qui a des problèmes de poids souffre, en réalité, d'un manque de communication entre ses deux moi; en effet, ceux-ci sont à couteaux tirés au lieu de travailler de concert. L'un et l'autre se conduisent comme des personnes distinctes qui seraient convaincues de ne pas pouvoir développer leurs forces respectives quand elles se partagent le même territoire.

Quand une personne vit cette situation conflictuelle, cela signifie que son moi intime exige d'avoir davantage voix au chapitre et de jouir de plus d'autorité, pendant que son moi extérieur réclame, pour sa part, plus de liberté et d'indépendance. Ces objectifs ne sont pas contradictoires. En fait, quand l'individu favorise la réunion de ses deux moi, il a tout ce qu'il peut souhaiter: une bonne forme psychologique.

Lorsque vous suivez un régime, le rapprochement entre votre moi intime et votre moi extérieur devient imminent. Toutefois, faute d'avoir les capacités personnelles qui vous permettraient de maintenir cette fusion, vous reprenez tout le poids que vous aviez perdu et il vous faut repartir à zéro.

Les gens se gavent ou se mettent au régime en guise d'exercice psychologique. Toute personne qui a déjà entrepris un régime sait que maigrir n'est pas difficile en soi. En fait, elle se sent bien de le faire. Elle a alors un objectif et un fil conducteur. Mais l'inefficacité des diètes tient à leur aspect répétitif. Par contre, si vous vous inspirez de la perspective inhérente à la mise en forme psychologique pour mieux comprendre les dynamiques de la personnalité qui interviennent lorsque vous suivez un régime, vous vous apercevrez qu'il est alors beaucoup plus facile de perdre du poids. En outre, vous serez moins porté à reprendre du poids parce que vous vous servirez de ce même exercice de la personnalité pour développer de nouveaux secteurs de votre vie.

Rappelez-vous que vous êtes à la recherche d'une identité qui serait aussi dynamique que les sensations que vous éprouvez lorsque vous êtes au régime, une identité qui possèderait la même intensité, la même orientation et la même intention qui caractérisent votre volonté de maigrir, mais sans le problème de l'obésité. La mise en forme psychologique ne résout aucun problème spécifique. Son rôle est de vous révéler à vous-même tout le dynamisme de votre identité.

## La véritable nature de l'obésité

À moins que vous ne preniez le temps de comprendre ce qui sous-tend la conduite d'un individu, vous ne pourrez jamais suivre longtemps un régime avec succès. L'obésité ne diffère en rien des autres problèmes psychologiques. Elle est une tentative de solution. Malheureusement, c'est une solution qui fait engraisser.

Les gens prennent du poids parce qu'ils veulent non pas boire ou manger, mais veulent leur propre désir. Une diète qui vous indique seulement ce que vous devez manger ne peut satisfaire ce désir.

Votre moi intime n'ignore pas ce fait. Mais votre moi extérieur essaie de le convaincre que tout ce que vous voulez, c'est manger. Si vous preniez le temps de vous demander si vous avez réellement envie de tel ou tel aliment, vous verriez que, plus souvent qu'autrement, la réponse se solderait par un non.

La véritable nature de l'obésité est le désir. Plus vous vous laisserez aller à exprimer vos désirs, à les partager, à avoir des festins de désirs, plus vous consacrerez de temps à faire du jogging mental et moins vous en passerez à manger. C'est peut-être difficile à admettre, mais vous ne satisferez jamais votre désir en mangeant. C'est seulement en accordant à votre moi intime ce qu'il veut — voir le pouvoir de désirer — que vous pourrez vous sentir assouvi.

## Quelques clichés sans fondement

Quand il s'agit de son corps, on n'est jamais à court de bonnes "raisons" pour justifier son laisser-aller.

*Oui, je suis gros (ou maigre), mais... c'est ma corpulence naturelle, c'est à cause de ma charpente osseuse, parce que je suis né comme ça.* Si l'on ne peut nier l'existence d'authentiques problèmes physiologiques, il n'en demeure pas moins vrai que le recours à des troubles imaginaires en guise d'excuse est particulièrement fréquent. Les personnes qui sont manifestement trop grosses ou trop maigres ont rompu le lien qui unissait leur moi intime et leur moi extérieur. Afin de pouvoir reconnaître leur véritable image corporelle, elles ont besoin d'exercer leurs capacités visuelles et auditives.

*Les gens qui sont gros sont parfaitement heureux comme ça.* Croire que les grosses personnes sont d'un naturel gai et sociable relève du mythe. Leur insatisfaction souvent muette se reflète dans l'intérêt qu'elles portent à la nourriture et aux régimes amaigrissants. Cette insatisfaction constitue l'une de leurs principales forces et elles peuvent la mettre à contribution pour amorcer un changement d'attitude vis-à-vis de leur corps.

*On n'a pas à s'en faire si on est gros.* N'importe quel médecin consciencieux vous prescrira un régime s'il estime que vous êtes trop gros. Vos livres superflues pèsent également sur votre psychisme.

## Les forces cachées de l'obésité

Le pouvoir de désirer est la force qui se dissimule derrière l'excès de graisse. Le problème avec les grosses personnes, c'est qu'elles n'ont pas réparti également leurs désirs entre tous les secteurs de leur vie. Quand quelqu'un mange trop, cela signifie qu'il a concentré tous ses désirs sur la nourriture et qu'il se cantonne dans une gamme de sentiments extrêmement réduite. "Je veux manger" s'est substitué à "je veux des amis", "je veux des contacts", "je veux jouer", "je veux paraître en forme". Plus les substituts sont nombreux et plus la personne engraisse. C'est un phénomène directement proportionnel.

L'obèse est le contraire du phobique. Au lieu de fuir quelque chose, il se sent irrésistiblement poussé à consommer. La nourriture devient le point de convergence de tout ce qu'il peut y avoir de bon ou de mauvais dans sa vie. Les ouvrages diététiques se vendent, année après année, beaucoup plus que n'importe quel autre livre populaire parce que les gens sont constamment en quête de réponses. Et ils ne savent plus quoi penser parce que toutes les méthodes visant à leur faire perdre du poids sont en contradiction avec la plus grande de leurs forces, leur désir de manger.

En fin de compte, leur confusion devient si grande qu'ils ne savent même plus si c'est bien ou mal d'être gros. La perception qu'ils ont de leur propre corps est complètement embrouillée.

## L'image corporelle: conscience de soi de l'individu

C'est par votre image corporelle que vous prenez conscience de ce que vous éprouvez en vous-même, *dans votre corps*. Mais l'obèse, lui, n'est pas en mesure d'établir une distinction entre sa conception intérieure de ce qui est bon ou non et son apparence extérieure. Cela fait si longtemps que la nourriture lui tient lieu de sentiments qu'il n'a plus qu'une obscure idée de ce qui se passe en lui.

### Une ravissante obèse: l'histoire de Betty

J'ai grandi à l'ombre d'une mère qui faisait tout pour me donner l'impression d'être laide et grosse. Elle ne m'avait jamais appris à me coiffer, m'achetait toujours mes vêtements en solde dans la taille "16" et s'intéressait très peu à moi. J'avais le sentiment, la plupart du temps, d'être le dernier de ses soucis.

J'ai donc grandi en me voyant comme une fille "costaude", banale, affligée d'épaisses lunettes. En accord parfait avec ce sentiment de négligence que j'éprouvais en moi. Je détestais mon apparence. J'étais trop grosse, mal ficelée; je n'avais vraiment rien de la croqueuse d'hommes. Malgré tous mes efforts, rien ne venait à bout de ma solitude, de mon vide intérieur.

Mon poids m'était devenu une obsession et je n'avais qu'une seule idée en tête: si seulement je pouvais maigrir, je serais enfin "populaire", j'aurais plein d'amis et ne me sentirais plus aussi misérable. Malheureusement, j'avais beau me donner du mal, c'était toujours en pure perte. Mes perpétuels régimes ne pouvaient me débarrasser des vingt livres que j'avais en trop. Je passais des heures à me faire des robes qui, une fois terminées, pendaient sur moi comme des sacs; la coupe en était impeccable, mais elles étaient affreusement démodées. Je me mettais au lit, le soir, la tête hérissée de bigoudis qui me transperçaient le cuir chevelu, dans l'espoir de paraître plus séduisante, mais je semblais incapable d'inventer une coiffure qui m'y aurait aidée.

J'ai toujours eu la conviction que ma laideur et mon poids excessif constituaient mon principal handicap dans la vie.

L'obèse a souvent tendance à se dénigrer quand il se sent mal dans sa peau. Cette attitude résulte du décalage entre ce qu'il est extérieurement (l'apparence) et ce qu'il ressent au fond de lui (la conscience de son corps). Quand cet écart est comblé, l'image corporelle retrouve sa place. Mais, comme nous allons le voir, il faut bien plus qu'un régime pour parvenir à ce résultat.

## Résultats de l'enquête sur l'image corporelle

Les recherches entreprises afin de découvrir s'il existait un lien entre le poids, les drogues et le statut socio-économique ont mis en lumière plusieurs données particulièrement intéressantes. C'est ainsi qu'on a appris que les amphétamines étaient prescrites, dans 88% des cas, pour un contrôle temporaire de l'obésité. Il s'agit, ni plus ni moins, d'une forme légalisée de toxicomanie.

On a également constaté une étroite relation entre le poids, la classe sociale et les images qu'on y associe. Ainsi, les femmes qui appartiennent à un milieu aisé sont plus minces, dans une proprotion de 20%, que celles vivant en milieu défavorisé, alors que, chez les hommes, et toujours dans une proportion de 20%, les obèses sont plus nombreux parmi les gens à revenu élevé que parmi ceux à faible revenu. Les femmes qui ont quitté l'école avant le niveau secondaire sont, en général, plus grosses que celles qui ont un minimum de douze années de scolarité, la proportion atteignant ici 33%; enfin, il y a 10% plus de gros parmi les hommes qui ont poursuivi des études universitaires, comparativement à ceux qui n'ont pas fréquenté l'école secondaire.

Nous avons demandé à plus de 250 personnes qui participaient à nos sessions de mise en forme si elles étaient satisfaites de leur image corporelle. Cette expression englobait taille, poids et apparence générale. La réponse a été affirmative chez 52% des femmes et 54% des hommes. Toutefois, 70% des répondants de l'un et l'autre sexes ont reconnu que, à une certaine époque de leur vie, l'image négative qu'ils avaient de leur corps s'était révélée une véritable hantise qui, parfois, avait duré des années.

Voici celles des parties de leur corps dont ils étaient le plus satisfaits ou mécontents:

| Satisfaits | Mécontents |
|---|---|
| taille | poids |
| yeux | musculature |
| oreilles | poitrine/torse |
| figure | abdomen |
| cou | cuisses* |

* Les cuisses sont le seul élément où le sexe a été un facteur déterminant au niveau des réponses: 64% des femmes étaient insatisfaites de leurs cuisses, comparativement à 25% des hommes.

Ce qu'il y a de plus intéressant dans cette étude, c'est

qu'elle met beaucoup plus l'accent sur l'image corporelle que sur la maigreur ou l'embonpoint.

## Témoignages

On retrouve, dans ces réflexions, les principales données de l'enquête.

Dès l'âge de quatorze ans, à peu près, j'avais pris en horreur certaines parties de mon corps que je jugeais, dans l'ensemble, beaucoup trop mal proportionné: petite poitrine, gros derrière. J'y pensais tous les jours. J'aurais voulu pouvoir emprunter un peu du bas pour le rajouter en haut.

Nancy

Je rêvais d'un corps puissant, très développé. Plus tard, j'ai pris quelques livres de trop dont je ne pouvais me débarrasser. Cet embonpoint m'était un souci de *tous* les instants et je me dégoûtais.

Jeff

Quand j'étais à l'école secondaire, je trouvais mes bras et mes jambes trop longs et mon torse, trop court. Cela me déplaisait tellement que j'avais même pensé à me suicider.

Scott

J'étais dans la marine. J'étais un fanatique de la gymnastique et des poids et haltères. Je me faisais constamment du mauvais sang à propos de mon apparence.

Tom

Je perdais plusieurs livres, mais je les reprenais rapidement et même davantage. Je me détestais, de

même que mon apparence. Je ne voulais voir personne.

Élaine

Mon corps, mon ventre, mes cuisses, rien ne me
plaisait, je me trouvais des défauts partout; c'était
devenu une obsession.

Wendy

Je détestais mon corps — j'aurais voulu pouvoir me
changer; j'étais certain que les femmes me trouvaient laid et je me suis, finalement, fait refaire le
nez.

Vincent

J'avais *horreur* de mes jambes et de mon abdomen.
Je regardais toujours les jambes des autres filles —
c'était même la première chose que je remarquais
— et les comparais aux miennes. Je me haïssais et
rêvais d'une opération qui m'aurait métamorphosée.

Nancy

Je trouvais que mes cuisses étaient trop grosses et
ne pouvais me faire à l'idée que ma poitrine se
développait. Mon nez aussi était trop gros et je
n'aimais pas mon teint. J'avais tout le temps conscience de mes défauts et tentais de dissimuler mes
seins sous des vêtements et avec mes bras. Je
cachais toujours mon nez derrière ma main, je
rêvais que j'avais enfin un teint impeccable. Je me
sentais laide et désagréable au point de ne plus pouvoir desserrer les dents.

Linda

Me sentais grosse et pesante; avais l'impression
d'avoir un joli minois et que le reste était passable.

Éprouvais sans cesse le besoin de dissimuler mon corps.

Gale

Je me suis toujours sentie ennuyée d'avoir une grosse poitrine; je craignais que les hommes ne s'intéressent à moi que pour mon corps; j'ai longtemps été grosse.

Sheila

## Comment perdre vraiment du poids

Si vous voulez vraiment perdre du poids, le secret est très simple: il vous suffit de développer les autres dynamiques et secteurs de vie de votre personnalité. Vous risquez d'être condamné à l'obésité si, à cause de votre trop grande faiblesse dans d'autres domaines, vous ne pouvez vous débarrasser de cette manie de manger tout le temps. Peu importe le nombre de fois où vous aurez perdu du poids, *vous serez incapable de rester mince tant que vous n'aurez pas développé d'autres forces qui vous procureront autant de plaisir que la nourriture.*

### L'histoire de Carole

Je ne pensais qu'à manger et à cuisiner. Je me réveillais, le matin, en pensant à mon premier repas et passais des heures à préparer des petits déjeuners, déjeuners et dîners copieux. Je m'étais abonnée à des revues culinaires dont je collectionnais les meilleures recettes. Je dépensais beaucoup plus d'énergie à m'occuper de cuisine et de tout ce qui s'y rapporte qu'à quoi que ce soit d'autre.

Durant la plus grande partie de ma vie, je me suis sentie mal dans ma peau parce que j'étais grosse et que je me trouvais moche. J'avais honte de mon appétit insatiable. Je faisais tapisserie dans les soirées et aurais voulu fondre sur place chaque fois que je devais me déshabiller devant quelqu'un — surtout s'il s'agissait d'un homme. Je me sentais coincée sous vingt couches de graisse, sans aucune issue possible. Dans l'une de mes rêveries quotidiennes, je me voyais en train de trancher toute la graisse superflue qui couvrait mes cuisses et mon ventre avec un grand couteau de boucher. Mon désir le plus cher et le plus secret était de devenir mince, jolie et populaire.

Ce ne fut qu'à l'approche de la trentaine que ce souhait se réalisa. Je perdis du poids et appris à canaliser mon "énergie alimentaire" vers d'autres sources de satisfaction. Quand je ressentais le besoin de m'empiffrer, je savais que mon corps exigeait quelque chose, mais que je n'avais pas encore acquis les capacités qui me permettraient de le satisfaire.

Puis, je découvris le sport. Comme je n'avais pas fait le moindre exercice durant presque toute ma vie adulte, cela ne fut pas très facile au début, mais je m'obligeai à ne pas lâcher prise. Au lieu de cuisiner, de manger et de lire des recettes, je commençai à courir, à sauter et à transpirer. Je me mis au yoga et appris à étirer mon corps.

Je suivis des cours de volleyball, de basketball et de baseball. Fait assez surprenant, mes sensations devenaient plus intenses. Au lieu de me sentir épuisée, abrutie et léthargique, la majeure partie du temps, je découvris la fatigue physique qui suivait l'exercice, ainsi qu'une nouvelle façon de me détendre.

Bien d'autres choses changèrent également. Pour ne plus demeurer le "maître queux" de la famille, je demandais aux autres de m'aider et pris l'habitude de manger au restaurant plus souvent. Je choisissais des plats étrangers et des hors-d'oeuvre au lieu de m'en tenir au traditionnel menu composé de viande, de pommes de terre et de salade. J'appris à "dominer" la conversation pendant les repas, plutôt que de me laisser dominer par la nourriture qui remplissait mon assiette. J'annulai mes abonnements aux revues culinaires, pour inventer mes propres recettes.

Si je suis encore attirée par la nourriture, j'ai tout de même cessé d'être l'esclave de mon appétit. Je mène une vie beaucoup plus équilibrée et davantage faite pour un être humain. Bien sûr, le besoin de manger plus que nécessaire et de me replonger dans mon "univers de l'alimentation" n'est pas complètement disparu, mais il a cessé de me dominer et de me rendre misérable. J'ai l'impression d'être enfin sortie d'un cauchemar qui a duré vingt ans. J'ai appris à m'aimer.

## Le régime de la mise en forme psychologique

La première étape de ce régime consiste à découvrir ce que, en votre for intérieur, vous pensez de vous-même. La plupart des gens reconnaissent qu'ils ont une bonne opinion d'eux-mêmes, quoiqu'elle soit souvent enfouie sous un monceau de problèmes et de pensées négatives qui accaparent leur esprit pendant la plus grande partie de la journée. Car, au fond de soi, ce n'est pas l'image d'une grosse personne qui règne, mais celle d'un individu qui paraît et se sent bien.

Vous devez amplifier cette image. Dès l'instant où vous accepterez ouvertement votre image intérieure, vous commencerez, de la façon la plus naturelle qui soit, à développer les forces qui vous permettront de devenir ce que vous ressentez.

Il vous faut apprendre à vous concentrer sur ce que vous voulez faire et non sur ce que vous ne voulez pas faire. Votre besoin de manger diminuera au fur et à mesure que vous déciderez de vous consacrer à d'autres activités qui vous procureront du plaisir. Et, tandis que votre tour de taille perdra de son ampleur, vous vous sentirez de plus en plus en forme, psychologiquement.

## Que faut-il manger et comment

Vous avez besoin d'un régime sain et équilibré. Or, la principale caractéristique de notre diète est le mouvement. Cela signifie que bien des hommes et des femmes devront, en devenant physiquement actifs, modifier l'image qu'ils avaient d'eux-mêmes et qui les faisaient se percevoir comme des êtres inertes. Le temps est à la base du régime et celui-ci devra se poursuivre toute votre vie durant. Faites en sorte de modifier de fond en comble vos habitudes alimentaires. Suivre un régime ne signifie nullement qu'il faut arrêter de manger, mais bien plutôt qu'il faut choisir ses aliments avec soin.

## Deux exercices de jogging mental spécialement concus pour vaincre l'obésité

*Premier exercice.* Pensez à ce qui vous intéresse habituellement, mise à part la nourriture bien entendu: courir les magasins, peindre, regarder la télévision, faire du ski, écouter de la musique, n'importe quoi enfin. Établissez la liste de ces activités par ordre de préférence. Maintenant, durant cinq jours consécutifs, faites l'une des choses que vous avez inscrites sur votre liste. Soyez conscient du fait que vous dépensez pour cette activité une partie de l'énergie que vous consacriez à penser à la nourriture, ainsi que du degré d'excitation que vous éprouvez en vous y livrant. Vous êtes en train d'apprendre une nouvelle façon d'être heureux.

*Deuxième exercice.* Voici ce que vous devriez faire quand vous êtes incapable de penser à autre chose qu'à manger.

a) Tout d'abord, étendez-vous pendant au moins cinq minutes. Respirez lentement et régulièrement. Concentrez-vous sur votre poitrine, vos bras, vos jambes, votre ventre et votre tête. Vous sentez-vous angoissé? tendu? irritable? troublé, intérieurement? agacé? Avez-vous mal à la tête? l'estomac serré? Détendez-vous afin de pouvoir, à tout le moins, ressentir ce qui se passe dans votre corps. Chantez ou fredonnez quelque chose, faites un peu de bruit.

b) Revenez maintenant à votre besoin de manger et prenez une bonne grosse bouchée de quelque chose que vous aimez vraiment; ne vous contentez-pas d'avaler n'importe quoi.

c) Plantez-vous devant votre miroir et examinez-vous attentivement. Il y a fort à parier que cela vous sera particulièrement pénible, mais tenez le coup. Tandis que vous vous regardez, prenez conscience de ce que vous éprouvez au fond de vous-même. Y a-t-il des parties de votre corps dont vous voudriez pouvoir détacher votre regard? Voulez-vous détourner les yeux? Ressentez-vous quelque chose au creux de votre estomac?

d) Retournez dans la cuisine et reprenez une autre bouchée d'un aliment que vous aimez.

e) Forcez-vous, maintenant, à quitter la cuisine et allez faire le tour du pâté de maisons. Prenez le temps de les observer dans le moindre détail, de remarquer les gens qui y vivent, de voir ce qu'ils font. Pensez ensuite à ceux qui partagent votre maison (si tel est le cas) et à vos connaissances. Réfléchissez à ce que vous éprouvez au même moment; vous sentez-vous encore agité, agacé, seul, ou y a-t-il autre chose? Si vous vous trouvez près d'un magasin, entrez et offrez-vous quelque chose que vous n'auriez pas acheté en temps normal; ce ne devra, toutefois, pas être comestible.

f) Enfin, si vous voulez toujours prendre une bouchée, allez au restaurant ou chez un ami et mangez... en public.

Le but de ces exercices est de faire disparaître votre "syndrome du gavage" qui consiste à avaler n'importe quoi *sans penser à ce que vous ressentez* au fond de vous. Ils ont été conçus pour vous aider à canaliser votre énergie vers quelque chose de plus gratifiant.

## Conclusion

La force cachée de l'obèse réside dans son pouvoir de désirer qui, parce qu'il l'oriente presque exclusivement vers la nourriture, représente également son point faible, beaucoup plus évident, celui-là. Une fois qu'il a été libéré et réorienté, ce pouvoir devient un puissant facteur de la mise en forme psychologique.

# Chapitre 19

# La tension
# et l'anxiété

Rares sont les gens qui savent ce que la tension réalise pour eux. Ils préfèrent plutôt y échapper en avalant deux aspirines, un double scotch ou des valium, trois fois par jour. Peu importe ce que vous prenez, la tension se retrouve chez tout le monde. Employée à bon escient, elle est l'énergie de la vie. Elle peut vous aider à développer les forces psychologiques dont vous avez besoin pour exploiter votre potentiel.

C'est lorsque vous n'avez pas la capacité de libérer la tension qui réside en vous que vous commencez à vous qualifier d'anxieux ou de nerveux, alors qu'il s'agit, en réalité, d'une perte de contact temporaire entre votre moi intime et votre moi extérieur. En vous servant de votre tension pour devenir psychologiquement en forme, vous découvrirez le processus extrêmement actif de la relaxation. Les gens se tendent eux-mêmes parce que c'est une sensation qui leur plaît et qu'ils aiment ce qu'ils peuvent en faire. Nous allons vous apprendre à utiliser la tension de façon à pouvoir l'alterner avec la relaxation.

Quand l'individu n'est pas conscient de son besoin de tension, il lui arrive souvent de sombrer dans l'anxiété. Il se plaint alors d'être nerveux et de ressentir un malaise physique. Il a perdu tout contact avec son moi intime. Il a beau affirmer que, s'il se sent tendu, c'est à cause de telle situation ou de telle personne, il se trompe lamentablement. Sa tension est un message que son moi intime adresse à son moi extérieur. Ce faisant, il prépare tout son organisme à fournir son rendement maximal.

## La véritable nature de la tension

Si vous pouvez apprendre à libérer directement votre tension, vous serez alors en mesure de vous détendre. Se tendre, c'est se préparer à réagir. Si vous retenez toutes vos réactions, celles-ci se changent en tension ou en anxiété; si vous les laissez aller, elles donnent naissance à l'action. Le fait de se tendre constitue un moyen naturel de renforcer la personnalité, mais il faut lui adjoindre l'action de se relâcher si on veut que la tension soit réellement efficace.

Se relâcher psychologiquement permet à la personnalité d'intégrer les forces qui ont été développées. Plus on est capable de se laisser aller, plus on est en mesure d'utiliser la tension pour son propre bien-être. Faute de pouvoir relâcher cette tension, on est condamné à rester à l'attention sans jamais pouvoir s'ordonner: "repos!"

## Quelques clichés sans fondement à propos de la tension

*Évitez tout ce qui vous rend tendu.* Si vous suivez cette

directive, vous risquez fort d'avoir à fuir à peu près tout ce qui peut exister: chiens, chats, personnes, escaliers, soleil, rues obscures, travail, chômage, restaurants, repas pris en solitaire, etc. Ce n'est donc pas tant les situations anxiogènes que vous devez éviter, mais plutôt les comportements que vous avez tendance à adopter en de telles circonstances. Modifiez votre comportement et non votre environnement, sinon des anxiétés banales pourront se transformer en phobies spécifiques.

*La tension est un indice de dépression nerveuse imminente*. Si c'était vrai, nous serions tous dans de beaux draps! La tension, tout comme l'anxiété, vous avertit que vous éprouvez quelque chose, mais que vous n'en tenez pas suffisamment compte ni au niveau de l'expression, ni au plan de l'action.

*La tension doit faire l'objet d'un traitement médical*. Si votre coeur se met à courir, suivez-le, mais n'essayez pas d'en régulariser le rythme avec des médicaments. La plupart des gens sont tellement convaincus de la justesse de ce concept erronné que leur plus grande crainte est de se trouver à court de tranquillisants.

*Seules les personnes faibles sont victimes de l'anxiété*. Les gens qui négligent les signaux transmis par leur système nerveux sympathique souffrent d'une anesthésie psychique. L'anxiété ne signifie pas que vous allez échouer dans vos projets; elle est la preuve que vous attachez de l'importance à ce que vous faites.

*Les crises d'anxiété sont prévisibles et incontrôlables*. Vous ne pouvez effectivement pas décider *quand* vous éprouverez quelque chose ou que vous vous sentirez anxieux; par contre, il vous est parfaitement possible de contrôler *comment* vous serez anxieux.

# Les forces et faiblesses cachées de la tension

La force cachée de la tension vient de ce qu'elle vous

prépare à faire face aux crises et aux situations d'urgence. Plus vous l'utilisez, moins vous la percevez comme une menace. Les gens qui souffrent d'anxiété chronique ont, en réalité, perdu le contact avec eux-mêmes; leur moi extérieur n'a plus aucun lien avec leur moi intime. Mais quand les deux moi sont synchronisés, on peut utiliser sa tension pour progresser et entreprendre des activités créatrices et, en même temps se sentir détendu dans la façon de le faire. Plus vous faites un usage judicieux de l'interaction qui unit vos deux moi, plus vous aurez envie de tirer avantage de la tension.

Par contre, quand vos deux moi ne sont pas au diapason, vous commencez à souffir de tension chronique parce que vous ignorez comment la relâcher.

David représente l'exemple parfait de la personne qui a appris à se servir de sa tension. Quand il a commencé à suivre notre programme, il devenait nerveux chaque fois qu'il voulait prendre la parole parce qu'il savait qu'il allait bégayer.

### Le bégaiement: l'histoire de David

Je bégaye depuis que j'ai commencé à parler. D'aussi loin que je m'en souvienne, je me suis toujours perçu de façon négative. Je ne suis pas certain si c'est ce dernier phénomène qui a précédé l'autre ou s'il lui est consécutif. Mais ce dont je suis sûr, par contre, c'est que je me suis senti mal dans ma peau durant la plus grande partie de ma vie. Et bien entendu, puisque je bégaye, je suis dans un état terrible chaque fois que j'ouvre la bouche.

Je ne sais trop d'où m'est venue cette conviction que c'était mal de bégayer. Mais je devenais nerveux dès que je voulais parler. Je savais que j'allais me mettre à bégayer. Et je savais que je me sentirais très mal à l'aise.

Lorsque j'ai commencé à suivre les sessions, on a dit, à mon sujet, des choses que je n'avais encore jamais entendues. Tout ce que je savais, jusque-là, c'est qu'il m'était difficile d'entendre des réflexions positives à mon endroit. J'avais pris l'habitude, durant toute mon enfance, d'entendre le contraire. "Si seulement je pouvais ne pas bégayer, si seulement je pouvais ne pas bégayer", criais-je en me mettant à pleurer. Et voilà qu'on me dit, maintenant, que mon bégaiement est quelque chose de bon, de positif, de puissant. J'ai du mal à en croire mes oreilles. Cela ne correspond vraiment pas à mes anciennes convictions.

Je viens d'apprendre que le bégaiement signifie qu'il y a explosion de sentiments, qu'on éprouve plus de choses qu'on n'a de mots pour les exprimer.

David a appris à apprécier son bégaiement. La tension était, chez lui, un signe d'excitation. Il avait simplement besoin de se laisser aller de temps en temps. Et comme ce besoin se traduisait par le bégaiement, il ne pouvait, effectivement, que bégayer. Néanmoins, en découvrant ce que signifiait sa tension et qu'il pouvait la libérer en acceptant de bégayer, il commença à se sentir beaucoup mieux et à parler avec de plus en plus de facilité. Quoiqu'il lui arrive encore de bégayer, il sait qu'il n'a plus à se sentir tendu quand cela se produit.

En apprenant à utiliser votre tension, vous apprenez également quand et comment vous détendre. Dans la majorité des cas, vous devez cesser de vous raidir et de vous tenir sur le qui-vive parce que, ce que vous souhaitez en réalité, c'est de pouvoir souffler et vous détendre.

## Résultats de l'enquête sur l'anxiété

Les personnes à qui nous avons demandé si elles se sentaient souvent anxieuses ont répondu, dans une proportion de 43%, que cela leur arrivait plusieurs fois par jour, tandis que 23% n'éprouvaient ce sentiment qu'une seule fois par jour. D'autre part, 80% de l'ensemble des répondants ont souffert d'anxiété excessive à un moment ou à un autre de leur vie dont 41% durant des années. 32% des participants en sont actuellement victimes.

Le principal symptôme physique cité en relation avec l'anxiété est une rigidité de tout le corps; vient, en second lieu, la nervosité, puis la fatigue suivie d'une mauvaise coordination motrice; le cinquième symptôme regroupe douleurs et courbatures diverses; le dernier, enfin, est la migraine.

## Témoignages

Je devenais tellement anxieuse que je pouvais prendre trois Thorazine et vider six grandes bouteilles de bière avant de commencer à me sentir *raisonnablement* nerveuse. Je traversais des périodes où ma peur était telle que je refusais non seulement de sortir de la maison, mais même de quitter mon lit. Si je me trouvais au restaurant en compagnie de quelques amis, je devais me rendre à la salle de bains pour essayer de me calmer et d'arrêter de trembler parce que je craignais que les autres ne se rendent compte de mon état.

Vicki

Je m'en faisais tout le temps à propos de ce qui pouvait aller mal; je me sentais "ailleurs". Je vivais dans mon petit monde. Mon anxiété excessive et permanente m'isolait complètement. Je ne savais pas pourquoi j'étais là, ni ce que je devais faire, ni même qui j'étais. J'étais comme ça presque tout le temps.

Betty

L'inquiétude ne me laissait pas un instant de répit, je me sentais tendue, agitée, l'estomac noué, je dormais mal et j'avais des bourdonnements dans les oreilles.

Sherry

J'avais une peur terrible de nous voir frappés par une catastrophe — mon père qui mourrait, ou mon frère qui était appelé sous les drapeaux —, et je restais des heures à y penser, sans pouvoir trouver le sommeil.

Bob

Mon avenir ne cessait de me préoccuper. J'étais incapable de me concentrer ou de dormir.

James

J'avais toujours peur; je craignais le pire et me sentais impuissant, petit et faible, incapable de changer ou d'améliorer quoi que ce soit.

Mike

La peur ne me lâchait pas; j'avais peur que quelqu'un frappe à la porte ou que le téléphone se mette à sonner. Je me cachais littéralement chez moi où j'éteignais presque toutes les lumières pour ne pas laisser deviner ma présence.

Frank

J'étais incapable de prendre la moindre décision. Conduire mon camion au garage pour le faire graisser me semblait quelque chose d'insurmontable.

Dick

Voici maintenant le récit d'une personne qui a appris à utiliser autrement la tension et le stress.

### Le vétérinaire

Depuis l'âge de douze ans, je rêvais d'être vétérinaire. Chaque jour d'école me rapprochait de celui où je monterais sur l'estrade pour recevoir mon diplôme de docteur en médecine vétérinaire. J'avais tout de même un handicap: j'étais mauvais en math. Mais je me disais que je pourrais m'en sortir si je travaillais deux fois plus fort que les élèves les plus brillants. Donc, durant toutes mes études secondaires et universitaires, je n'ai fait qu'étudier; je ne sortais jamais avec une fille, je n'allais pas dans les soirées. Je n'obtenais pas toujours la meilleure note, mais le nombre d'heures que je passais à étudier compensait largement pour mes lacunes dans telle ou telle discipline. Finalement, je fus accepté à l'École de médecine vétérinaire. J'aurais dû exploser de joie, mais j'en fus incapable. Cela m'apparaissait comme un autre obstacle à franchir et un autre groupe d'étudiants à dépasser. Si je me remettais à étudier deux fois plus fort que mes camarades, je pourrais garder ma tête hors de l'eau; ainsi donc, pendant quatre années épuisantes, je me débattis dans l'eau comme un damné, en luttant pour la seule chose qui avait de l'importance à mes yeux: obtenir mon diplôme.

En 1975, je suis devenu docteur en médecine vétérinaire. Après quinze années d'études, j'y étais enfin parvenu... mais, de nouveau, j'étais incapable d'en éprouver de la joie. Au contraire, je me sentais perdu. J'essayai de me faire une clientèle, mais tous mes efforts se soldaient par un échec: mauvaise clientèle, mauvais quartier, problèmes financiers. Pendant deux ans, les stress se succédèrent sans interruption.

J'avais atteint le but que je poursuivais depuis quinze ans, mais quelque chose n'allait vraiment pas du tout. Je possédais tout ce dont j'avais besoin (du moins le croyais-je) pour amorcer ma carrière, mais rien ne se passait. Je me retrouvais face à face avec moi-même et étais en proie à une anxiété et à une nervosité constantes.

J'ai découvert ce qui n'allait pas lorsque j'ai commencé à suivre les sessions de mise en forme psychologique. J'ai compris qu'on m'avait appris à étudier et à travailler sous pression, mais non à *valoriser* les forces qui m'avaient permis de passer à travers toutes ces années. J'ai appris que je possédais énormément de détermination, que je n'hésitais pas à travailler avec acharnement lorsque quelque chose me tenait à coeur — c'était là des capacités pour lesquelles on ne m'avait jamais donné crédit. J'ai également compris comment utiliser ces forces dans les autres secteurs de ma vie que j'avais négligés pendant si longtemps — pour me faire des amis ou, tout simplement, pour m'amuser. J'ai appris que vivre signifiait infiniment plus que le fait de remporter la victoire. Et, pour la première fois de ma vie, j'ai appris à savourer toutes les petites victoires qui jalonnent ma route.

## Comment utiliser votre force cachée

Pour découvrir les forces qui se cachent derrière l'anxiété et apprendre à les utiliser, vous devez vous concentrer non pas sur *ce* qui provoque votre anxiété, mais sur la *façon* dont celle-ci se manifeste. La prochaine fois que vous vous sentirez très anxieux, notez ce qui se passe en vous et dites-vous:

"Je *suis* anxieux *de cette façon.*"

Évitez surtout de vous dire: "J'ai une crise d'angoisse" ou "je suis trop anxieux pour agir comme d'habitude."

Une fois que vous aurez commencé à observer comment vous vivez votre anxiété, vous constaterez que vous êtes loin d'utiliser toutes les ressources de votre personnalité et que vous n'accompagnez pas une augmentation de vos sentiments d'un accroissement correspondant au niveau de l'expression et de l'activité. Par contre, dès que vous y parviendrez, votre anxiété cessera de se changer en soucis, nervosité et frousse pour devenir, de plus en plus souvent, excitation, anticipation et vigilance.

## L'anxiété, selon la perspective de la mise en forme psychologique

L'anxiété et la tension refoulées peuvent, au bout d'un laps de temps assez long, causer de l'hypertension. Mais lorsque vous avez fait vôtre la perspective de la mise en forme, vous pouvez changer ces faiblesses dangereuses en forces puissantes. La plupart des gens ont tendance à se détourner d'eux-mêmes quand ils se sentent tendus ou angoissés. Ils essayent de mettre un frein à leur anxiété en s'éloignant de ce qui la provoque. Mais, en mettant en pratique la théorie de la mise en forme, nous leur apprenons à y faire face. Vous pouvez trouver en vous relaxant une nouvelle façon d'envisager ce que vous voulez être, et que l'évitement peut vous procurer un peu de répit; mais ces deux techniques limitent votre comportement. Pour être en forme, vous devez pouvoir affronter votre anxiété et la vaincre afin qu'elle devienne, à tous les points de vue, une source de relaxation active et dynamique. Quand vous saurez vous détendre dans l'action, vous aurez atteint votre rendement maximal.

La tension est nécessaire si vous voulez obtenir un rendement maximal de vous-même. En faisant du jogging mental à partir de la tension, vous développez votre habileté à vous tendre. Toute situation qui vous rend anxieux ou nerveux vous permet d'amorcer un nouveau dialogue entre votre moi intime et votre moi extérieur. Ce faisant, vous constatez que vous êtes tendu et pouvez alors évaluer si vous vous préparez pour quelque chose ou si vous êtes simplement retombé dans une vieille habitude. Dans le premier cas, servez-vous de votre tension pour améliorer votre rendement. Dans le second, au contraire, employez vos nouvelles habiletés, acquises grâce à la mise en forme psychologique, pour vous laisser aller.

# Postface

# Rester en forme
# toute sa vie

La plupart des problèmes psychologiques (telles les phobies, la tension et la dépression) sont, selon la théorie de la mise en forme psychologique, la manifestation d'un besoin de croître et de se développer. Toutefois, même en l'absence de problèmes particuliers, le besoin d'exercice pour se maintenir en forme persiste. La mise en forme psychologique vise surtout les personnes dont la vie se déroule sans heurts, mais qui recherchent ce qu'il y a de mieux pour elles-mêmes et en elles-mêmes. La mise en forme psychologique s'adresse aux personnes qui veulent vivre dans toute la plénitude de leur sentiment, de leur conscience et de leur activité.

Ce n'est ni durant la jeunesse, ni parvenu à l'âge adulte, ni pendant la vieillesse qu'on maîtrise une fois pour toute le jeu de la vie. Vous devez, tout en vieillissant, continuer de jouer. Une vie basée sur la mise en forme psychologique est une vie de jogging mental ininterrompu. Comme le disait Frank Lloyd Wright: "Plus j'avance en âge et plus la vie devient belle."

## Les diverses étapes de la vie

Les enfants ne sont pas les seuls à franchir des étapes. Le simple fait de vieillir exige un développement psychologique. Des caractéristiques psychiques qui constituaient des forces à un certain âge deviennent, plus tard, des faiblesses. Voyons ce qui est arrivé à Billy J.:

### L'innocence prolongée: l'histoire de Billy

Billy J. avait vingt-cinq ans, mais il avait l'air d'un adolescent et se conduisait, effectivement, comme s'il en était un. L'époque qu'il avait passée à l'école secondaire avait été la plus agréable de toute sa vie. Il faisait partie des équipes de basketball et de football, faisait le joli coeur auprès des filles et était membre du meilleur club masculin du campus. Mais Billy J. n'était pas assez bon pour être accepté dans les équipes sportives universitaires et, de toute façon, il n'avait pas tellement envie d'aller à l'université.

Entre dix-neuf et vingt-cinq ans, Billy J. avait occupé quinze emplois différents. Il était sympathique et se faisait engager sans difficulté, mais il était incapable de conserver un poste. Son problème venait de ce qu'il confondait emploi et études. Il s'imaginait que, tout comme il avait si souvent séché des cours, il pouvait également sécher des journées de travail.

Ce côté désinvolte, aventureux, charmant, qui avait rendu Billy J. si populaire à l'école secondaire avait fait de lui un perdant dans le monde du travail. Il n'avait pas su développer de nouvelles forces pour remplacer ses anciennes faiblesses.

Le profil de la personnalité, chez Billy, était passé de "élevé" à l'école, à "faible" comme jeune adulte. Il utilisait mal les dynamiques de sa personnalité, ce qui s'était traduit par un conflit entre son moi intime et son mol extérieur. Le tout s'était soldé par un comportement inadéquat. Billy avait cessé d'être en forme vers l'âge de dix-sept ou dix-huit ans.

Selon la théorie mise de l'avant par Erik Erikson, on pourrait dire de Billy J. qu'il n'avait pas encore traversé avec succès la crise fondamentale de l'adolescence: la recherche de sa propre identité. Billy J. était coincé dans un Imbroglio: il n'était ni un enfant ni un jeune adulte.

# Croître et vieillir

Certains spécialistes soutiennent que l'âge adulte, qui commence aux environs de la trentaine, se prolonge durant quarante ou quarante-cinq ans. C'est très long. Bien des gens s'imaginent qu'ils ont fini de grandir quand ils franchissent le cap de la trentaine, mais on peut déduire de données récentes que tout le monde traverse une période de croissance intermédiaire très, très longue.

### Croître avec les années

Le docteur Joanne Stevenson, professeur adjoint de soins infirmiers à l'université d'État de l'Ohio, a remarqué que "même si des personnes d'âge moyen perdent physiquement de leurs forces, elles continuent d'évoluer affectivement et intellectuellement, bien au-delà de leurs soixante-dix ans."

Une série de recherches menées par le docteur Robert Havighurst et ses collègues de l'université de Chicago a permis de constater que les personnes âgées qui demeurent actives sont, généralement, plus heureuses et en meilleure santé que celles qui ont cessé d'avoir une vie sociale.

Comme le processus de vieillissement est prévisible dès l'âge adulte, il est d'une importance vitale d'adopter, pendant qu'on est encore vert, un mode de vie actif. Les personnes qui commencent, psychologiquement, à ralentir entre quarante et cinquante ans risquent fort de se reléguer elles-mêmes sur une voie de garage quand elles auront entre soixante et soixante-dix ans. Mais, même dans un tel cas, il est encore possible de repartir à zéro.

### Se décider à grandir: un exemple typique

La plus âgée des personnes qui ont participé à nos sessions de mise en forme psychologique avait soixante-cinq ans. Bien qu'atteinte d'un cancer incurable, elle avait fait un voyage de trois mille milles, depuis sa petite ville de la côte Est, pour passer un mois à Los Angeles. Elle était veuve depuis dix ans et avait cessé toute fréquentation au bout de cinq ans. Le programme de mise en forme l'amena à se rendre compte qu'elle désirait encore très fortement établir une relation avec un homme. Mais elle pensait ne pas y avoir droit à cause du peu de temps qu'il lui restait à vivre. Nous entreprîmes de la convaincre d'essayer quand même.

Notre vieille dame avait découvert que son intense conscience de la mort engendrait une conscience tout aussi intense de la vie et de l'envie de vivre. Ses relations s'approfondissaient beaucoup plus rapidement qu'autrefois; il n'y avait rien à cacher ni aucune raison d'attendre. En l'espace d'un mois, elle avait commencé à fréquenter un homme régulièrement et, en très peu de temps, leur relation devint aussi intime que s'ils avaient vécu côte à côte pendant dix ans.

Le choix vous appartient: vous pouvez décider de croître ou vous contenter de vieillir. Les personnes qui continuent de développer leur personnalité en étirant leurs forces et en en créant de nouvelles à partir de leurs faiblesses ne cessent jamais de croître. Elles sont toujours prêtes à entreprendre quelque chose de nouveau.

## Un contrôle intériorisé

Selon la perspective de la mise en forme psychologique, vous apprenez à vous évaluer à partir de vous-même en regardant ce que vous connaissez le mieux: *comment vous vous sentez.* Les seules comparaisons que vous ayez besoin de faire, en vue d'un rendement maximal, sont intérieures. Vous comparez ce que vous éprouvez quand vous agissez à partir de vos faiblesses.

Nous voulons que vous commenciez à atteindre un rendement maximal dans divers secteurs de votre vie. Par rendement maximal, nous entendons simplement faire quelque chose mieux que d'habitude, et par mieux, nous voulons dire que vous y prenez plus de plaisir *et* le réussissez mieux.

### Les éléments catalyseurs du rendement maximal

Le docteur Gayle Privette, professeur adjoint de psychologie à l'université de l'Ouest de la Floride, a interrogé cent vingt hommes et femmes pour tâcher de découvrir s'il existait certains dénominateurs communs du rendement maximal dans des domaines aussi différents que les sciences, les arts et les sports.

Elle a découvert trois caractéristiques distinctes de la personnalité qui revenaient constamment lorsqu'il y avait rendement maximal:

*La spontanéité.* Le rendement maximal est prémédité, mais il passe outre à la fois "aux restrictions intérieures et aux limites extérieures". La personne est consciente de la fusion totale entre ses deux moi.

*La concentration.* "Le rendement maximal se caractérise par une totale concentration sur un seul sujet." C'est ce que nous appelons la lucidité; une personne qui donne le meilleur d'elle-même se concentre sur tout ce qui a de l'importance, compte tenu de son activité, et ignore tout ce qui n'est pas pertinent.

*Les sentiments de force et de vitalité.* Cette intense conscience de ce qu'on éprouve "naît de la mobilisation de l'être tout entier. (...) Si son être tout entier s'exprime par des mots, la personne est lucide et articulée; s'il s'agit de soulever un objet, elle est forte; s'il faut courir, elle est rapide. Son être tout entier parle, court ou soulève."

Supposons que vous vous sentiez parfois très timide quand vous rencontrez des gens. La meilleure raison que vous avez de vouloir changer, c'est que vous êtes convaincu que vous vous sentirez mieux en vous montrant plus entreprenant et plus expansif. Si vous essayez de devenir ce que vous voulez être, vous pourrez vous fier à vos propres sentiments pour savoir ce qui est bon et ce qui ne l'est pas.

Bien entendu, il est à la fois souhaitable et utile de se fixer des modèles — des gens que vous admirez et aimeriez imiter. Choisissez une personne que vous connaissez bien, qui n'est pas trop timide, et demandez-lui de vous parler d'elle-même. Vous serez surpris de découvrir qu'elle n'a pas toujours été comme elle est maintenant.

### Miroir, gentil miroir, dis-moi ce que tu vois

Il existe un dicton qui affirme que "à vingt ans vous avez le visage que vous aviez en naissant; à quarante ans, vous avez celui que vous vous êtes donné." Regardez-vous tout de suite dans le miroir. Aimez-vous la personne que vous y voyez? Tâchez d'imaginer comment vous serez dans cinq ans. De quoi aurez-vous l'air? Le sentiment que vous avez de vous-même sera-t-il meilleur ou pire? Vous aime-rez-vous davantage? Ensuite, imaginez-vous dans dix ans, dans vingt ans. Quand vous pensez à votre futur, n'y voyez pas seulement un changement de situations. Essayez de vous voir toujours en meilleu-re forme, afin que ce que vous voyez et ce que vous ressentez vous soient agréables.

## Conclusion

La mise en forme psychologique est une nouvelle psycho-logie. Bon nombre de personnes âgées perdent, en vieillissant, leurs pouvoirs psychiques. C'est une perte inutile autant que du gaspillage. Nous estimons que, avec l'âge, les gens devraient devenir plus sages et en meilleure forme. En fait, nous considérons que c'est indispensable.

Être psychologiquement en forme consiste à mener une vie qui, pour les points importants, ne s'appuie ni sur les souve-nirs ni sur les albums-souvenirs. C'est être un adulte qui évolue psychologiquement. Le rendement maximal global signifie que les dynamiques et la force de votre personnalité augmentent d'année en année. Cela veut dire que vos formes d'expression sont plus diversifiées, que votre activité adopte des nuances plus subtiles, que vos sentiments sont plus profonds, que votre lucidité s'accroît sans cesse et que votre faculté de nouer des contacts s'élargit et refuse d'être limitée. Nous estimons qu'être en forme psychologiquement n'est pas seulement une néces-sité, mais un droit. Vous avez le droit de vous exprimer, de res-sentir, d'être actif, lucide, le droit d'avoir des amis. Nous sommes d'avis que vous avez le droit de connaître une vie aus-si riche que possible, une vie qui soit excitante et satisfaisante.

# Appendice A

**Les programmes de Mise en forme psychologique**

Les programmes de Mise en forme psychologique sont offerts par le Center Foundation de Los Angeles. Cet organisme à but non lucratif offre des services d'éducation et de recherche à Los Angeles d'abord et dans différents centres de Mise en forme psychologique situés aux États-Unis, au Canada et ailleurs dans le monde.

Le Center Foundation a développé deux types de programmes de Mise en forme psychologique: un atelier intensif d'une semaine où sont traités tous les aspects de la Mise en forme psychologique et une série de onze journées de Mise en forme psychologique réparties sur deux années à raison d'une journée tous les deux mois.

Différents groupes professionnels, avocats, professeurs, médecins et hommes d'affaires, peuvent participer à un programme adapté à leurs besoins respectifs. (Le Center Foundation offre également des programmes de Mise en forme psychologique pour répondre aux besoins des corporations, des écoles et des groupes gouvernementaux.)

Un troisième programme, le Programme des Associés, s'adresse aux personnes qui ne peuvent pas se déplacer pour venir participer aux autres programmes de mise en forme psychologique. Le Programme des Associés offre un entraînement à domicile, sous la responsabilité d'un consultant qui communique avec le participant par correspondance et par téléphone. Si vous désirez des informations supplémentaires au sujet de l'un de ces programmes, écrivez à:

Administrative Secretary,
The Center Foundation,
7165, Sunset Blvd.,
Los Angeles, Calif. 90046

ou

Secrétaire administratif
Centre de Consultation et de
recherche en psychothérapie
3841, rue Dandurand
Montréal, Qué., Canada H1X 1P3

Les programmes et les concepts de la Mise en forme psychologique sont issus d'une pratique thérapeutique spécifique: la thérapie du sentiment, et d'une orientation générale en psychothérapie et en counselling: l'approche fonctionnelle. La thérapie du sentiment est une psychothérapie intensive, à long terme et structurée autour d'une communauté. Elle est offerte seulement au Center for Feeling Therapy de Los Angeles. Les personnes qui désirent bénéficier de la thérapie du sentiment (Feeling Therapy) et retourner ensuite vivre dans leur propre ville peuvent le faire en s'inscrivant à un programme spécial d'entraînement communautaire. Ce programme est offert en collaboration avec le CCRP de Montréal. Pour obtenir des renseignements supplémentaires sur ce programme, écrivez à:

Directeur
Programme d'entraînement communautaire
CCRP
3841, rue Dandurand, Montréal, Canada H1X 1P3

L'approche fonctionnelle en psychothérapie et en counselling réunit des éléments de la psychothérapie humaniste, analytique et behaviorale et les intègre dans une théorie et une méthode qui vise au mieux-être et à un meilleur fonctionnement de la personne. Plusieurs centres offrent maintenant des services de psychothérapie et de counselling fonctionnels, dont le Centre de consultation en psychologie fonctionnelle à Montréal.

Bien que la théorie de la Mise en forme psychologique se soit développée dans un contexte thérapeutique, nous croyons que c'est maintenant cette théorie qui va influencer la pratique thérapeutique. Nous croyons que les concepts et les méthodes de la Mise en forme psychologique sont si puissants et efficaces qu'ils remplaceront éventuellement le modèle médical dans le traitement psychologique. Nous croyons aussi qu'il est plus désirable et plus efficace de mettre l'accent sur la bonne forme en psychologie, en psychothérapie et en counselling que sur la santé mentale et l'hygiène mentale traditionnelles.

Nous invitons spécialement tous les professionnels à participer aux programmes de Mise en forme psychologique ou aux programmes de psychothérapie et de counselling fonctionnels. Pour obtenir des renseignements supplémentaires, vous pouvez écrire à:

Programs Director,
The Training Center for
Functional Psychotherapy
and Counselling,
7165, Sunset Blvd.,
Los Angeles, California 90046

ou

Directeur des Programmes
Centre de consultation en
psychologie fonctionnelle
3841, rue Dandurand
Montréal, Canada H1X 1P3

# Appendice B

## Lectures recommandées

Corriere R. et Hart, J., **Les maîtres rêveurs**, Script Media, Montréal, 1978.

Corriere R., Hart J. et Binder J., **Going Sane, an introduction to feeling therapy**, Delta Book, Dell Publishing Co., New York, 1975.

Fixx J., **Le jogging**, Robert Laffont, Paris, 1978.

James W., **Le pragmatisme**, Flammarion, Paris, 1968.

Selye Hans, **Stress sans détresse**, La Presse, Montréal, 1974.

Zunin L. et N., **Contact, les quatre premières minutes d'une rencontre**, Éd. de l'Homme, Montréal, 1975.

# Table des matières

Achevé d'imprimer sur les presses de

**L'IMPRIMERIE ELECTRA\***
\*Division de l'A.D.P. Inc.

pour

**LES ÉDITIONS DE L'HOMME\***
\*Division de Sogides Ltée

Imprimé au Canada/Printed in Canada

# ART CULINAIRE

101 omelettes, Marycette Claude
L'art d'apprêter les restes, Suzanne Lapointe
L'art de la cuisine chinoise, Stella Chan
La bonne table, Juliette Huot
La brasserie la mère Clavet vous présente ses recettes, Léo Godon
Canapés et amuse-gueule
Les cocktails de Jacques Normand, Jacques Normand
Les confitures, Misette Godard
Les conserves, Soeur Berthe
La cuisine aux herbes
La cusine chinoise, Lizette Gervais
La cuisine de maman Lapointe, Suzanne Lapointe
La cuisine de Pol Martin, Pol Martin
La cuisine des 4 saisons, Hélène Durand-LaRoche
La cuisine en plein air, Hélène Doucet Leduc
La cuisine micro-ondes, Jehane Benoit
Cuisiner avec le robot gourmand, Pol Martin
Du potager à la table, Paul Pouliot et Pol Martin
En cuisinant de 5 à 6, Juliette Huot
Fondue et barbecue
Fondues et flambées de maman Lapointe, S. et L. Lapointe
Les fruits, John Goode

La gastronomie au Québec, Abel Benquet
La grande cuisine au Pernod, Suzanne Lapointe
Les grillades
Hors-d'oeuvre, salades et buffets froids, Louis Dubois
Les légumes, John Goode
Liqueurs et philtres d'amour, Hélène Morasse
Ma cuisine maison, Jehane Benoit
Madame reçoit, Hélène Durand-LaRoche
La pâtisserie, Maurice-Marie Bellot
Poissons et crustacés
Poissons et fruits de mer, Soeur Berthe
Le poulet à toutes les sauces, Monique Thyraud de Vosjoli
Les recettes à la bière des grandes cuisines Molson, Maroel L. Beaulieu
Recettes au blender, Juliette Huot
Recettes de gibier, Suzanne Lapointe
Les recettes de Juliette, Juliette Huot
Les recettes de maman, Suzanne Lapointe
Les techniques culinaires, Soeur Berthe Sansregret
Vos vedettes et leurs recettes, Gisèle Dufour et Gérard Poirier
Y'a du soleil dans votre assiette, Francine Georget

# DOCUMENTS — BIOGRAPHIES

Action Montréal, Serge Joyal
L'architecture traditionnelle au Québec, Yves Laframboise
L'art traditionnel au Québec, M. Lessard et H. Marquis
Artisanat québécois 1, Cyril Simard
Artisanat Québécois 2, Cyril Simard
Artisanat Québécois 3, Cyril Simard
Les bien-pensants, Pierre Berton
La chanson québécoise, Benoît L'Herbier
Charlebois, qui es-tu? Benoit L'Herbier
Le comité, M. et P. Thyraud de Vosjoli
Deux innocents en Chine rouge, Jacques Hébert et Pierre E. Trudeau
Duplessis, tome 1: L'ascension, Conrad Black

Les mammifères de mon pays, St-Denys, Duchesnay et Dumais
Margaret Trudeau, Felicity Cochrane
Masques et visages du spiritualisme contemporain, Julius Evola
Mon calvaire roumain, Michel Solomon
Les moulins à eau de la vallée du Saint-Laurent, F. Adam-Villeneuve et C. Felteau
Mozart raconté en 50 chefs-d'oeuvre, Paul Roussel
La musique au Québec, Willy Amtmann
Les objets familiers de nos ancêtres, Vermette, Genêt, Décarie-Audet
L'option, J.-P. Charbonneau et G. Paquette
Option Québec, René Lévesque

**Duplessis, tome 2: Le pouvoir** Conrad Black

**La dynastie des Bronfman,** Peter C. Newman

**Les écoles de rasb au Québec,** Jacques Dorion

**Égalité ou indépendance,** Daniel Johnson

**Envol — Départ pour le début du monde,** Daniel Kemp

**Les épaves du Saint-Laurent,** Jean Lafrance

**L'ermite,** T. Lobsang Rampa

**Le fabuleux Onassis,** Christian Cafarakis

**La filière canadienne,** Jean-Pierre Charbonneau

**Le grand livre des antiquités,** K. Bell et J. et E. Smith

**Un homme et sa mission,** Le Cardinal Léger en Afrique

**Information voyage,** Robert Viau et Jean Daunais

**Les insolences du Frère Untel,** Frère Untel

**Lamia,** P.L. Thyraud de Vosjoli

**Magadan,** Michel Solomon

**La maison traditionnelle au Québec,** Michel Lessard et Gilles Vilandré

**La maîtresse,** W. James, S. Jane Kedgley

**Les papillons du Québec,** B. Prévost et C. Veilleux

**La petite barbe. J'ai vécu 40 ans dans le Grand Nord,** André Steinmann

**Pour entretenir la flamme,** T. Lobsang Rampa

**Prague l'été des tanks,** Desgraupes, Dumayet, Stanké

**Premiers sur la lune,** Armstrong, Collins, Aldrin Jr

**Provencher, le dernier des coureurs de bois,** Paul Provencher

**Le Québec des libertés,** Parti Libéral du Québec

**Révolte contre le monde moderne,** Julius Evola

**Le struma,** Michel Solomon

**Le temps des fêtes,** Raymond Montpetit

**Le terrorisme québécois,** Dr Gustave Morf

**La treizième chandelle,** T. Lobsang Rampa

**La troisième voie,** Emile Colas

**Les trois vies de Pearson,** J.-M. Poliquin, J.R. Beal

**Trudeau, le paradoxe,** Anthony Westell

**Vizzini,** Sal Vizzini

**Le vrai visage de Duplessis,** Pierre Laporte

---

# ENCYCLOPÉDIES

**L'encyclopédie de la chasse,** Bernard Leiffet

**Encyclopédie de la maison québécoise,** M. Lessard, H. Marquis

**Encyclopédie des antiquités du Québec,** M. Lessard, H. Marquis

**Encyclopédie des oiseaux du Québec,** W. Earl Godfrey

**Encyclopédie du jardinier horticulteur,** W.H. Perron

**Encyclopédie du Québec, vol. I,** Louis Landry

**Encyclopédie du Québec, vol. II,** Louis Landry

---

# LANGUE

**Améliorez votre français,** Professeur Jacques Laurin

**L'anglais par la méthode choc,** Jean-Louis Morgan

**Corrigeons nos anglicismes,** Jacques Laurin

**Notre français et ses pièges,** Jacques Laurin

**Petit dictionnaire du joual au français,** Augustin Turenne

**Les verbes,** Jacques Laurin

# LITTÉRATURE

22 222 milles à l'heure, Geneviève Gagnon
Aaron, Yves Thériault
Adieu Québec, André Bruneau
Agaguk, Yves Thériault
L'allocutaire, Gilbert Langlois
Les Berger, Marcel Cabay-Marin
Bigaouette, Raymond Lévesque
Le bois pourri, Andrée Maillet
Bousille et les justes (Pièce en 4 actes), Gratien Gélinas
Cap sur l'enfer, Ian Slater
Les carnivores, François Moreau
Carré Saint-Louis, Jean-Jules Richard
Les cent pas dans ma tête, Pierre Dudan
Centre-ville, Jean-Jules Richard
Chez les termites, Madeleine Ouellette-Michalska
Les commettants de Caridad, Yves Thériault
Cul-de-sac, Yves Thériault
D'un mur à l'autre, Paul-André Bibeau
Danka, Marcel Godin
La débarque, Raymond Plante
Les demi-civilisés, Jean-C. Harvey
Le dernier havre, Yves Thériault
Le domaine Cassaubon, Gilbert Langlois
Le dompteur d'ours, Yves Thériault
Le doux mal, Andrée Maillet
Échec au réseau meurtrier, Ronald White
L'emprise, Gaétan Brulotte
L'engrenage, Claudine Numainville
En hommage aux araignées, Esther Rochon
Et puis tout est silence, Claude Jasmin
Exodus U.K., Richard Rohmer
Exxoneration, Richard Rohmer
Faites de beaux rêves, Jacques Poulin
La fille laide, Yves Thériault
Fréquences interdites, Paul-André Bibeau
La fuite immobile, Gilles Archambault
J'parle tout seul quand Jean Narrache, Emile Coderre

Le jeu des saisons, M. Ouellette-Michalska
Joey et son 29e meurtre, Joey
Joey tue, Joey
Joey, tueur à gages, Joey
Lady Sylvana, Louise Morin
La marche des grands cocus, Roger Fournier
Moi ou la planète, Charles Montpetit
Le monde aime mieux..., Clémence Des-Rochers
Monsieur Isaac, G. Racette et N. de Bellefeuille
Mourir en automne, Claude DeCotret
N'tsuk, Yves Thériault
Neuf jours de haine, Jean-Jules Richard
New Medea, Monique Bosco
L'ossature, Robert Morency
L'outaragasipi, Claude Jasmin
La petite fleur du Vietnam, Clément Gaumont
Pièges, Jean-Jules Richard
Porte silence, Paul-André Bibeau
Porte sur l'enfer, Michel Vézina
Requiem pour un père, François Moreau
La scouine, Albert Laberge
Séparation, Richard Rohmer
Si tu savais..., Georges Dor
Les silences de la Croix-du-Sud, Daniel Pilon
Tayaout — fils d'Agaguk, Yves Thériault
Les temps du carcajou, Yves Thériault
Tête blanche, Marie-Claire Blais
Tit-Coq, Gratien Gélinas
Les tours de Babylone, Maurice Gagnon
Le trou, Sylvain Chapdelaine
Ultimatum, Richard Rohmer
Un simple soldat, Marcel Dubé
Valérie, Yves Thériault
Les vendeurs du temple, Yves Thériault
Les visages de l'enfance, Dominique Blondeau
La vogue, Pierre Jeancard

---

## LIVRES PRATIQUES — LOISIRS

8/super 8/16, André Lafrance
L'ABC du marketing, André Dahamni

Initiation au système métrique, Louis Stanké

Fins de partie aux dames, H. Tranquille,
G. Lefebvre
Le fléché, F. Bourret, L. Lavigne
La fourrure, Caroline Labelle
Gagster, Claude Landré
Le guide complet de la couture, Lise
Chartier
Guide du propriétaire et du locataire, M.
Bolduc, M. Lavigne, J. Giroux
Guide du véhicule de loisir, Daniel
Héraud
La guitare, Peter Collins
L'hypnotisme, Jean Manolesco

La taxidermie, Jean Labrie
Technique de la photo, Antoine Desilets
Tenir maison, Françoise Gaudet-Smet
Terre cuite, Robert Fortier
Tout sur le macramé, Virginia I. Harvey
Les trouvailles de Clémence, Clémence
Desrochers
Vivre, c'est vendre, Jean-Marc Chaput
Voir clair aux dames, H. Tranquille, G.
Lefebvre
Voir clair aux échecs, Henri Tranquille
Votre avenir par les cartes, Louis Stanké
Votre discothèque, Paul Roussel

## PLANTES — JARDINAGE

Arbres, haies et arbustes, Paul Pouliot
La culture des fleurs, des fruits et des
légumes
Dessiner et aménager son terrain
Le jardinage, Paul Pouliot
Je décore avec des fleurs, Mimi Bassili

Les plantes d'intérieur, Paul Pouliot
Les techniques du jardinage, Paul Pouliot
Les terrariums, Ken Kayatta et Steven
Schmidt
Votre pelouse, Paul Pouliot

## PSYCHOLOGIE — ÉDUCATION

Aidez votre enfant à lire et à écrire, Loui-
se Doyon-Richard
L'amour de l'exigence à la préférence,
Lucien Auger
Caractères et tempéraments, Claude-
Gérard Sarrazin
Les caractères par l'interprétation des
visages, Louis Stanké
Comment animer un groupe, Collabo-
ration
Comment vaincre la gêne et la timidité,
René-Salvator Catta
Communication et épanouissement per-
sonnel, Lucien Auger
Complexes et psychanalyse, Pierre Vali-
nieff
Contact, Léonard et Nathalie Zunin
Cours de psychologie populaire, Fer-
nand Cantin
Découvrez votre enfant par ses jeux,
Didier Calvet
La dépression nerveuse, En collabora-
tion

Futur père, Yvette Pratte-Marchessault
Hatha-yoga pour tous, Suzanne Piuze
Interprétez vos rêves, Louis Stanké
J'aime, Yves Saint-Arnaud
Le langage de votre enfant, Professeur
Claude Langevin
Les maladies psychosomatiques, Dr Ro-
ger Foisy
La méditation transcendantale, Jack Fo-
rem
La personne humaine, Yves Saint-
Arnaud
La première impression, Chris L. Kleinke
Préparez votre enfant à l'école, Louise
Doyon-Richard
Relaxation sensorielle, Pierre Gravel
S'aider soi-même, Lucien Auger
Savoir organiser: savoir décider, Gérald
Lefebvre
Se comprendre soi-même, Collaboration
Se connaître soi-même, Gérard Artaud
La séparation du couple, Dr Robert S.
Weiss

Le développement psychomoteur du bébé, Didier Calvet
Développez votre personnalité, vous réussirez, Sylvain Brind'Amour
Les douze premiers mois de mon enfant, Frank Caplan
Dynamique des groupes, J.-M. Aubry, Y. Saint-Arnaud
Être soi-même, Dorothy Corkille Briggs
Le facteur chance, Max Gunther
La femme après 30 ans, Nicole Germain

Vaincre ses peurs, Lucien Auger
La volonté, l'attention, la mémoire, Robert Tocquet
Vos mains, miroir de la personnalité, Pascale Maby
Vouloir c'est pouvoir, Raymond Hull
Yoga, corps et pensée, Bruno Leclercq
Le yoga des sphères, Bruno Leclercq
Le yoga, santé totale, Guy Lescouflair

## SEXOLOGIE

L'adolescent veut savoir, Dr Lionel Gendron
L'adolescente veut savoir, Dr Lionel Gendron
L'amour après 50 ans, Dr Lionel Gendron
La contraception, Dr Lionel Gendron
Les déviations sexuelles, Dr Yvan Léger
La femme enceinte et la sexualité, Elisabeth Bing, Libby Colman
La femme et le sexe, Dr Lionel Gendron
Helga, Eric F. Bender
L'homme et l'art érotique, Dr Lionel Gendron
Les maladies transmises par relations sexuelles, Dr Lionel Gendron

La mariée veut savoir, Dr Lionel Gendron
La ménopause, Dr Lionel Gendron
La merveilleuse histoire de la naissance, Dr Lionel Gendron
Qu'est-ce qu'un homme?, Dr Lionel Gendron
Qu'est-ce qu'une femme?, Dr Lionel Gendron
Quel est votre quotient psycho-sexuel?, Dr Lionel Gendron
La sexualité, Dr Lionel Gendron
La sexualité du jeune adolescent, Dr Lionel Gendron
Le sexe au féminin, Carmen Kerr
Yoga sexe, S. Piuze et Dr L. Gendron

## SPORTS

L'ABC du hockey, Howie Meeker
Aïkido — au-delà de l'agressivité, M. N.D. Villadorata et P. Grisard
Les armes de chasse, Charles Petit-Martinon
La bicyclette, Jeffrey Blish
Les Canadiens, nos glorieux champions, D. Brodeur et Y. Pedneault
Canoé-kayak, Wolf Ruck
Carte et boussole, Bjorn Kjellstrom
Comment se sortir du trou au golf, L. Brien et J. Barrette
Le conditionnement physique, Chevalier, Laferrière et Bergeron
Devant le filet, Jacques Plante
En forme après 50 ans, Trude Sekely

Nadia, Denis Brodeur et Benoît Aubin
La natation de compétition, Régent LaCoursière
La navigation de plaisance au Québec, R. Desjardins et A. Ledoux
Mes observations sur les insectes, Paul Provencher
Mes observations sur les mammifères, Paul Provencher
Mes observations sur les oiseaux, Paul Provencher
Mes observations sur les poissons, Paul Provencher
La pêche à la mouche, Serge Marleau
La pêche au Québec, Michel Chamberland

Imprimé au Canada

Printed in Canada